自然资源法丛书

土地法学

TUDIFAXUE

主　编◎孟　磊　　陈文勤　　陈　雪

副主编◎蓝天宇　　包永慧　　张恒通

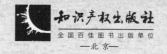

知识产权出版社
全国百佳图书出版单位
—北京—

图书在版编目（CIP）数据

土地法学/孟磊，陈文勤，陈雪主编. —北京：知识产权出版社，2025.1
ISBN 978 - 7 - 5130 - 9255 - 5

Ⅰ.①土…　Ⅱ.①孟…　②陈…　③陈…　Ⅲ.①土地法—法的理论—中国　Ⅳ.①D922.301

中国国家版本馆 CIP 数据核字（2024）第 030443 号

责任编辑：贺小霞　　　　　　　　　责任校对：潘凤越
封面设计：刘　伟　　　　　　　　　责任印制：刘译文

土地法学

孟　磊　陈文勤　陈　雪　主　编
蓝天宇　包永慧　张恒通　副主编

出版发行：知识产权出版社 有限责任公司	网　　址：http://www.ipph.cn
社　　址：北京市海淀区气象路 50 号院	邮　　编：100081
责编电话：010 - 82000860 转 8129	责编邮箱：2006HeXiaoXia@ sina. com
发行电话：010 - 82000860 转 8101/8102	发行传真：010 - 82000893/82005070/82000270
印　　刷：天津嘉恒印务有限公司	经　　销：新华书店、各大网上书店及相关专业书店
开　　本：720mm×1000mm　1/16	印　　张：16.75
版　　次：2025 年 1 月第 1 版	印　　次：2025 年 1 月第 1 次印刷
字　　数：350 千字	定　　价：79.00 元
ISBN 978 - 7 - 5130 - 9255 - 5	

前　言

　　土地是财富之母，是民生和社稷之本。土地法学是以研究土地法律问题为核心的法学，其融合土地科学和法学，兼具公法和私法属性，是土地科学和法学的重要组成部分。由于土地法学调整对象的特殊性、调整方法的综合性、涉及领域的重要性，已日益成为一门相对独立的学科。

　　本教材立足我国土地立法和土地管理实践，根据法学人才培养的实际需求，借鉴和参考了国内主流土地法学教科书的编写体例和编写经验，以土地法学基本原理、土地权利、土地管理、土地争议解决与土地法律责任为逻辑主线，以《中华人民共和国民法典》（以下简称《民法典》）、《中华人民共和国土地管理法》（以下简称《土地管理法》）、《中华人民共和国土地管理法实施条例》（以下简称《土地管理法实施条例》）等最新立法和土地管理政策为依据，全面体现了教材的时效性、系统性和创新性，是一本适合法学专业和土地管理专业学生学习土地法学的教科书。

　　本教材由中国地质大学（北京）、首都师范大学、自然资源部不动产登记中心、上海德禾翰通律师事务所等单位专家共同编写完成，是高校与实务部门联合编写教材的一次有益探索，是集体智慧的结晶。具体编写人员和编写分工如下：孟磊，中国地质大学（北京）法学系教授，第一章至第四章；陈文勤，中国地质大学（北京）法学系讲师，第五章、第十二章、第十四章；陈雪，中国地质大学（北京）法学系副教授，第六章、第十章、第十一章；张恒通，上海德禾翰通律师事务所执行主任，第七章、第十七章；蓝天宇，自然资源部不动产登记中心（自然资源部法律事务中心）法律事务处副处长，第八章、第九章、第十六章；包永慧，首都师范大学政法学院讲师，第十三章、第十五章、第十八章。

　　本书在初稿完成后，主编对教材各章进行了统稿和修订。中国地质大学（北京）法学系研究生翟书一、秦颖、杜媛媛、汤畅做了大量的文字整理工作。

　　在本书的编写过程中，编者参考了大量文献资料，在此向文献作者深表谢意。责任编辑贺小霞做了大量卓有成效的工作，对她的辛勤付出深表敬意和感谢。由于水平有限，本书还存在许多不足之处，敬请广大读者批评指正。

编者

2024 年 7 月 3 日

目　录

第一篇　基础理论

第二篇　土地权利

第三篇　土地管理

第四篇　土地行政监督、争议解决与法律责任

第一篇

基础理论

第一章　土地法学概述

内容摘要

本章主要介绍土地法学相关的概念以及基础性理论，基本思路是：土地→土地法→土地法学。基于土地的自然属性和社会属性，我国土地法调整的土地法律关系要受公法和私法的双重规制，因而我国的土地法是公法和私法交织意义上的法，土地法学以土地法为研究对象，揭示了关于土地法的理论研究范畴。本章的基本内容包括：土地的含义、特征和分类，土地法的概念、特征、基本原则、渊源、体系和作用，土地法学的概念、特征和体系等。

第一节　土地法

一、土地

（一）土地的含义

常言道：水为万物之源，土乃万物之母。土地，位列资源之首，人类生产生活，衣食住行，皆附于土地。就自身含义而言，观其形可窥一二。如东汉文学家许慎于《说文解字》中诠释，"土之吐生物者也"，从字体构造上看，"土"之笔画中的"横"象征土之表层、底层；笔画中的"竖"则象征植物，贯穿于地表地下，孕育万物、生养万物。土地之概念，不同学科基于不同角度皆有不同解读，归结起来，可谓两大属性之下所得出的结论。

1. 土地的自然属性

土地的自然属性指土地作为一种自然资源本身固有的内在属性，是自然环境的基本因素，由构成土地的岩性、坡度、海拔、土壤质地等诸要素长期相互作用、相互制约而体现的土地特性。该层面上，土地指的是地球陆地表层，是自然历史的产物，是由植被、土壤、地表水及表层的岩石和地下水等诸要素组成的自然综合体。土地的自然属性是其社会属性的基础，在土地被人类开发利用之后，则自然属性和社会属性兼而有之。

2. 土地的社会属性

土地的社会属性是指土地作为基本生产资料与人类劳动结合后产生的各类社会关系所体现的性质。土地的社会属性体现在当其作为客体被不同类型的法律规范规制时，分别具有公法性、私法性等多重性质，有不同意义。我国目前涉及土地的现行法律主要有《中华人民共和国宪法》（以下简称《宪法》）、《民法典》、《土地管理法》、《中华人民共和国环境保护法》、《农村土地承包经营法》等，土地的具体含义在其中体现为公法意义上的土地、私法意义上的土地，以及公私法结合意义上的土地。

（1）公法意义上的土地

公法意义上的土地主要是指体现国家与公民、组织之间关于土地权利义务关系的客体。主要表现为宪法国家主权意义上的土地（领土），由领陆、领水、领空和底土四部分组成，是处于国家管辖之下的地球表面的特定部分，为立体三维空间，上至高空，下达地底，属于国家构成的基本要素之一，是国家主权行使的地理空间。公法意义上的土地具有基础性和全面性。

（2）私法意义上的土地

私法意义上的土地即体现平等主体之间关于土地权利义务关系的客体。万事万物生于土地，长于土地，是直接或间接的物质资料来源，也是生存与发展空间之所在，故而具有经济价值，成为平等主体之间交易的对象。

法律将土地的不同权利划归不同主体以实现对土地的充分利用，体现了土地物权化的思想。主要表现为民法典物权意义上的土地，属于"物"中的不动产。民法上的"物"是指人体之外、能为人所支配、具有价值和使用价值并且合乎公序良俗的有体物。"不动产"是指依自然性质或者法律的规定在空间上占有固定位置，移动后会影响其经济价值的物，包括土地、土地定着物、与土地尚未脱离的土地生成物、因自然或者人力附着于土地并且不能分离的其他物。私法意义上的土地作为物权的一种客体，涉及对其进行利用的所有权、用益物权和担保物权等。

私法意义上的土地是一个三维空间，既有东西南北四至边界限制，又有地上地下深度高度约束，由此土地作为客体才被特定化，关于不同土地的权属划分才更加明确。如地上楼房的修建高度并非任意，地下矿藏的探采范围也需规制。空间超出地表一定高度则完全属于宪法国家主权意义上的土地，非私法意义上的土地所能触及；若土地承载的资源类型有特殊性，如矿产资源、森林、草地等，则从一般土地的视角里抽离出来，由特殊规范加以调整。就规制范围而言，公法意义上的土地较之于私法意义上的土地范畴更广。

（3）公私法结合意义上的土地

公私法结合意义上的土地是指基于公法和私法共同规制下的关于土地权利义务关系的客体。该意义上的土地之所以受公法规制，是因为该土地在有限的区域内体现了人们的共同需求，进行利用的时候要考虑整体规划，利用的结果会对该地区产生全局性影响，利用过程中的问题需要公权力介入加以平衡。该意义上的土地同时要受到私法规制，是因为国家在该意义上的土地上扮演的是裁判员、守夜人角色，私主体①扮演的是运动员角色，私主体既可基于私法原则及规则进行市场交易，又要同时受到公法所确立规则的约束。私法本质上关注的是私人利益，公法本质上关注的是整体利益，通过公法和私法的相互结合，从而实现个人利益和整体利益相协调。

我国的土地法体现的即为公私法结合意义上的土地，主要体现在《土地管理法》上。我国的土地法调整的土地范围包括但不限于私法意义上的土地范围。如尚未或者不能为人类利用的土地不属于私法管制范畴，但属于土地法调整范围。具体而言，调整的土地分为农用地、建设用地和未利用地。农用地为直接或间接为农业生产所利用的土地，如耕地、林地、草地等；建设用地为建造建筑物、构筑物的土地，是城乡住宅和公共建设用地等通过工程手段为各项建设提供的土地，是利用土地的承载能力或建筑空间，不以取得生物产品为主要目的之用地；未利用地是指农用地和建设用地以外的土地，主要包括荒草地、盐碱地、沼泽地、沙地、裸土地、裸岩等。

我国的土地法既注重私人土地权益的保护，也注重整体生态利益和国家长远发展利益的保障，以达到加强土地管理，维护土地的社会主义公有制，保护、开发土地资源，合理利用土地，切实保护耕地，促进社会经济的可持续发展的目的。

（二）土地的特征

1. 供给有限性

土地源于自然力，非人力所能为之。人虽可填海造陆、围湖造田，但从广义的土地角度观之，仅为土地用途之转换，非面积之增加。广义上的土地面积即由地球的表面积所决定，所能供人所用之面积也随之而定。随着社会发展、人口增加，土地供给的有限性特征日益显现。故而首先需要对现有土地状况进行调查登记，进行地籍管理，然后据此对土地利用进行总体规划，使得供给有限的土地尽可能满足人们生产生活需求。

---

① 根据社会关系性质分为公主体与私主体，公主体与私主体之间有监管与被监管、服务与被服务的关系，在社会资源分配上，公主体内部主要围绕权力进行安排，私主体内部主要靠市场进行调节。

2. 质地差异性

地质、地貌、气候、水文、土壤、植被等自然因素相互联系、相互制约，共同造就了不同的土地类型。如我国南方多山地丘陵，土壤多为砂壤土，呈红色或黄色，有机质含量低，宜发展水稻等农作物。我国东北地区多平原，土壤大多是黑土、黑钙土，有机质含量高，适合小麦、玉米等多种农作物的生长。因而，土地的质地差异性要求人们要因地制宜、因地施策，确定土地利用的合理结构与方式，以取得土地利用的最佳综合效益。

3. 区位稳定性

土地的地理位置以及和其他事物的空间联系在一定时期内具有相对稳定性。土地依附于地壳之上，占据固定的空间位置，一般情况下无法移动。作为民法中的不动产，就某块土地而言，其区位的稳定性决定了其在当时自然和历史条件下价值的相对稳定性；就土地整体而言，土地位置的不同受自然因素和社会经济因素的影响，不同区位的土地价值会有所差异。土地的该特征为国土空间规划提供了基本依据，也是土地使用权流转的参考前提。

4. 利用永续性

土地为非消耗性资源，在利用上具有永续性。若合理使用和保护，农用地可使其肥力不断提高；非农用地可反复利用，永无尽期。作为自然力发展的产物，与地球同生；作为生产和生活的地方，与人类同在。为实现土地利用的永续性，就需要合理规划、使用和保护土地，如进行基本农田保护、土地生态保护、水土流失防治、土地沙化防治、土地环境保护，以及对土地进行整治、开发、整理和复垦等。

（三）土地的分类

1. 按土地所有权分为国有土地和集体土地

（1）国有土地包括：城市市区的土地；农村和城市郊区由法律规定属于国家所有的土地。

（2）集体土地包括：农村和城市郊区的土地（除由法律规定属于国家所有的土地外）；宅基地和自留地、自留山。其中，宅基地是指农民用于建造住房及其附属设施的一定范围内的土地；自留地是指我国农业合作化以后农民集体经济组织分配给本集体经济组织成员长期使用的土地；自留山是指农民集体经济组织分配给其成员长期使用的少量的柴山和荒坡。

2. 按土地用途分为农用地、建设用地和未利用地（见表1-1）

（1）农用地：指直接用于农业生产的土地，包括耕地、园地、林地、草地、农田水利用地、养殖水面等。

（2）建设用地：指建造建筑物、构筑物的土地，包括住宅用地和公用管理与公共服务用地、工矿仓储用地、交通运输用地、旅游用地、军事设施用地等。

（3）未利用地：指农用地和建设用地以外的土地，如沙地、冰川等。

表1-1　《土地管理法》三大类对照表

三大类	一级类		二级类	
	类别编码	类别名称	类别编码	类别名称
农用地	01	耕地	0101	水田
			0102	水浇地
			0103	旱地
	02	园地	0201	果园
			0202	茶园
			0203	橡胶园
			0204	其他园地
	03	林地	0301	乔木林地
			0302	竹林地
			0303	红树林地
			0304	森林沼泽
			0305	灌木林地
			0306	灌丛沼泽
			0307	其他林地
	04	草地	0401	天然牧草地
			0402	沼泽草地
			0403	人工牧草地
	10	交通运输用地	1006	农村道路
	11	水域及水利设施用地	1103	水库水面
			1104	坑塘水面
			1107	沟渠
	12	其他土地	1202	设施农用地
			1203	田坎
建设用地	05	商服用地	0501	零售商业用地
			0502	批发市场用地
			0503	餐饮用地
			0504	旅馆用地
			0505	商务金融用地
			0506	娱乐用地
			0507	其他商服用地

三大类	一级类		二级类	
	类别编码	类别名称	类别编码	类别名称
建设用地	06	工矿仓储用地	0601	工业用地
			0602	采矿用地
			0603	盐田
			0604	仓储用地
	07	住宅用地	0701	城镇住宅用地
			0702	农村宅基地
	08	公共管理与公共服务用地	0801	机关团体用地
			0802	新闻出版用地
			0803	教育用地
			0804	科研用地
			0805	医疗卫生用地
			0806	社会福利用地
			0807	文化设施用地
			0808	体育用地
			0809	公用设施用地
			0810	公园与绿地
	09	特殊用地	0901	军事设施用地
			0902	使领馆用地
			0903	监教场所用地
			0904	宗教用地
			0905	殡葬用地
			0906	风景名胜设施用地
	10	交通运输用地	1001	铁路用地
			1002	轨道交通用地
			1003	公路用地
			1004	城镇村道路用地
			1005	交通服务场站用地
			1007	机场用地
			1008	港口码头用地
			1009	管道运输用地
	11	水域及水利设施用地	1109	水工建筑用地
	12	其他土地	1201	空闲地

三大类	一级类		二级类	
	类别编码	类别名称	类别编码	类别名称
未利用地	04	其他草地	0404	其他草地
	11	水域及水利设施用地	1101	河流水面
			1102	湖泊水面
			1105	沿海滩涂
			1106	内陆滩涂
			1108	沼泽地
			1110	冰川及永久积雪
	12	其他土地	1204	盐碱地
			1205	沙地
			1206	裸土地
			1207	裸岩石砾地

二、土地法

（一）土地法的概念和特征

1. 土地法的概念

土地法是国家制定的调整土地权利、土地利用和土地管理而形成的各种社会关系的法律规范的总称。土地法可以分为狭义的土地法和广义的土地法。狭义的土地法是形式上的土地法，是需要经过法定程序制定的土地基本法，我国目前并没有形式意义上的具有综合性和专门性的土地法典，《土地管理法》承担着土地管理基本法的地位和作用。广义的土地法是实质意义上的土地法，指的是不论是否标明"土地法"三字，本质上都是调整土地法律关系的法律规范，包括宪法、民法、行政法、刑法等法律规范中有关土地的规定和专门制定的土地法律法规及其他规范性文件。实质意义上的土地法是我国土地权利归属及其利用、监督和管理的基本法律依据，具有自身完整的体系，所有相关的土地法律规范共同组成一个相对独立的法律系统。

2. 土地法的特征

土地法作为法律的一种类型，除了具有一般法律共有的特征，如规范性、普遍性和强制性等，同时还有如下相对独特之处。

（1）土地法体现了人地关系的双重性

人地关系的双重性指的是人与地的关系，以及以土地为连接纽带的人与人之间的关系。前者基于土地的自然属性，属于人对土地的开发利用和保护问题，关系到生产力水平的高低；后者基于土地的社会属性，属于人与人之间关于土地的权利义务分配的社会关系问题，关系到生产关系对生产力的适应程度问题。生产力决定生产关系，生产关系对生产力具有反作用。具体而言，土地法通过调整人与人的关系来规范人与土地的关系，从而实现人与自然的和谐相处和人类社会的可持续发展。因而，土地法体现了人地关系的双重性。

（2）土地法是公法与私法的统一体

土地法体现了行政管理和民事权利的交织。土地作为一种资源首先具有公共性，这就决定了在其利用过程中需要公权力机关加以统筹规划和监督管理，如地籍管理、土地规划、耕地保护、土地征收和课税等，体现了私人和国家之间关于土地的权利义务关系，具有公法性质。土地作为民法"物"中的不动产类型之一，相应的民事权利主要体现为物权，即土地权利人对土地的所有权、用益物权和担保物权，具体表现为土地权属规定、土地承包经营权流转等。这些公民个人之间以及公民与国家之间的土地财产关系适用民法，具有私法性质。因而，土地法是公法与私法的统一体。

（3）土地法是实体法与程序法的统一体

以《土地管理法》和《城市房地产管理法》为代表的土地法律规范中有相当一部分规定了公权力机关的职权和责任以及私人的权利和义务，体现了实体法的主要特征。同时，也涉及了诸多关于土地事项的程序性规定和以诉讼为代表的争议解决方式，如土地登记和征收程序、关于土地的民事诉讼和行政诉讼等，这些程序保证了私主体的权利和义务得以实现和履行，公权力主体的职权和责任得以行使和落实，体现了程序法的特征。因而，土地法是实体法和程序法的统一体。

（4）土地法是诸领域诸要素的综合体

土地法涉及的范围具有广泛性。从组成因素上看，涉及自然因素、社会因素等；从关系上看，涉及纷繁复杂的行政关系、经济关系、生态环境关系等；从学科领域支撑上看，涉及法律学科、土地学科、管理学科和社会学科等；从影响上看，土地问题可大可小，既可能是个人在土地开发利用过程中的技术性问题，也可能是集体土地问题产生的区域群体性矛盾，甚至可能会引起大的社会问题，影响社会稳定。因而，土地法是诸领域诸要素的综合体。

（5）土地法有较为明显的政策导向性

政策导向性并非政策优于法律，而是政策与法律有相辅相成的关系，在统一的前提下，在特定的场合发挥各自特定的社会功能。土地法就是国家土地政策的定型化、条文化和具体化，因土地问题直接关系国计民生、社会稳定，故国家解决土地问题常以政策为先导。通常采取的做法是：先在部分区域设立试点，再总结典型经验，将成熟的土地政策上升为法律规定。如我国在充分研究了 1986 年 3 月中共中央 7 号文件规定的基本精神之后，于当年 6 月公布了 1986 年《土地管理法》，确立了统一管理全国土地的制度。因而，土地法有较为明显的政策导向性。

（二）土地法基本原则

1. 土地法基本原则的含义

原则是行事所依据的宏观法则或者标准。土地法的基本原则是土地立法、土地利用和管理活动等以土地为中心的各类活动的基本准则，贯穿于土地法律规范的整体，是土地法调整的社会关系和土地法观念的综合反映。

2. 土地法基本原则的作用

（1）贯彻土地法的宗旨精神和价值追求

我国土地法律规范中没有明文规定土地法的基本原则，但在现实中，土地法律规范的实际运行体现了立法者的指导思想和价值取向，反映了土地法所调整的社会关系的基本规律。以家庭联产承包责任制为例，这一制度的初衷在于激励民众充分保护和利用土地，在实现自身权益的基础上促进社会可持续发展，体现了土地法中土地与社会协调发展的原则。1978 年，安徽凤阳小岗村拉开了家庭联产承包责任制的序幕；1986 年 6 月通过的《中华人民共和国土地管理法》使这一制度更加明确；1991 年 11 月举行的中共十三届八中全会通过了《中共中央关于进一步加强农业和农村工作的决定》，提出把以家庭联产承包为主的责任制、统分结合的双层经营体制作为我国乡村集体经济组织的一项基本制度长期稳定下来，并不断充实完善。该原则折射出了立法者的法律观念和价值取向，在国家政策和土地立法上均有体现。

（2）为土地法律关系主体提供行为依据

我国土地法的基本原则是我国社会主义初级阶段土地法律关系的集中反映，它反映了这些社会关系的一般规则与要求。土地法律关系主体从事的土地活动不仅要遵守具体的土地法规范，而且要遵循土地法的基本原则；在没有土地法律规范的情况下，土地法律关系主体从事土地活动应当依据土地法的基本原则进行。土地司法者不仅要依据土地法的具体规定处理案件，而且要以土地法的基本原则为依据来理解法律、解释法律和适用法律。

3. 土地法基本原则的内容

（1）土地社会主义公有制原则

土地社会主义公有制原则是指我国的土地所有权属于国家或集体。

我国是社会主义国家，实行中国特色社会主义制度。生产资料公有制是社会主义的根本经济特征，是社会主义经济制度的基础。土地是一种特殊的自然资源，是人类生产和生活最基本的物质资料和生产资料。土地社会主义公有制原则是我国社会主义公有制的具体表现和落实，对实现社会主义国家共同富裕，发挥社会主义制度的优越性有重要意义。我国土地社会主义公有制原则在土地法律规范中的体现如下。

《宪法》（2018 修正）第十条规定："城市的土地属于国家所有。农村和城市郊区的土地，除由法律规定属于国家所有的以外，属于集体所有；宅基地和自留地、自留山，也属于集体所有。"《民法典》第二百四十九条亦规定："城市的土地，属于国家所有。法律规定属于国家所有的农村和城市郊区的土地，属于国家所有。"第二百六十条规定："集体所有的不动产和动产包括：（一）法律规定属于集体所有的土地和森林、山岭、草原、荒地、滩涂……"《土地管理法》第一条规定："为了加强土地管理，维护土地的社会主义公有制，保护、开发土地资源，合理利用土地，切实保护耕地，促进社会经济的可持续发展，根据宪法，制定本法。"第二条规定："中华人民共和国实行土地的社会主义公有制，即全民所有制和劳动群众集体所有制。"

此外，其他土地法律规范也都体现了这一原则，如《中华人民共和国农村土地承包法》（2018 修正）、《中华人民共和国城市房地产管理法》（2019 修正）、《土地管理法实施条例》（2021 修订）等。

（2）土地与社会协调发展原则

土地与社会协调发展原则是指既要保护土地，又要确保对土地的利用符合社会长远发展。社会经济问题是发展的基础，但社会长远发展不限于此，还包括民生等社会其他方面的协同发展。

目前，我国已经进入了新时代新阶段，经济由高速增长阶段转向高质量发展阶段。从持续打好蓝天、碧水、净土保卫战，到提升生态系统多样性、稳定性、持续性，再到积极稳妥推进碳达峰、碳中和，站在人与自然和谐共生的高度谋划发展，我国经济高质量发展的底色愈加鲜明。人民幸福安康是推动高质量发展的最终目的，因此在合理保护和利用土地，实现土地的自然属性和社会属性相协调的基础上，更根本的还是要关注是否符合广大人民的根本利益，是否符合社会整体的长远发展。我国土地与社会协调发展原则在土地法律规范中的体现如下。

《土地管理法》第一条规定："为了加强土地管理，维护土地的社会主义公有制，保护、开发土地资源，合理利用土地，切实保护耕地，促进社会经济的可持续发展，根据宪法，制定本法。"《中华人民共和国农村土地承包法》（2018 修正）第一条规定："为了巩固和完善以家庭承包经营为基础、统分结合的双层经营体制，保持农村土地承包关系稳定并长久不变，维护农村土地承包经营当事人的合法权益，促进农业、农村经济发展和农村社会和谐稳定，根据宪法，制定本法。"《中华人民共和国城市房地产管理法》第一条规定："为了加强对城市房地产的管理，维护房地产市场秩序，保障房地产权利人的合法权益，促进房地产业的健康发展，制定本法"等。

这一原则体现了土地法的立法目的，也是土地法追求的终极价值之所在。

（3）土地用途管制原则

土地用途管制原则是指国家为了土地资源合理配置和利用，实现人与自然和社会可持续发展而通过编制土地利用总体规划、划分土地类型区域、确定土地使用限制条件并且要求土地权利人按照土地用途规划使用土地。

土地用途管制原则自 20 世纪四五十年代开始在一些国家得到贯彻。土地是财富之母，随着社会经济的发展，对土地的需求增长，土地资源的稀缺性日益显现。面对人地矛盾的突出性，如何调整土地利用结构是我国面临的重大挑战。实行土地用途管制原则，要求符合土地利用总体规划，严格控制建设用地总量，促进资源集约利用，提高资源配置效率；严格控制农用地流向建设用地，严守耕地红线，因地制宜保护土地。我国土地用途管制原则在土地法律规范中的体现如下。

《民法典》第三百五十条规定："建设用地使用权人应当合理利用土地，不得改变土地用途；需要改变土地用途的，应当依法经有关行政主管部门批准。"《土地管理法》第四条规定："国家实行土地用途管制制度。国家编制土地利用总体规划，规定土地用途，将土地分为农用地、建设用地和未利用地。严格限制农用地转为建设用地，控制建设用地总量，对耕地实行特殊保护……使用土地的单位和个人必须严格按照土地利用总体规划确定的用途使用土地。"《土地管理法实施条例》（2021 修订）第二条规定："国家建立国土空间规划体系。土地开发、保护、建设活动应当坚持规划先行。经依法批准的国土空间规划是各类开发、保护、建设活动的基本依据……"

（4）合理利用和保护土地原则

合理利用和保护土地原则是指一切使用土地的组织和个人在保护土地质量和生态环境的前提下，按照确定的用途高效利用土地。

随着我国城镇化的推进，城市土地资源日益紧张，资源承载力过大，农村土地却出现人地分离、耕地逐渐废弃等诸多问题。我国人口数量庞大，人均土地资源相对匮乏，实现土地的合理利用和保护是当下也是未来应予以持续坚持的目标和原则。我国合理利用和保护土地原则在土地法律规范中的体现如下。

《宪法》（2018 修正）第十条第五款规定："一切使用土地的组织和个人必须合理地利用土地。"《土地管理法》（2019 修正）第三条规定："十分珍惜、合理利用土地和切实保护耕地是我国的基本国策。各级人民政府应当采取措施，全面规划，严格管理，保护、开发土地资源，制止非法占用土地的行为。"第三十六条规定："各级人民政府应当采取措施，引导因地制宜轮作休耕，改良土壤，提高地力，维护排灌工程设施，防止土地荒漠化、盐渍化、水土流失和土壤污染"。

合理利用和保护土地原则要求除了要遵循土地利用总体规划，对各类土地科学使用，更要求要特别注意保护耕地，防止土地环境污染和破坏，适时对土地进行恢复和整理，在满足人类生存和发展需要的同时，保护土地资源的可持续利用。

（5）同地同权原则

同地同权原则是指在相同用途或性质的土地上可以设置性质和地位相同的土地权利，具有相同的法律效力，得到同样的法律保护，不因土地归属和利用主体的不同而在法律上存在差别待遇。

2022年9月6日，习近平总书记主持召开中央全面深化改革委员会第二十七次会议时，审议通过了《关于深化农村集体经营性建设用地入市试点工作的指导意见》。会议强调："推进农村集体经营性建设用地入市改革，事关农民切身利益，涉及各方面利益重大调整，必须审慎稳妥推进。要坚持同地同权同责，在符合规划、用途管制和依法取得前提下，推进农村集体经营性建设用地与国有建设用地同等入市、同权同价。"目前，我国的土地因为城乡之间土地权属差异而在现实中面临着诸多差异化对待，在土地法中贯彻同地同权原则，有利于保护不同类型的土地权利人的利益，实现城乡统筹发展，助推乡村振兴。我国同地同权原则在土地法律规范中有多处体现，具体如下：

《民法典》物权编第二百零六条规定："国家实行社会主义市场经济，保障一切市场主体的平等法律地位和发展权利。"《土地管理法》（2019修正）第六十三条和《中华人民共和国土地管理法实施条例》（2021修订）第四十三条第二款规定："集体经营性建设用地的出租，集体建设用地使用权的出让及其最高年限、转让、互换、出资、赠与、抵押等，参照同类用途的国有建设用地执行，法律、行政法规另有规定的除外。"

同地同权原则是民法的物权平等原则在土地法律规范领域的具体表现，也是社会主义市场经济的基本法律原则，对于维护广大人民群众的根本利益，促进社会主义市场经济发展，构建社会主义和谐社会有重要作用。

（三）土地法的渊源

1. 土地法渊源的概念和种类

法律渊源即法律的来源，是指国家机关、公民和社会组织为寻求行为根据而获得具体法律的来源。土地法的渊源，有广义和狭义之分。广义上土地法的渊源包括土地法的历史渊源、土地法的本质渊源、土地法的理论渊源、土地法的效力渊源、法的形式渊源等，而狭义上土地法的渊源是指土地法的形式渊源，即土地法的外在表现形式。

土地法的渊源因为法系差别、时空差异而在不同国家和地区有不同的表现形式，一般有如下几种：

一是土地成文法。土地成文法是国家机关依照立法程序制定的、以规范性文件形式表现出来的法。大陆法系国家一般以成文法的形式作为法律渊源，如俄罗斯的土地法典、西班牙的土地法等。我国不是真正意义上的大陆法系，但是在土地问题上采取的是类似于大陆法系国家成文法的立法形式，以国家各级有权立法的机关通过法定程序制定的规范性文件表现出来。

二是土地判例法。在英美法系国家，法院依靠土地诉讼案件的先例作为判决的依据和约束力来源是其一大特色。我国目前关于土地争议解决的案例不能作为正式的土地法渊源，但是最高人民法院发布的指导性案例对现实中案件的处理有积极的参考和借鉴意义。

三是土地习惯法。土地习惯法是经国家确认，有法律效力，但是没有以法律规范性文件形式表现出来的法。习惯法来源于人们社会生活中日积月累、约定俗成的行为模式。随着社会发展，习惯法形式上被其他法律渊源所替代，但其内在思想和精神，或对当今法律规范仍存实质影响，或起到裨补缺漏的作用。

四是土地法法理。土地法法理是指土地法的原理，体现了土地法律规范背后的立法精神和本质规律。在早期社会成文法和判例法未发展成熟之时，体现法理的法学家的学说或者著作可以成为法的渊源。现如今，体现法理的学说或著作虽不再作为形式渊源直接加以运用，但其精神仍然蕴含在土地法律规范中。我国的土地法法理研究相较于其他国家，仍有较大的发展空间。

2. 我国土地法的渊源

我国土地法的渊源主要包括宪法中有关土地的规定、土地法律、土地行政法规和部门规章、地方性土地法规、国家机关对土地法律规范的有权解释等，具体如下：

（1）宪法中有关土地的规定

宪法是国家的根本法，是治国安邦的总章程，具有最高的法律地位、法律权威、法律效力。一切法律、行政法规和地方性法规都不得同宪法相抵触，土地法亦是如此。国以民为本，民以食为天，食由土地出，土地涉民生。土地问题在我国宪法中的地位也可见一斑。

如《宪法》（2018 修正）第八条第一款规定："农村集体经济组织实行家庭承包经营为基础、统分结合的双层经营体制……参加农村集体经济组织的劳动者，有权在法律规定的范围内经营自留地、自留山、家庭副业和饲养自留畜。"第九条规定："矿藏、水流、森林、山岭、草原、荒地、滩涂等自然资源，都属于国家所有，即全民所有；由法律规定属于集体所有的森林和山岭、草原、荒地、滩涂除外。国家保障自然资源的合理利用，保护珍贵的动物和植物。禁止任何组织或者个人用任何手段侵占或者破坏自然资源。"第十条规定："城市的土地属于国家所有。农村和城市郊区的土地，除由法律规定属于国家所有的以外，属于集体所有；宅基地和自留地、自留山，也属于集体所有。国家为了公共利益的需要，可以依照法律规定对土地实行征收或者征用并给予补偿。任何组织或者个人不得侵占、买卖或者以其他形式非法转让土地。土地的使用权可以依照法律的规定转让。一切使用土地的组织和个人必须合理地利用土地。"

这些规定涉及我国土地的所有制类型、国有土地和集体土地的范围、土地征收征用、土地经营体制和土地资源保护等问题，在我国土地法的渊源中发挥着纲领性作用。

（2）土地法律

土地法律是指由全国人民代表大会及其常务委员会制定和颁布的调整土地法律关系的法律规范性文件。

① 基本法

一是土地基本法。土地基本法是由全国人民代表大会依据《宪法》第六十二条第一款第三项规定制定颁布的调整土地法律关系的法律规范性文件。内容包括土地产权的确立、取得、流转、收益、保护，土地利用的规划、管理、开发、整治，土地市场的建立、规范，法律责任及行政执法等土地领域全面的、基本的内容。在现实中，《土地管理法》常被视为居于土地管理基本法的地位。但目前，我国并没有正式的关于土地的基本法，《土地管理法》立法之初主要是为了解决当时乱占耕地、滥用土地、国土规划和整治等问题，[1] 是鉴于实践经验欠缺而为的临时应急措施定型化之举，在命名上也可见一斑。土地法作为法律规范系统在土地领域当有一部基本法发挥总揽全局的作用，制定土地基本法实乃必要之举。

二是其他基本法中关于土地的条款。《民法典》总则编、物权编、合同编等部分涉及土地的条款；《中华人民共和国刑法》第二百二十八条非法转让、倒卖土地使用权罪，第三百四十二条非法占用农地罪等。

② 基本法以外的法律

基本法之外的法律由全国人民代表大会常务委员会制定颁布。该类法律在内容上没有基本法全面，是调整土地关系某一方面的内容，所调整的对象和范围具有有限性。一些是直接调整土地关系领域的法律，如《中华人民共和国农村土地承包法》（2018修正）、《中华人民共和国城市房地产管理法》（2019修正）、《中华人民共和国农村土地承包经营纠纷调解仲裁法》等。还有一些法律，不直接以土地为所调整的法律关系客体，但是与土地有相关性，如《中华人民共和国农业法》（2012修正）、《中华人民共和国森林法》（2019修订）、《中华人民共和国水土保持法》（2010修订）、《中华人民共和国矿产资源法》（2009修正）等。

---

[1] 1986年6月全国人大常委会审议《土地管理法》时即指出："考虑到本法主要是加强土地管理，解决乱占耕地滥用土地的问题，关于国土规划、国土整治、国土开发等问题，由于实践经验不够，草案未作规定，因此将本法的名称改为《土地管理法》。"

（3）土地行政法规和部门规章

土地行政法规是指国务院在其法定职权范围内根据《宪法》（2018 修正）第八十九条第一款第一项规定制定的有关国家土地行政管理的规范性文件，通称为"条例""办法""规定"等。依照宪法和组织法的规定，国务院还有权发布决定和命令，其中关于土地的规范性内容与行政法规具有同等的效力。

① 在用地管理上，有关土地的行政法规主要有《土地管理法实施条例》（2021 修订）、《城镇国有土地使用权出让和转让暂行条例》（2020 修订）等。

② 在耕地、林地保护上，有关土地的行政法规主要有《土地管理法实施条例》（2021 修订）、《基本农田保护条例》（2011 修订）、《退耕还林条例》（2016 修订）等。

③ 在土地市场管理上，有关土地的行政法规主要有《城镇土地使用税暂行条例》（2019 修订）、《土地增值税暂行条例》（2011 修订）、《不动产登记暂行条例》（2019 修订）、《城市房地产开发经营管理条例》（2020 第二次修订）等。

土地部门规章，是指国务院所属各部、委和其他依法有权制定规章的行政部门根据法律和国务院的行政法规、决定、命令在本部门的权限内按照规定的程序所制定的调整土地关系的规定、办法、细则、规则等法律规范文件的总称。主要有以下几类：

① 地籍管理方面的部门规章，如《不动产登记资料查询暂行办法》（2024 修正）。

② 用地管理方面的部门规章，如《国土资源部关于修改〈建设用地审查报批管理办法〉的决定》（2017 年施行，现行有效）。

③ 土地利用规划管理方面的部门规章，如《国土资源部办公厅关于印发村土地利用规划编制技术导则的通知》（2017 年施行，现行有效）。

④ 土地开发、整理与复垦方面的部门规章，如《土地复垦条例实施办法》（2019 修正）。

⑤ 土地利用方面的部门规章，如《节约集约利用土地规定》（2019 修正）。

⑥ 土地监察管理方面的部门规章，如《违反土地管理规定行为处分办法》（2008 施行）《国土资源执法监督规定》（2018 施行）等。

（4）地方性土地法规

地方性土地法规是指省、自治区和直辖市等人民代表大会及其常务委员会根据本地区的实际情况和需要制定颁布的调整土地关系的规范性文件。另外，省、自治区人民政府所在的市和经国务院批准的较大的市一级人民代表大会及其常务委员会也可以制定地方性土地法规。该类法律规范因地制宜、数量较多，部分先进试点的土地法规对全国范围内的土地法律规范体系的完善有积极的推动作用。如 1981 年《深圳经济特区土地管理暂行规定》开启了土地有偿使用的先河，在全国范围内引起效仿热潮，且对我国《宪法》和《土地管理法》的修改产生了重要影响。[①]

另外，根据《宪法》(2018 修正)、《中华人民共和国全国人民代表大会组织法》(2021 修正)、《中华人民共和国民族区域自治法》(2001 修正)的规定，民族自治地方的人民代表大会有权根据当地民族的政治、经济和文化的特点，制定有关土地的自治条例和单行条例。如《西藏自治区实施〈中华人民共和国土地管理法〉办法》(现已失效)、《新疆维吾尔自治区土地监察条例》(现已失效)。

(5) 国家机关对土地法律规范的有权解释

根据我国现行法律规定，我国的法律解释分为立法解释和司法解释。关于土地方面的司法解释是指由国家最高司法机关依照法定程序就土地问题所做出的解释。如《最高人民法院关于审理涉及农村土地承包经营纠纷调解仲裁案件适用法律若干问题的解释》(2020 修正)、《最高人民法院关于破产企业国有划拨土地使用权应否列入破产财产等问题的批复》(2020 修正)等。在我国有些土地法律规范内容不明的情况下，最高人民法院的司法解释弥补了法律的不足，对实践中出现的新问题的处理起着积极作用。

(四) 土地法的体系

土地法体系是指由相互联系、相互作用、相互制约的，旨在调整因开发、利用、保护、改善土地与调控土地市场运行而发生的各种社会关系的法律规范组成的系统。

我国的土地法体系可以从内外两方面分析。[②] 我国土地法的内部体系是土地法的内在结构和相互关系，外部体系是土地法在整个法律体系中的定位以及和其他部门法律体系的关系。

1. 土地法的内部体系

如前文所述，土地法规制的土地是公法和私法结合意义上的土地，土地法公私法性质兼具。从调整的法律关系上看，土地法涉及土地行政法律关系和土地民事法律关系。土地行政法律关系主要体现为土地管理法；土地民事法律关系主要体现为土地权利法，具体又可分为土地物权法和土地债权法。

(1) 土地管理法

土地管理法主要是指对土地的开发利用进行管理的法律规范，具有公法性。目前关于土地管理的法律规范主要是以土地管理法、房地产管理法为主，以相关的法规、规章为补充，主要包括地籍管理法、土地利用规划法、耕地保护法、土地整治法、土地征收征用法、建设用地管理法、土地税法、土地督察与监察法和法律责任等。

---

① 严金明. 土地法学 [M]. 北京：中国人民大学出版社，2020：33-35.
② 王守智，吴春岐. 土地法学 [M]. 北京：中国人民大学出版社，2011：18.

（2）土地权利法

土地权利法包括土地物权法和土地债权法。土地物权法是指调整土地作为物所体现的土地所有权、使用权、收益权和处分权等物权关系的法律规范总称。土地属于民法上"物"中的不动产，故适用《民法典》物权编相关内容。土地物权包括土地所有权、土地用益物权、土地抵押权等。土地所有权分为国家土地所有权和集体土地所有权；土地用益物权分为土地承包经营权、建设用地使用权、宅基地使用权等。它们反映了静态的土地权利归属。相应地，土地作为"物"，需遵循民法上的物权法定原则和物权平等原则。

土地债权法是以土地物权法为基础，关于土地流转的法。土地流转一般表现为土地使用权主体的变化。土地债权关系包括土地使用权出让、转让关系，土地使用权出租、抵押关系，土地承包经营权转包关系等，它们反映了动态的土地权利交易。

土地权利法体现出以下特点：

第一，平等性。在土地民事法律关系中，主体之间地位平等，土地所有权人、土地使用权人与其他公民、法人和其他社会组织在土地所有权的行使，土地使用权的出让、转让、出租、抵押过程中，同样地享有权利和承担义务，而不存在隶属关系或管理关系。例如要坚持同地同权原则，在符合规划、用途管制和依法取得前提下，推进农村集体经营性建设用地与国有建设用地同等入市、同权同价。

第二，自愿性。土地民事法律关系的发生建立在当事人自愿的基础之上，任何一方不得对他方施以强迫或违法干涉。土地使用权的出让或者转让、出租或者抵押，均应为当事人内心真实的意思表示，他人不得违背对方意愿强制交易。

第三，有偿性。一般情况下，土地民事法律关系中发生的交易具有等价有偿性，不允许一方违背对方意愿无偿获取土地利益或进行显失公平的土地使用交易。

2. 土地法的外部体系

（1）关于土地法体系在法律体系中的定位问题

土地法体系是我国法律体系中一个相对独立的部门法律体系。

从功能上看，土地法体系为我国依法保障土地权利、保护土地资源、合理利用土地提供了法律上的保障，对维护社会主义土地公有制、促进社会主义经济发展意义重大。

从结构上看，我国土地法有独特的调整对象和调整方法。土地法调整的对象，即土地法律关系，是多类型法律关系的交叉，具有特殊性，不同于单纯的民事法律关系、行政法律关系、经济法律关系等。不同类型法律关系需由不同法律规范调整，土地作为影响国计民生和社会发展的重要物质载体，在历史进程中扮演着重要的角色。相应地，其调整方法亦有特殊性，土地法律关系所调整的社会关系在性质上属于同一类，调整方法有同一性，故而土地法可以称为一个相对独立的法律系统。

（2）土地法体系与其他自然资源法体系的关系问题

土地法体系是自然资源法体系的组成部分，和其他类型自然资源法的体系一同体现出自然资源法体系的特征，又分别体现出其作为独特的自然资源自身的特殊性。

自然资源法体系是调整人们在开发、利用、保护和管理自然资源过程中发生的各种社会关系的法律规范体系的总称。一般包括土地法体系、水法体系、矿产资源法体系、森林法体系等。

从土地规划学的角度看，土地是指地球陆地表层，它是自然历史的产物，是由植被、土壤、地表水及表层的岩石和地下水等诸要素组成的自然综合体。土地资源和其他类型自然资源相互作用，相互制约。土地资源为其他类型自然资源提供生存和发展的环境，其他类型自然资源的保护和破坏情况也会影响土地资源的存续数量和质量。土地法体系和其他类型自然资源法体系亦是相互作用、相互制约的关系。如对森林资源乱砍滥伐，会导致水土流失，土壤沙化、盐碱化。在该层面上，土地法体系和其他自然资源法体系有共同的价值追求，是自然资源法体系的"命运共同体"，并且在整个自然资源法体系中发挥着基础性作用。

（五）土地法的作用

1. 维护土地公有制

我国是社会主义国家，实行社会主义公有制，具体表现为社会主义全民所有制和社会主义集体所有制等，是社会主义经济制度的基础。巩固土地的公有制是社会主义公有制在土地领域的具体要求。土地问题，关乎人民生产生活发展问题，关乎资源利用和保护以及生态环境问题，甚至关乎国家政治安全和政权稳定问题。将土地所有权归于国家或集体，可以使得国家对土地进行合理规划和统筹利用，集中力量办大事，更好实现人与自然的平衡。维护土地公有制，也可以避免古代因为土地私有制导致的土地兼并等问题，防止因贫富差距过大引起社会动荡的风险，彰显了社会主义制度的优越性，为社会的可持续发展保驾护航。

2. 确认权利和归属

土地的权利及其归属实则为产权问题，产权清晰是土地利用和管理的前提条件。正如先秦时期的《慎子》中所载，"一兔走街，百人追之，贪人具存，人莫之非者，以兔未定分也。积兔满市，过而不顾，非不欲兔也，分定之后，虽鄙不争。"名分（权属）未定，少量之物或极小之事也能引起大的争端；相反，名分已定，则各归其位，各得其所，一切秩序井然。只有事先明确土地权利及其归属问题，才能针对特定权利主体进行特定的保护。物以稀为贵，土地作为一种稀缺性自然资源，物尽其用对缓解当下人地矛盾意义重大。土地法将土地按空间进行规划分配，按主体进行权利分配，使得特定主体对特定空间的土地利用享有特定权利、承担特定义务，从而达到对土地的充分利用和保护之效果，同时，也有助于维护生态平衡。

3. 规范开发和利用

在确定土地权利及其权属的基础之上，面临的是土地的开发和利用。为了避免土地在这一过程中可能出现的各种问题，首先需要了解我国土地现状，我国土地法通过土地调查、登记和统计等手段进行地籍管理；其次根据前述资料进行土地利用总体规划，因地制宜进行用途管制和开发利用规定，如对国有土地和集体土地的审批、流转方式和流转程序做出制度性安排。具体开发利用过程中，不但要考虑土地权利人的利益问题，也要考虑对土地的保护问题，如对于基本农田进行保护、对土地生态进行保护、对水土流失进行防治、对土地沙化进行防治和对土地环境进行保护等，从而达到人地关系和谐的理想状态。

4. 制裁违法之行为

针对土地纠纷，在个人层面，我国土地法提供了多元的解决渠道，如当事人通过协商达成一致意见，以解决争执或防止争执发生的和解；在第三方协助下进行的、当事人自主协商进行的调解；纠纷当事人在自愿基础上达成协议，将纠纷提交非司法机构的第三方审理，由第三方做出对争议各方均有约束力的裁决的仲裁；在上述方式仍不能解决的情况下可以通过向法院请求救济而进行诉讼。

针对土地违法之行为，在国家层面亦有措施，如有土地监察，即土地管理部门依法对单位和个人执行和遵守国家土地法律、法规情况进行监督检查以及对土地违法者实施法律制裁；土地督查，即中央政府对省级及计划单列市地方政府土地管理、利用行为的监督等。

针对土地违法之行为，违法者则需要承担相应的民事责任、行政责任和刑事责任等。

第二节　土地法学

一、土地法学的概念和特征

（一）土地法学的概念

法学是研究法的现象及其本质规律的学科，是关于法律问题的知识和理论体系。

土地法学是以土地法即调整土地关系的法律规范为研究对象，以研究其制定、解释、阐述、评价、应用并调整人地之间法律关系的一门学科。

从目的上看，土地法学的研究目的和土地法的立法目的是一致的。土地法学的目的是使土地的开发、利用、保护和改造以及其他关涉土地的行为都建立在科学技术规范和法律规范的基础上，以保证土地的优化配置和合理、有效保护利用，实现社会经济和土地资源的可持续发展。

从形式上看，土地法学是对土地法逻辑上的抽象和归纳，相应形成的一系列关于土地法的概念术语、原则、理论等内容，构成严密的逻辑体系和有机统一整体。

从本质上看，土地法学是研究土地法律现象及其规律的一门应用学科。土地法律现象具有表面性、变化性，而土地法律规律具有内在性、稳定性。土地法律现象包括土地作用于人的自然现象和人作用于土地的社会现象，前者体现了土地的自然属性，后者体现了土地的社会属性，土地法律规律则是自然规律和人类社会发展规律的统一。

从相似概念的区分上看，土地法学和土地法联系密切又存在差异性。土地法是土地法学研究的对象，前者是应然和实然层面的法律规范体系，后者包括前者又不限于此，土地法学是法学和土地科学的共同结晶和子学科。

（二）土地法学的特征

1. 实践客体复杂性

实践的客体是指实践活动和认识活动所指向的对象。土地法学对应的实践客体即为广义上的土地。土地法学研究的客体的复杂性，决定了其在研究宗旨上具有价值导向的多重性、研究手段上具有学科交叉的复合性等，同时其产生的影响也具有交互性，不单单涉及人与人之间关系的影响，也涉及人与地之间关系的影响，进而可能对人类社会与自然生态系统之间的关系产生影响，因而土地法学具有实践客体复杂性。

2. 价值导向多重性

土地既是自然资源，也是社会共有财富，具有多重属性，也相应具有多重价值，如自然价值和社会价值，而其社会价值又可表现在社会的政治、经济、文化、科技等诸多方面。土地法学研究的根本价值导向在于最大限度地实现人类幸福，所以单纯地追求土地资源保护而忽视社会经济发展需求是不现实的，单纯地追求经济社会发展而忽视土地资源的保护也是不科学和不长远的。相较于一些法学学科强调以公民个人权利保护为导向的思想，如自愿原则、平等原则，土地法学在价值导向上不单单体现为对个人权利的保护，也体现为对公共利益的保护，如使得公民将珍惜土地、保护土地的意识内化于心、外化于行，那么土地法所追求的价值才算圆满。因而土地法学具有价值导向多重性。

3. 学科交叉复合性

土地法学是法学和土地科学的交叉学科，同时其研究还涉及许多其他学科。法学学科中涉及宪法学、法理学、行政法学、经济法学、民法学等学科，土地科学学科中涉及土地资源学、土地规划学、土地经济学、土地管理学等学科。土地法学作为一门社会学科，究其根本是对人类行为规范的研究，了解土地的自然规律是规范人类行为的前提。如制定土地利用规划和土地用途管制相关法律制度的前提是了解当前土地概况，涉及的土地调查和统计等工作就会关联其他学科的知识。在土地利用和开发过程中，利用土地的个体一般情况下关注到的仅为土地的暂时性现状和目前可获得的短期利益，而土地生产潜力和环境条件的量化结果非人力所能完全预知，生态环境的变化具有长期性，也非一朝一夕之观察可见，这就需要关于土地研究的多学科知识作为法律规范的前提依据。同时，土地法学涵盖了关于土地法律规范的理论和实践、现实和历史、国内和国外等诸多维度的研究，因而土地法学具有学科交叉复合性。

二、土地法学的体系

（一）土地法学的体系和土地法的体系的关系

从性质上看，土地法学的体系和土地法的体系都属于系统，具有系统的一般性特征，如整体性、功能性、结构性、动态性等。

从内容上看，土地法学是对土地法及其相关内容的理论概括和科学阐释，而土地法学的体系则是对这些理论和科学阐释的逻辑化、系统化。① 土地法学的体系以土地法的体系为基础，土地法的体系是土地法学的体系的研究对象。

土地法学的体系作为一个系统具有的动态性可体现为开放性、非封闭性，或言，土地法学的体系是一个"活系统"，因其要素之间、要素与整体之间，或整体系统与其他系统之间的相互作用而呈现出不同状态，使得土地法学的体系在其基本要素内容不变的情况下具有不同表现形式，以不同视角来解读土地法学的体系，对其认识才会更全面。

（二）我国土地法学的体系

如上所述，我国土地法学体系作为一个系统，可以有多种解读角度，这源于其动态性，即要素、子系统、其他系统之间的交互作用方式的多样性。如我国土地法学的体系可以从历史发展的角度研究、从土地法律规范本身的基本理论角度研究、从土地

---

① 王守智，吴春岐. 土地法学［M］. 北京：中国人民大学出版社，2011：45.

法律规范的立法技术角度研究、从土地法律效用角度研究等。

尽管我国土地法学的体系的表现形式具有多样性，但其整体结构具有相对稳定性。譬如人虽可通过不同活动表现出不同样态，但就人本身形态构造而言，均由四肢五脏六腑七窍八脉等部分组成，虽从该角度不能完全认识一个完整意义上自然属性和社会属性相统一的人，但这也是支撑其进行各类活动的生物基础，人的自然属性是人进行各类社会活动的必要不充分条件。

故而本书选择我国土地法学体系的基本构成内容这一角度进行基础性分析。因为土地法学体系以土地法体系为研究对象，所以二者在内容结构上具有统一性。本书对土地法学体系的基本构成内容共设四部分十八章，第一篇"基础理论篇"站在整体性的角度，介绍对土地法学的"第一印象"，进行土地法学概述和土地法律关系整体性分析，在土地法学体系中起到统领全局的作用。第二篇"土地权利篇"站在土地权利人的角度，主要体现"权利"二字。第三篇"土地管理篇"站在土地管理者的角度，主要体现"权力"二字。第四篇"土地行政监督、争议解决与法律责任篇"亦是站在整体性的角度，对第二篇、第三篇"权利"与"权力"行使过程中可能遭遇的冲突问题提供解决方案，体现了体系内部矛盾自我化解的自洽性，从而确保整个土地法学体系的有序运行。

1. 土地法学基础理论

本书的第一篇为土地法学基础理论，在本书中包括第一章"土地法学概述"和第二章"土地法律关系"。第一章"土地法学概述"的基本内容包括土地的含义、特征和分类，土地法的概念、特征，土地法的基本原则，土地法的渊源、土地法的体系、土地法的作用、土地法学的概念和特征、土地法学的体系等。第二章"土地法律关系"之所以作为土地法学的基础理论，是因为本书第二部分、第三部分、第四部分基本都是从土地法律关系的不同维度具体展开的。土地法律关系的基本内容包括土地法律关系的概念和特征，土地法律关系的主体、客体和内容，土地法律关系的产生、变更和消灭等内容。

2. 土地权利

本书的第二篇为土地权利法律关系，在本书中包括五方面内容（如图1-1所示）：第三章"土地所有权制度"、第四章"土地承包经营权"、第五章"建设用地使用权"、第六章"宅基地使用权"和第七章"土地抵押权"。这五方面内容本质上是土地所有权和土地使用权问题，土地承包经营权、建设用地使用权、宅基地使用权、土地抵押权均为土地使用权的具体表现形式。土地问题在民法上属于物权问题，物权主要包括自物权和他物权，或物的所有权和使用权，亦可谓物的所有权、用益物权和担保物权。

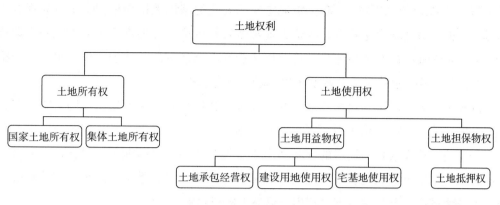

图 1-1　土地权利体系

土地所有权，是指土地所有人依法对自己的土地享有的占有、使用、收益和处分的权利。用益物权即对他人所有的不动产或者动产，依法享有占有、使用和收益的权利。担保物权是指除法律另有规定外，担保物权人在债务人不履行到期债务或者发生当事人约定的实现担保物权的情形下，依法享有的就担保财产优先受偿的权利。

土地承包经营权，是指权利人对集体所有或者国家所有由集体使用的土地，依照法律规定和合同约定享有的从事种植业、林业、畜牧业等农业生产的权利。建设用地使用权，是指建设用地使用权人依法对国家所有土地和集体所有土地享有的占有、使用、收益的权利，建设用地使用权人有权在该土地上建造建筑物、构筑物及其附属设施。宅基地使用权，是指农村集体经济组织成员依法享有的在集体所有土地上建造住宅及其附属设施的权利。土地抵押权属于担保物权的范畴，是指债权人对于债务人或第三人提供的、不移转占有而作为债务履行担保的土地使用权，在债务人到期不能履行债务或发生当事人约定的实现抵押权的情形时，可就该土地使用权折价或就拍卖、变卖财产的价款优先受偿的权利。

土地承包经营权主要是为了农业生产，建设用地使用权通常是为了城乡住宅和各类法律规定的设施等宅基地使用权主要是为了农民生活居住，这几者实则是按照土地用途划分的，但宅基地属于农村建设用地的一种，将宅基地从建设用地中独立出来的制度构建与我国的国情有关。

3. 土地管理

本书的第三篇为土地管理，分为八方面：第八章"地籍管理"、第九章"国土空间规划"、第十章"耕地保护"、第十一章"土地用途管制制度"、第十二章"建设用地管理"、第十三章"土地征收征用"、第十四章"土地整治"、第十五章"土地税费"。

在对土地进行行政管理之前，首先要摸清土地情况以"知彼"，即进行土地调查、登记、统计等地籍管理工作。然后在"知彼"的基础上"知己"，根据我国发展需求及其他综合性因素制定国土空间规划，耕地作为极为重要的战略性资源在规划和实践中应置于特殊地位予以保护，对于耕地之外的其他类型用地也应根据国土空间规划进行用途管制，如建设用地管理是实施土地用途管制制度、合理进行土地资源和土地资产利用、依法保障城乡各项建设用地、严格控制不合理占地的关键措施，也是合理配置土地资源、调控基本建设规模和土地市场的有力手段。

在某些特殊情况下，国家会对一些土地进行整体性的特殊利用。如国家为了公共利益的需要或社会处于紧急情况下，会对土地进行征收或征用。随着城市化、工业化的不断推进，国家会根据发展的现实需求对土地利用布局进行调整，对土地利用现状进行治理，如对低效利用、不合理利用和未利用的土地进行整治，对因生产建设破坏和自然灾害毁损的土地进行恢复利用，提高土地利用率。

此外，国家通过履行各项行政管理职能增进民生福祉，但也面临着运行成本的问题以及土地市场宏观调控、实现土地收益再分配等需要，这就需要通过土地税费等形式加以调节。

4. 土地行政监督、争议解决与法律责任

本书的第四篇为土地行政监督、争议解决与法律责任，主要包括三方面：第十六章"土地执法监察与国家自然资源督察"，第十七章"土地纠纷解决"与第十八章"土地法律责任"。土地执法监察与国家自然资源督察通常是行政主体主动进行的活动，土地纠纷解决通常是由纠纷中的当事人主动选择解决途径进行的活动，土地法律责任是行政监督和纠纷处理的结果内容。

民法和刑法等一些法律通常是在纠纷出现之后再利用相应法律规范予以解决，而土地法不但注重纠纷之后土地问题的解决，还注重对土地利用和管理情况的日常行政监督。行政监督主要体现为土地监察与督察。土地监察，也称土地监督检查，是指土地行政管理部门依法对违反土地管理法律、法规的行为进行监督检查，并对违法者实施法律制裁的行政执法行为。土地督察，是我国土地督察机构对省、自治区、直辖市以及计划单列市人民政府土地利用和管理情况进行监督检查的行为。这两种监督方式在监督主体及其职权、监督对象方面存在差异性，前者属于一般性监督，后者属于专门性的特殊行政监督。

除了通过行政监督发现的土地问题，也有当事人关于土地的纠纷，具体表现为土地民事纠纷、土地行政纠纷。为解决纠纷，当事人可以选择协商和解、调解、行政复议、诉讼、仲裁及其组合等构成的多元化争议解决方式。

对于行政监督和当事人关于土地的纠纷中发现的土地问题，经过处理后，责任主体要承担相应的土地民事责任、土地刑事责任和土地行政责任。土地民事责任主要有赔偿损失、停止侵害、排除妨碍、恢复原状等，土地刑事责任主要有罚金、拘役、有期徒刑，土地行政责任主要有行政处分和行政处罚。

❓思考题

1. 土地、土地法、土地法学之间的关系是什么?
2. 我国土地法学体系有哪些基本内容?
3. 我国土地法的渊源有哪些?

第二章 土地法律关系

内容摘要

本章主要介绍土地法律相关的概念以及基础性理论。首先厘清土地法律关系的基本概念。其次分别对土地法律关系的主体、客体和内容做出详细解释。最后从土地法律关系的产生、变更和消灭几个方面对土地法律关系的变动进行剖析。

第一节 土地法律关系的概述

一、土地法律关系的概念

(一) 法律关系

法律关系是指由法律规范调整一定社会关系所反映的法律主体之间的权利义务关系。

不是所有的社会关系都是法律关系，法律关系与社会关系是有所区别的，首先，不是所有的社会关系都能由法律加以规制，所以不是所有的社会关系都是法律关系，法律关系的范围较窄；其次，法律关系是意志关系，是法律规范调整社会关系的结果；社会关系是法律规范调整的对象，是物质关系。

(二) 土地法律关系

土地法律关系是由土地法律规范规制的，在人们利用、管理、保护土地的过程中形成的，以土地为关键要素，主体之间权利义务关系为主要内容的社会关系。土地作为重要的生产要素在国家经济建设、生态建设等涉及民生的各方面建设方面都具有不可撼动的地位和意义。习近平总书记多次强调，要"科学用好土地资源"，土地离不开科学的土地法律规范的调整，离不开党的方针政策的宏观调控和大局掌握。我国土地法律规范的实施目的就是保障土地资源合理开发利用，在法律规范许可的范围内由权利主体依法行使占有、使用、收益、处分的权利。

土地法律关系由于其关键要素——土地的特殊性，故由行政法律规范和民事法律规范加以调整，既包括行政土地法律关系，也包括民事土地法律关系。

二、土地法律关系的特征

（一）以土地法律规范为构建基础①

土地法律规范作为土地关系受法律规制的依据对土地法律关系的产生、发展具有不可取代的作用，没有土地法律规范就无法衍生出土地法律关系。

（二）体现国家意志，以国家强制力为后盾

土地法律关系受国家土地法律规范规制的同时也体现出国家保护土地资源、合理开发利用土地、可持续发展和生态绿色高度结合的宗旨理念并且受到国家强制力约束。

（三）以主体之间权利义务关系为内容

法律关系就是法律主体之间的权利义务关系，同理，土地法律关系就是土地权利主体之间的以土地为主要客体，且以其权利义务关系为内容的社会关系。土地法律关系涉及的主体通常包括国家、土地所有者、土地使用者、开发商、投资者等。在土地法律关系中，主体之间通过法律规定确立各自的权利和义务。例如，国家拥有土地的所有权和管理权，土地所有者有权依法使用和处置自己的土地，土地使用者有义务按照合同约定使用土地，并支付相应的土地使用费。

（四）符合国家利益和社会公共利益

土地法律关系作为法律关系中的一个类别，充分反映了社会现实需要和国家具体国情，体现了国家利益和社会公共利益。土地法律关系的建立和完善，有利于保护国家的土地资源，防止土地资源的浪费和滥用，保障国家的长远发展和战略安全。土地是人们生活和生产的必需品，土地法律关系的建立和完善，有利于保障人们的土地权益，维护社会公平正义，促进社会和谐稳定。随着我国经济社会的发展，对土地资源的需求也越来越大。土地法律关系的建立和完善，有利于规范土地市场，优化土地资源配置，促进经济社会可持续发展。

---

① 严金明. 土地法学 [M]. 北京：中国人民大学出版社，2020：72.

（五）受国家法律保护

土地法律关系不是凭空出现的，而是依托于法律规范，其受国家法律规范的保护和约束。权利人在行使权利时也会受到义务的约束，国家法律规范在保护其合法权益的同时，也会督促其行使法定的义务，做到权利义务相统一，保护和约束相均衡。

（六）具有相对稳定性①

土地作为重要的不动产，利用周期长，生产活动具有连续性。土地法律关系是依附在土地这一生产要素上的，所以其自然具有相对稳定性的特征。

（七）具有国家垄断性

土地资源的有限性，要求国家对土地占有、使用、开发利用的方式，土地的数量分配和空间配置进行有效的控制与分配。国家作为土地法律关系主体，其意志表示也是符合国家利益和社会公共利益的。

（八）具有确立和变更法定性

土地法律关系的确立和变更基本都属于要式法律行为，不动产的权利变动，以权利人在政府有关管理部门变动登记为公示的原则，未经政府管理部门办理权利变动登记，其行为不具有法律效力。土地的不动产特性一般要求对土地关系的调整采取书面形式，例如土地所有权证、土地使用权证、土地征用协议等。

三、土地法律关系的分类

从不同的法律角度分析法律问题，结果会有所不同。不同的分类标准，分类的结果也会有所不同。土地法律关系亦是如此。

（一）公法土地法律关系和私法土地法律关系

根据受土地法律规范调整的土地关系本身不同性质不同，分为公法土地法律关系和私法土地法律关系。

公法土地法律关系，是指行政法律规范规制下的土地法律关系，是国家土地管理机关依法履行职能时与土地所有者或使用者之间形成的一种权利义务关系。行政法律

---

① 董藩，郑润梅. 土地法学 [M]. 北京：北京师范大学出版社，2009：29.

规范涉及国家权力在社会生活中的地位、作用、运行程序等，属于公法的法律规范范畴。国家设置土地管理机关就是为了其在法定职权范围内履行职能，而在其正常履职的过程中，与集体土地所有者和使用者发生的一系列关系就属于公法土地法律关系。

私法土地法律关系，是指民事法律规范规制下的土地法律关系，属于平等主体之间的权利义务关系，符合私法的属性，具体包括土地物权法律关系和土地债权法律关系。

土地物权法律关系，是指土地权利人对土地享有的排除他人妨碍而发生的法律关系，即土地权利人在收益、处分土地所有权，土地用益物权、土地担保物权时而发生的法律关系。

土地债权法律关系，是指土地权利人在流转土地、在土地上设定用益物权或设定担保物权时所发生的法律关系。比如地役权，即以他人土地供自己土地便利而用以提高自己不动产效益的权利；再如，宅基地使用权的流转被约束，法律规范对其也有所限制。

（二）土地规划法律关系、土地征收法律关系、土地管理法律关系、土地税收法律关系①

根据土地权利人管理土地的不同方式，分为土地规划法律关系、土地征收法律关系、土地管理法律关系、土地税收法律关系。

土地规划法律关系，是指国家为了合理开发和保护利用土地资源规划利用土地而形成的权利义务关系。根据我国《土地管理法》的规定，各级人民政府应当依据国民经济和社会管理规划、国土整治和资源环境保护的要求、土地供给能力以及各项建设对土地的需求，组织编制土地利用总体规划。各级政府响应中央号召，以土地法律规范为实施准则，贯彻落实土地利用整体规划，符合国家合理开发和保护利用土地的宗旨，正确合法合理履行职能，在这个良性循环的过程中形成的权利义务关系就属于土地规划法律关系。

土地征收法律关系，是指国家在统筹计划收取和利用土地时，与土地使用单位、农村集体经济组织之间形成的权利义务关系。我国《宪法》和《土地管理法》都对国家赋予了出于公共利益的需要依法对集体所有的土地实行征收的权力。征收土地这一法律关系的形成会产生三种权利义务关系，即国家与被征收单位的土地法律关系、拥有建设用地使用权的单位与国家的土地法律关系、用地单位与被征收土地集体经济组织或单位之间的涉及土地补偿的权利义务关系。

---

① 严金明. 土地法学 ［M］. 北京：中国人民大学出版社，2020：79.

土地管理法律关系，是指国家行使管理土地职能时形成的权利义务关系，由国务院职能部门代表国家行使土地管理的权力，各级职能部门按照土地法律规范的规定在权限内与土地占有、使用、收益、处分权主体之间形成的具有法律效力的权利义务关系。土地用途的改变等都属于土地管理法律关系的权限范围。

土地税收法律关系，是指土地使用者通过履行土地税收义务而与国家形成的权利义务关系。

土地税，顾名思义是以土地为课税目标的税种，具有强制性、固定性、义务性、统一性的特点。收取土地税作为国家调整资源分配的机制，形成了国家与被征税对象即土地使用权人的法定权利义务关系。国家行使法定征税权，土地使用权人有缴纳税款的义务。

（三）调整性土地法律关系和保护性法律关系

根据国家强制力保障程度不同分为调整性土地法律关系和保护性法律关系。

调整性法律关系，是指土地权利人正当行使权利就能实现的土地法律关系，不需要国家制裁。

保护性法律关系，是指主体间权利义务关系经国家制裁才能实现的土地法律关系，即原有的权利义务关系受到破坏时，国家为了修复被破坏的权利义务关系，而对破坏者实施法律制裁。例如非法改变耕地用途、强行占用他人耕地的行为，严重者会构成刑事犯罪，司法机关可以依据法律明文规定对其处以刑罚。

（四）实体性土地法律关系和程序性土地法律关系

根据法律规范自身性质的不同，分为实体性土地法律关系和程序性土地法律关系。

实体性土地法律关系，是指根据实体性土地法律规范调整的在权利主体与义务主体之间形成的实体性法律关系。实体性法律规范是指规定具体权利义务关系，涉及基本法律制度的法律规范。实体性土地法律关系就是指规定具体土地权利义务关系，涉及基本土地法律制度的法律关系，例如土地征收法律关系就属于实体性土地法律关系。

程序性土地法律关系，是指受到土地程序性法律规范调整的而在当事人之间形成的程序上的权利义务关系。比如土地的登记制度、土地的申请批准制度、土地诉讼制度等。

（五）土地所有权法律关系和土地使用权法律关系[1]

根据土地权利的权能不同，分为土地所有权法律关系和土地使用权法律关系。

---

[1] 陈利根. 土地法学 [M]. 北京：中国农业出版社，2007：20.

　　土地所有权法律关系，是指土地所有权者（包括国家和集体经济组织）与不特定的其他单位或个人之间形成的法律上的权利义务关系。国家土地所有权，是指国家对其所有的土地行使法定的占有、使用、收益、处分、排除他人妨碍的权利。国家是全民意志的代表，由国家掌握土地这一关乎民生的重要生产资料的重要性不言自明，其他任何组织、个人都不得侵犯国家的土地所有权法律关系。

　　土地使用权法律关系，是指土地使用者因使用土地而与土地所有者之间经过政府授权形成的法律权利义务关系。土地使用权经过法定程序才能取得，通常需要经过政府的授权。土地使用者之间负有忠实义务，即互不侵犯彼此正当权利的行使，必要时还应给对方行使权利提供便利。土地使用权法律关系分为国有土地使用权法律关系和集体土地使用权法律关系。农村集体经济组织的农用土地承包经营权就属于集体土地使用权法律关系。

第二节　土地法律关系的主体

一、土地法律关系的主体

　　土地法律关系的主体，是指在土地法律关系中行使权利和履行义务的国家、组织机构、公民等。土地法律关系中行使权利的一方是权利主体，承担义务的一方是义务主体。

　　我国的土地法律关系是特殊的法律关系，土地作为重要的生产生活资料，其所有权自然是由国家和集体组织所有，这就意味着土地所有权法律关系的参加者就只能是国家和集体经济组织；土地使用权法律关系的主体相对而言较广泛，不局限于国家和集体经济组织。总体而言，我国的土地法律关系主体有以下六种类型。

（一）国家[①]

　　国际法上对国家的定义是：由定居在一定范围的领土之上的居民在一个独立自主的政府之下组成的社会。国家必须具备有固定的居民、确定的领土、政府和主权四个要素。我国实行社会主义公有制的基本经济制度和人民代表大会制度的根本政治制度，这决定了我国土地的所有权是属于国家的，国家行使土地所有权是符合人民意志、反映人民意愿、符合国家整体利益和社会公众利益的。国家基于公共利益的需要，有权征收集体组织的土地。

---

　　① 严金明. 土地法学 ［M］. 北京：中国人民大学出版社，2020：75.

（二）国家机关

《宪法》第一百零五条第一款规定："地方各级人民政府是地方各级国家权力机关的执行机关，是地方各级国家行政机关。"《土地管理法》第五条规定："国务院自然资源主管部门统一负责全国土地的管理和监督工作。县级以上地方人民政府自然资源主管部门的设置及其职责，由省、自治区、直辖市人民政府根据国务院有关规定确定"。由上推断国家机关作为国家的职能部门在法律规定的范围内可以作为土地法律关系的主体，例如不动产登记机构，不动产登记由不动产所在地的县级人民政府不动产登记机构办理；直辖市、设区的市人民政府可以确定本级不动产登记机构，统一办理所属各区的不动产登记。跨县级行政区域的不动产登记，由所跨县级行政区域的不动产登记机构分别办理。不能分别办理的，由所跨县级行政区域的不动产登记机构协商办理；协商不成的，由共同的上一级人民政府不动产登记主管部门指定办理。

国务院确定的重点国有林区的森林、林木和林地，国务院批准项目用海、用岛，中央国家机关使用的国有土地等不动产登记，由国务院自然资源主管部门会同有关部门规定。

（三）社会组织

社会组织包括基金会、社会团体和民办非企业单位等。基金会是指利用自然人、法人或者其他组织捐赠的财产，以从事公益事业为目的，按照《基金会管理条例》的规定成立的非营利性法人。基金会分为面向公众募捐的基金会和不得面向公众募捐的基金会。社会团体是指中国公民自愿组成，为实现会员共同意愿，按照其章程开展活动的非营利性社会组织。国家机关以外的组织可以作为单位会员加入社会团体。民办非企业单位是指企业事业单位、社会团体和其他社会力量以及公民个人利用非国有资产举办的，从事非营利性社会服务活动的社会组织。

《土地管理法》第十条规定："国有土地和农民集体所有的土地，可以依法确定给单位或者个人使用。使用土地的单位和个人，有保护、管理和合理利用土地的义务。"这条规定表明社会组织可以成为土地法律关系的主体。

（四）农村集体经济组织

农村集体经济组织是指以农民集体所有的土地、农业生产设施和其他公共财产为基础，主要以自然村或者行政村为单位设立，从事农业生产经营的经济组织。根据我国《土地管理法》第十条规定："国有土地和农民集体所有的土地，可以依法确定给单位或者个人使用。使用土地的单位和个人，有保护、管理和合理利用土地的义务。"第十一条规定："农民集体所有的土地依法属于村农民集体所有的，由村集体经济组织或者村民委员会经营、管理；已经分别属于村内两个以上农村集体经济组织的农民集体所有的，由村内各该农村集体经济组织或者村民小组经营、管理；已经属于乡（镇）农民集体所有的，由乡（镇）农村集体经济组织经营、管理。"农村集体经济组织既可以成为土地所有权法律关系的主体，还可以成为土地使用权法律关系的主体。

（五）公民

公民是指具有某一国籍，并根据该国法律规定享有权利和承担义务的人。土地作为生产生活的重要资料，其重要性对每一个公民都是不言而喻的。根据《土地管理法》第十条可知，公民个人也属于土地法律关系的主体，可以在法律规定的权限范围内行使权利和履行义务。凡是中国境内工作、生活、居住的公民都享有合法利用土地的权利，也都必须履行依法纳税的义务。

（六）外国人、无国籍人和外国社会组织

在中国，土地所有权属于国家或集体，私人不得拥有土地所有权。但外国人、无国籍人和外国社会组织可以成为土地使用权法律关系的主体。同时，他们可以通过租赁、使用权转让等方式在中国土地上进行经济活动。此外，外国人、无国籍人和外国社会组织也可以成为土地管理法律关系的主体，同时，他们需要遵守中国的土地管理法规，办理相关土地使用权手续，等等。

二、法律关系主体的构成条件

权利能力与行为能力是法律关系主体所必备的条件。特别是在民事法律关系中，作为一般民事法律关系主体，公民应具有相应的民事权利能力和行为能力。

（一）权利能力

能够参加一定法律关系、成为法律关系主体、享有权利和承担义务的能力或资格，即为权利能力。

权利能力有多种。根据权利能力主体划分，存在公民、法人、其他组织的一般权利能力和特别权利能力。

法律关系主体获得和丧失权利能力的时间不同。法人、国家机关、社会组织的权利能力一般始于它们成立时，终于它们被撤销或解散时。公民的权利能力一般始于出生，终于死亡。

（二）行为能力

法律关系的参加者能通过自己的行为依法行使权利和承担义务的能力，即为行为能力。

权利能力与行为能力既有联系又有区别。权利能力是确认法律关系主体的前提，法律关系主体必须具有权利能力，但并不是一切具有权利能力的人都有行为能力。法律关系主体都存在是否具有行为能力的问题，但由于法人的行为能力与权利能力一般是同时存在的，通常说的行为能力指自然人的行为能力。

行为能力不是一切公民都有的。公民只有达到一定年龄并能对自己的行为及其后果具有辨别力和控制力，才具有行为能力。

各国立法通常把自然人分成三种：一是有完全行为能力的人。如我国 18 周岁以上的成年人一般是完全民事行为能力人；年满 16 周岁不满 18 周岁而以自己劳动收入为主要生活来源的，视为完全民事行为能力人。二是行为能力受限制的人。如我国立法规定的不能完全辨认自己行为的成年人和 8 周岁以上的未成年人为限制民事行为能力人。三是无行为能力的人，指不满 8 周岁的未成年人和不能辨认自己行为的精神病人。

公民和法人的民事权利能力和行为能力既有相同之处，又有不同之处。从民事权利能力来看，两者的权利能力都是享受权利、承担义务的资格，都是从出生或成立时发生，从死亡或停止存在时消灭。但是它们也有许多不同之处，主要有以下几个方面：

一是公民的民事权利能力具有广泛性，即可以享有法律规定的一切权利。而法人的民事权利能力则具有限制性，也就是说只能享有从事特定范围活动的权利。

二是公民之间权利能力是绝对平等的，而法人与法人之间的权利能力具有差异性。例如，一个儿童与成年人一样享有一切法律所赋予的权利。法人则不然，为了防止国有资产的流失和保护交易安全，某些法人的民事权利能力范围受到法律的严格规定。此外，法人的权利能力还受到其章程和目的范围的限制。每个法人在设立时都有其特定的目的和业务范围，这决定了它们能够行使的权利范围。尽管法人都具有民事权利能力，但不同的法人之间，可能因法人的类型、具体情况、业务性质和法律规定等多种因素而有所不同。

三是自然人与法人的民事权利能力在内容上也不相同。自然人民事权利能力的某些内容，法人是不能享有的，如财产继承权。而法人所享有的某些权利能力，自然人也同样不能享有，如银行业务经营权，在我国就不允许自然人享有。公民的行为能力与法人的行为能力都是以自己的行为参加民事法律关系，从而享受权利、承担义务。但是两者也存在一些不同之处：

（1）法人的民事行为能力和民事权利能力同时发生，同时消灭。自然人则由于年龄和精神状态的不同，其权利能力和行为能力可以分开。如不满八周岁的儿童，具有全部民事权利能力，却没有完全的民事行为能力。

（2）法人的民事权利能力与民事行为能力总是一致的，这是它的又一个特点。上面我们已谈到，公民的民事权利能力和民事行为能力则不具有这一特点。

（3）法人与自然人不同。法人是组织，因此法人的民事行为能力是由法人的机关来行使的；而自然人则由其本人行使。

第三节　土地法律关系的客体

一、法律关系中的客体

法律关系的客体，是指法律关系中主体权利义务所指向的对象，即主体之间权利义务关系所指向的目标。它一般指物质财富、智力成果、人身利益和行为结果等。法律关系客体是一个历史概念，随着社会历史的不断发展，其范围和形式、类型也在相应发生变化。总体来看，由于权利和义务类型的不断丰富，法律关系客体的范围和种类有不断扩大和增多的趋势。归纳起来，有以下几类。

（一）法律意义上的物

法律意义上的物是指法律关系主体支配的、在生产上和生活上所需要的客观实体。它可以是天然物，也可以是生产物；可以是活动物，也可以是不活动物。作为法律关系客体的物与物理意义上的物既有联系，又有不同，它不仅具有物理属性，而且应具有法律属性。物理意义上的物要成为法律关系客体，须具备以下条件：第一，应得到法律之认可；第二，应为人类所认识和控制，不可认识和不可控制之物（如地球以外的天体）不能成为法律关系客体；第三，能够给人们带来某种物质利益，具有经济价值；第四，须具有独立性。不可分离之物（如道路上的沥青、桥梁之构造物、房屋之门窗）一般不能脱离主物，故不能单独作为法律关系的客体存在。至于哪些物可以作为法律关系的客体，应由法律予以具体规定。在我国，大部分天然物和生产物都可以成为法律关系的客体，但有以下几种不得进入国内商品流通领域，成为私人法律关系的客体：（1）人类公共之物或国家专有之物，如海洋、山川、水流、空气；（2）文物；（3）军事设施、武器（枪支、弹药等）；（4）危害人类之物（如毒品、假药、淫秽书籍等）。

（二）精神产品

精神产品是人通过某种物体（如书本、砖石、纸张、胶片、磁盘）或大脑记载下来并加以流传的思维成果。精神产品不同于有体物，其价值和利益在于物中所承载的信息、知识、技术、标识（符号）和其他精神文化。同时它又不同于人的主观精神活动本身，是精神活动的物化、固定化。精神产品属于非物质财富，我国常称之为"智力成果"或"无体财产"。

（三）行为

在很多法律关系中，其主体的权利和义务所指向的对象是行为结果。作为法律关系客体的行为结果是特定的，即义务人完成其行为所产生的能够满足权利人利益要求的结果。这种结果一般分为两种：一种是物化结果，即义务人的行为（劳动）凝结于一定的物体，产生一定的物化产品或营建物（如房屋、道路、桥梁等）；另一种是非物化结果，即义务人的行为没有转化为物化实体，而仅表现为一定的行为过程，最后产生权利人所期望的结果（或效果）。

在研究法律关系客体问题时，还必须看到，实际的法律关系有多种多样，而且有多种多样的法律关系就有多种多样的客体，即使在同一法律关系中也有可能存在两个或两个以上的客体。

二、土地法律关系中的客体

土地法律关系的客体，即土地法律关系所指向的对象，主要是指土地本身以及与土地相关的物质和权益。

（一）物

首先是土地本身，即土地的物质实体。土地法律关系中的物就应当是客观存在的物理意义上的土地。土地是土地法律关系中最常见的客体，具有特定的范围、形状、面积和坐落等要素。按照其社会分工和土地的利用功能属性的不同，可以划分为耕地、林地、草地、住宅用地、交通运输用地、工矿仓储用地等。其次是与土地相关的物，如土地上的建筑物、构筑物等。这些物在土地法律关系中可能涉及权利归属、使用、收益和处分等问题。

（二）行为

与土地相关的一些行为可以成为土地法律关系的客体，如土地管理行为、土地流转行为、土地开发行为等。这些行为在法律关系中具有权利和义务的内容，受到法律的规范和调整。例如，在土地征收法律关系中的客体就是国家对集体土地的征收行为；

在土地规划法律关系中的客体就是各级政府以及职能部门对土地统筹规划的行为；在土地税收法律关系中的客体就是指负有缴纳土地税款的土地法律主体按照法律规范的规定向国家缴纳税款的行为。

（三）权利

与土地相关的一些权利也可以作为土地法律关系的客体。例如在某些情况下，土地的使用权可以成为土地法律关系的客体，例如将土地使用权进行抵押，则这种抵押法律关系的客体是土地使用权。

（四）受知识产权保护的非物质的精神财富

法律关系的客体可以理解为物、行为和权利，还包括智力成果和受知识产权保护的非物质的精神财富。作为土地法律关系客体的非物质财富主要是有关土地的科技成果，比如土地测量图案、土地评估方法、土地规划方案、土地信息系统或者有关知识产权成果。

现实中的土地法律关系不一定是单一的，在分析多向（复合）土地法律关系客体时，我们应当把这一土地法律关系分解成若干个单向土地法律关系，然后再逐一寻找它们的客体。多向（复合）土地法律关系之内的诸单向关系有主次之分，因此其客体也有主次之分。其中，主要客体决定着次要客体，次要客体补充说明主要客体。它们在多向（复合）土地法律关系中都是不可缺少的构成要素。

综上所述，土地法律关系的客体是土地法律关系的核心，是法律关系主体之间权利义务关系所围绕的实体。在土地法律实践中，土地法律关系的客体可能因具体的法律关系类型和法律规定而有所不同。因此，需要根据具体的法律规定和案件事实来确定土地法律关系的客体。

第四节 土地法律关系的内容

土地法律关系的内容，是指土地法律规范规定的，由土地法律关系主体享有的权利和承担的义务。

土地法律关系中的权利，是指土地法律关系主体在一定条件下，做出某种行为或实现某种利益的资格。如国家拥有土地的所有权，但国家可以将土地使用权授予公民、法人或其他组织。土地使用权人可以在土地上建造建筑物、构筑物，进行种植、养殖等农业活动，或者用于其他合法用途。土地法律关系中的义务指土地法律关系主体在一定条件下所必须履行的责任。比如土地交易时必须依法纳税，否则就构成偷税、漏税、抗税的违法行为。不同类型的土地法律关系，其内容有所不同；同一类型的土地法律关系，其权利、义务的范围有所不同。

一、土地所有权法律关系的内容

在土地所有权法律关系中，国家和集体作为土地所有权的主体，依法对自己所拥有的土地享有所有和排除其他人妨碍的权利。国家和集体在土地所有权的行使上有所不同，集体对土地不能直接行使最终处分权。

国家可以根据社会经济发展的需要，制定土地政策，调整土地利用结构，可以做出依法对土地进行征收、出让等处分行为。国家通过行使这些权利，实现对土地资源的宏观调控和优化配置，保障国家的整体利益和长远发展。

而集体作为土地所有权的另一种主体，其土地所有权的行使则受到一定的限制。集体所有的土地主要是指农村集体所有的土地，这些土地通常用于农业生产、农民居住等用途。虽然集体土地所有权在法律上得到了确认和保护，但在实际中，集体并不能直接对土地进行最终处分。这是因为集体土地所有权的行使受到国家法律法规的严格规范，特别是在土地流转、征收等方面，必须符合国家的相关规定和程序。这种限制主要是基于保护农民权益和维护土地市场秩序的考虑。如果允许集体随意处分土地，可能会导致土地资源的浪费和滥用，损害农民的利益，甚至影响社会的稳定。因此，国家通过立法对集体土地所有权的行使进行规范和约束，确保土地资源的合理利用和保护。

二、土地使用权法律关系的内容

从整体上看，土地使用权法律关系以权利和义务为主要内容，且权利与义务相互统一。例如，在土地使用权法律关系中，土地使用权人作为主体的一方，对一定面积的土地享有使用权的同时，也负有保护并按照法律规定或合同约定合理使用土地的义务。土地所有权人作为另一方主体，也有排除土地使用权人以外的其他人行使土地使用权的权利，并且有履行期限届满将其土地收回的权利。具体而言，土地法律关系的内容又可以细分为以下几个方面：

首先，土地使用权确定直接使用土地的具有法人资格的单位或个人。土地使用者经国家依法划拨、出让或新中国成立初期接收、沿用，或通过依法转让、继承、接受地上建筑物等方式使用国有土地的，可确定其国有土地使用权。

其次，土地使用权人在法律规定的范围内享有对土地占有、使用和收益的权利。

这包括土地使用权人有权按照土地的性质和用途，在土地上建造房屋、种植作物、进行生产经营等活动，并获取相应的经济收益。

再次，土地使用权人还需要履行一定的义务。例如，土地使用权人应当合理利用土地，不得改变土地用途，如需改变土地用途，应依法经有关行政主管部门批准方可。同时，土地使用权人还需要依照法律规定以及合同约定支付出让金等费用，并遵守国家土地管理法律法规的相关规定。

最后，土地使用权法律关系还涉及土地使用权的转让问题。根据《中华人民共和国城市房地产管理法》（2019 修正）的规定，土地使用权可以通过拍卖、招标或者双方达成协议进行转让。转让时，应签订书面合同，并明确双方的权利和义务。

三、土地征收法律关系的内容

土地征收法律关系是指在土地征收过程中，所有参与其中的组织和个人彼此之间因法律规范所发生的具体权利和义务关系。在土地征收法律关系中，国家为了公共利益的需要，有依法将所征收的集体所有的土地收归国家所有的权利。被征收土地的单位有服从国家统筹安排的义务，国家也负有按照法律明文规定向被征收土地的单位支付土地补偿费的义务。具体而言，其内容涵盖以下诸多方面：

首先，涉及的是公共利益与商业利益的关系。宪法和法律明确土地征收须有公共利益需要，这是解决土地征收制度合宪性危机的关键，并有助于纠正实践中混淆这两种利益的问题。在土地征收过程中，即使是用地单位（如房地产开发企业）也可以其利益为诉求参与公共利益的形成，但关键在于设定法定程序，确保公共利益目标在多方利益表达的机制中形成。

其次，征收决定与征收补偿的关系也是核心内容之一。这涉及征收决定的做出、征收补偿标准的确定以及补偿的支付等各个环节，确保被征收人的合法权益得到保障。

此外，征收法律关系还包括提起征收请求和实施征收行为所引起的法律关系。征收当事人主要包括征收人、被征收人和征收请求人三方主体。征收人是征收权的拥有者，这一权力归国家所有，并由法定的行政机关代为行使。根据《土地管理法》的规定，土地征收权由中央和地方共享，分为征收审批权和征收实施权，分别由国务院、省、自治区、直辖市的人民政府和县级以上地方人民政府行使。被征收人则是土地及其附着物的原权益人，其权益因征收而受到影响；而征收请求人可能是与征收有关的第三人，其权利可能因征收受到损害，并有权以自己的名义参与征收程序，提出一定的权利主张。

在征收集体土地所有权的法律关系中，法律关系的主体是国家和集体，客体是集体土地所有权。国家征收权是具有公法意义的权力，不是基于国家所有权，而是基于国家主权。这种主权行为在调整过程中形成了国家与集体之间的权利义务关系。

综上所述，土地征收法律关系的内容丰富多样，涉及多个方面的权利和义务关系，需要依法进行规范和调整，以确保土地征收的合法性和公正性，维护各方当事人的合法权益。

第五节　土地法律关系的变动

一、法律关系变动概述

（一）法律关系变动的条件

法律关系变动，即其产生、变更和消灭，是指法律关系因某种行为或事件或法律事实或法律规范的调整而引起的法定权利义务关系产生、变更和消灭的样态。土地法律关系的变动就是指土地法律关系的产生、变更和消灭。土地法律关系产生、变更和消灭均需具备以下条件：

1. 法律规范

法律规范是法律关系产生的依据，它为法律关系的形成提供了抽象的、一般的条件。没有法律规范，法律关系就无从谈起。法律规范是法律关系得以产生、变更和消灭的依据，法律规范规定了人们的行为模式，即规定了相对确定的权利和义务，只要依据法律规范的规定，特定的主体之间产生或变更、消灭法律关系就具备了基本前提条件。

2. 法律事实

法律事实是法律关系产生的具体条件。法律事实是法律所规定的，能够引起法律关系产生、变更和消灭的客观情况和现象，它是法律关系得以产生、变更和消灭的直接原因，是法律规范和法律关系的中介。只有当法律规范所规定的那种情况出现，即法律事实发生时，具体的法律关系才会产生、变更和消灭。

根据不同的标准，法律事实可以有多种分类方式。

按照是否以当事人的意志为转移，可以将法律事实划分为两大类：事件和行为。

事件是由法律规定的，能够引起法律关系产生、变更和消灭的，不以当事人的意志为转移的客观事实，与当事人的意志无关，通常包括人的出生与死亡、自然灾害与意外事件等。这些事件的发生并不依赖于任何人的意志或意愿，而是由社会、自然或时间的流逝等因素所决定的。例如，雷击将牛劈死，导致所有权关系的消灭。

行为是当事人的意思表示，根据行为的法律意义，行为又可以进一步细分为法律行为和事实行为。

法律行为是由法律所规定的，能够引起法律关系产生、变更和消灭的，可以当事人的意志为转移的人的行为。例如，订立合同就是一种法律行为，它直接导致了合同法律关系的产生。

事实行为是与意思表示无关，但同样能够引起法律后果的行为。例如，创作行为或侵权行为。

3. 权利主体

权利主体是法律关系的参加者，即在法律关系中享有一定权利和承担一定义务的人或组织。权利主体是法律关系产生的抽象的、一般的条件，是权利与义务的承担者。权利主体是法律关系不可或缺的组成部分。没有权利主体，法律关系就无法存在。

因此，法律关系产生、变更和消灭的前提是这三个条件的共同作用。只有当法律规范、法律事实和权利主体这三个要素都具备时，法律关系才能得以产生、变更或消灭。

（二）引起土地法律关系变更的原因

1. 法律规范、国家政策的变动①

相关法律的修订或废止，如土地管理法、城市房地产管理法的调整，会直接影响土地权利的取得、变更和消灭。国家的土地政策调整，如农村土地改革政策的推行，集体土地征收、集体经营性建设用地入市政策的实施，以及宅基地制度改革等，都是引起土地法律关系变动的重要原因。

2. 土地法律事实

土地法律事实是以权利主体的意志为转移，能够引起土地法律关系的发生、变更和消灭的现象。它包括土地法律事件和土地法律行为。

土地法律事件，是指不以土地法律关系主体的主观意志为转移的能够引起土地法律关系产生、变更和消灭的客观现象。它包括自然现象和社会现象。如洪水、塌方等自然灾害的发生使土地所有权、土地使用权的客体产生改变，导致主体权利义务范围发生变化。

土地法律行为，是指能够发生法律效力的人们的意志行为，即根据土地法律关系主体有意识的活动而产生的法律事实。按其来源和性质可分为行政管理行为、当事人行为与司法行为。

---

① 王守智，吴春岐. 土地法学［M］. 北京：中国人民大学出版社，2011：11.

（1）行政管理行为

行政管理行为是国家土地管理机关依据法律规范在法定权责范围内行使职权的行为。如通过行政决策、行政许可、行政处罚等行政行为，对土地权利状态产生的影响和改变。行政管理行为引起的土地法律关系变动通常涉及以下几种情况：

一是行政规划。政府通过土地利用总体规划、城市规划等行政规划行为，对土地利用进行布局和安排，这可能会导致土地用途的改变，进而影响土地的使用权和使用效益。

二是行政确权。政府土地管理部门对土地权属纠纷进行确权，通过行政决定确定土地的所有权或使用权归谁所有，从而解决土地权属争议，确立土地权利关系。

三是行政征收。政府在符合公共利益的前提下，对土地实施征收，即根据法律规定，将土地从原权利人手中转移至国家，通常涉及土地补偿和安置。征收行为会彻底改变土地的所有权关系。

四是行政许可。政府土地管理部门根据法律法规和公共利益，对土地使用者的土地使用权申请进行审查，符合条件的，依法发放土地使用权证或其他许可文件，从而确立或变更土地权利关系。例如，批准建设用地的规划许可证，使得土地使用权的性质和范围发生变动。

五是行政处罚。政府土地管理部门对违反土地管理法规的行为进行查处，如非法占地、非法转让土地等，通过行政处罚（如罚款、没收违法所得、责令拆除违法建筑等）纠正违法行为，恢复土地权利关系的合法状态。

行政管理行为引起土地法律关系变动的特点是，这些变动通常是由政府主导，基于公共利益和社会管理的需要进行。这些变动必须依法进行，即政府的行政行为应当符合现行的土地管理法律法规，并且应当遵循程序正义和实体正义的原则，确保行政行为的合法性、合理性和公正性。同时，行政管理行为引起的土地法律关系变动，当事人有权依法申请行政复议或提起行政诉讼，维护自己的合法权益。

（2）当事人行为

当事人行为，是指当事人在土地法律规范允许的范围内依其意志支配所进行的各种活动。当事人行为引起土地法律关系变动是指土地权益的当事人通过自己的行为，如合同、申请、诉讼等，依法改变土地权利状态的过程。这种变动通常涉及以下几种情况：

一是合同行为。当事人之间通过签订土地使用权转让合同、租赁合同、抵押合同等，约定土地权益的归属、使用和收益等事项，从而引起土地法律关系的变动。例如，土地使用权人将其土地使用权出售给他人，合同生效后，土地使用权归新的权利人所有。

二是申请行为。当事人向土地管理部门提出土地登记、变更登记、注销登记等申请，经审批后，土地权利状态发生变化。例如，土地使用权人将其土地使用权转让给他人，向土地管理部门申请变更土地登记，登记变更后，土地使用权人发生变化。

三是诉讼行为。当事人通过诉讼途径解决土地权益争议，如土地确权诉讼、土地侵权诉讼等。法院依法做出判决或裁定后，土地法律关系发生变动。例如，当事人通过诉讼确认土地所有权的归属，法院判决生效后，土地所有权归判决指定的权利人所有。

四是行政行为。当事人向行政机关申请土地使用权登记、办理土地用途变更等行政手续，经行政机关依法办理后，土地权利状态发生变化。例如，当事人申请办理土地使用权登记，行政机关审核通过并颁发土地使用权证书，土地使用权得以确立。

（3）司法行为

司法行为，是指司法机关依据土地法律规范在法定职责范围内所作出的行为。司法行为引起土地法律关系变动是指司法机关在审理案件过程中，依法对土地权益的归属、使用、收益等权益做出的具有法律效力的判断，从而导致土地权利状态的改变。这种变动通常是通过以下几种方式体现的：

一是判决或裁定土地权属。司法机关根据当事人之间的争议，依法作出判决或裁定，确定土地的所有权或使用权归谁所有。例如，在土地确权诉讼中，法院可能会判决某一土地归原告所有，从而改变土地的法律归属关系。

二是确认土地合同效力。司法机关对土地使用权转让、租赁、抵押等合同的效力做出判断，确认合同是否有效，从而影响土地使用权的流转。例如，如果法院判决土地使用权转让合同无效，那么受让人的土地使用权将无法得到法律保护。

三是撤销或变更行政行为。司法机关可以对行政机关涉及土地的行政行为进行司法审查，如有违法情形，可以依法撤销或变更。例如，如果法院判决撤销政府的土地征收决定，那么被征收人的土地权利将得到恢复。

四是判决承担侵权责任。当土地权益受到侵犯时，司法机关可以判决侵权人承担相应的法律责任，如停止侵权行为、赔偿损失等，从而保护土地权利人的合法权益。

二、土地法律关系的产生

土地法律关系的产生，是指由于一定的法律事实的出现，导致在特定的土地关系主体之间形成一定的权利与义务关系。这种关系并非孤立存在，而是与一系列的法律规范和法律事实紧密相连。

例如，不动产登记作为一种法律行为中的法律事实，是抽象的土地法律关系产生、变更和消灭的具体表现形式，它是指根据权利人或利害关系人的申请，由国家专职部门将有关不动产物权及其变动事项记载于不动产登记簿的行为。这一行为不仅具有物权公示的作用，服务于权利人或利害关系人，还是一种能产生司法效果的事实行为，而非单纯的行政管理行为。根据《民法典》第二百零九条第一款规定，"不动产物权的设立、变更、转让和消灭，经依法登记，发生效力；未经登记，不发生效力，但是法律另有规定的除外。"

土地法律关系的产生是一个涉及多个方面的复杂过程，其核心在于土地权利与义务的形成和变动。具体表现在以下方面：

首先，土地法律关系的产生是基于一定的法律事实。这些法律事实可以是多种多样的，如土地的出让、转让、租赁、抵押等法律行为，也可以是土地征收、土地权属争议等法律事件。这些事实的发生导致特定的土地关系主体之间形成一定的权利与义务关系，从而构成了土地法律关系。

其次，土地法律关系的产生是土地法律制度运行的结果。土地法律制度是一个综合性的体系，包括土地基本法律制度、部门土地法律制度和许多单项土地法律规范与制度。这些制度规范了土地的开发、利用、保护和管理等各个环节，为土地法律关系的发生提供了法律依据和规范。

再次，土地法律关系的产生还受到社会经济、政治、文化、自然规律等多种因素的影响。例如，土地政策的调整、土地市场的变化、社会经济的发展等都会对土地法律关系产生影响，使其发生变化或调整。同时，土地的自然属性也决定了其利用和管理必须遵循一定的自然规律。因此，土地法律关系的发生是在考虑这些综合性因素的基础上进行的。

最后，土地法律关系的产生还涉及不同主体之间的利益调整和平衡。在土地的开发、利用和管理过程中，不同的主体（如政府、企业、个人等）会有不同的利益诉求。土地法律关系的产生就是在这些不同利益之间进行协调和平衡的过程，以期实现土地资源的合理配置和有效利用。

三、土地法律关系的变更

土地法律关系的变更，是指土地法律关系存续期间，法律关系中的构成要素产生的变化。土地法律关系的变更具体表现为主体变更、内容变更和客体变更。

首先，主体变更指的是土地法律关系中的参与者发生变化，例如，土地所有权或使用权从一方转移到另一方。这种转移可能是通过买卖、继承、赠与等法律行为实现的，也可能是由法律规定的其他情形导致的。转移登记，主要是指因不动产权利人发生改变而进行的登记。不动产登记中的转移登记类型就是主体变更的突出表现。一般来说，转移登记适用的情形包括：买卖、继承、遗赠、赠与、互换不动产的；以不动产作价出资（入股）的；法人或者其他组织因合并、分立等原因致使不动产权利发生转移的；不动产分割、合并导致权属发生转移的；共有人增加或者减少以及共有不动产份额变化的；因人民法院、仲裁委员会的生效法律文书导致不动产权利发生转移的；因主债权转移引起不动产抵押权转移的；因需役地不动产权利转移引起地役权转移的；法律、行政法规规定的其他不动产权利转移情形。

其次，内容变更指的是土地法律关系中的权利和义务发生变化。这可能是由于法律规定的变化、合同约定的修改或土地用途的改变等原因引起的。例如不动产登记中的变更登记在相当程度上就体现了内容的变更。变更登记是指土地登记机关对经过初始登记的土地所有权、使用权和他项权利发生变动而进行的登记。一般来说，适用变更登记的主要情形包括：权利人姓名、名称、身份证明类型或者身份证明号码发生变更的；不动产坐落、界址、用途、面积等状况变更的；不动产权利期限、来源发生变化的；同一权利人分割或者合并不动产的；抵押权顺位、抵押担保范围、债务履行期限、主债权数额发生变化的，最高额抵押担保的债权范围、最高债权额、债权确定期间等发生变化的；地役权的利用目的、方法等发生变化的；共有性质发生变化的；法律、行政法规规定的其他涉及不动产权利转移的变更情形。

最后，客体变更则是指土地法律关系所指向的具体土地或土地权益发生变化。这可能是因为土地被分割、合并、置换或灭失等原因造成的。

土地法律关系的变更通常与一定的法律事实相关联。这些法律事实可能是法律行为，如合同的签订或修改，也可能是法律事件，如自然灾害导致的土地灭失。无论是哪种情况，土地法律关系的变更都需要符合法律的规定，并经过相应的法律程序。此外，土地法律关系的变更还可能受到其他因素的影响，如国家政策的调整、土地规划的变更等。

四、土地法律关系的消灭

土地法律关系的消灭，是指由于一定客观现象和法律事实的出现，土地法律权利义务关系即行终止。

具体来说，这种消灭并非凭空产生，而是基于一系列法律事实和规范。当法律规范所规定的特定情况发生，即某些土地法律事实出现时，便可能引发土地法律关系的消灭。这些法律事实可能包括土地权利的转让、土地的征收、土地使用权的到期等。

同时，土地法律关系的消灭与产生、变更具有密切的因果关系。在某些情况下，一种土地法律关系的消灭可能会引发另一种土地法律关系的产生或变更。例如，当一块土地的使用权到期并被收回时，原有的土地法律关系消灭，而新的土地法律关系可能会随着新的土地使用权人的出现而产生。

在不动产登记上的表现主要为注销登记，是指因不动产权利消灭而进行的登记。

注销登记在各种不动产登记中普遍存在。注销登记主要包括申请注销登记和嘱托注销登记两种情形。申请注销登记的情形主要包括：因自然灾害等原因导致不动产灭失的；权利人放弃不动产权利的；不动产权利终止的，以及法律、行政法规规定的其他情形。嘱托注销登记的情形主要包括：依法收回不动产权利的；依法征收、没收不动产的；因人民法院、仲裁机构的生效法律文书致使原不动产权利消灭，当事人未办理注销登记的；法律、行政法规规定的其他情形。

? 思考题

1. 土地法律关系的特点是什么？
2. 集体土地所有权的客体如何认定？
3. 什么会引起土地法律关系的变动？

第二篇
土地权利

第三章　土地所有权制度

内容摘要

　　在中国，土地所有权制度体现了社会主义基本经济制度的要求，对于维护国家安全、促进社会和谐、保障人民福祉具有至关重要的意义。本章首先明晰了土地权属的概念和类型，在此基础上对土地所有权的概念、特征、内容和限制等方面进行了论述。然后对我国土地所有权的具体类型，即国家土地所有权和集体土地所有权从概念、特征、主体、客体和权利行使等几方面做进一步剖析。

第一节　土地权属概述

一、土地权属的概念

　　土地权属是指土地产权的归属，是土地的所有权及由其派生出来的土地占有、使用和收益权的统称。

　　所有权人对自己的不动产或者动产，依法享有占有、使用、收益和处分的权利。所有权人有权在自己的不动产或者动产上设立用益物权和担保物权。用益物权人、担保物权人行使权利，不得损害所有权人的权益。土地所有权人依法可以转让土地的使用权，比如国家可以通过出让或者划拨的方式转移土地的使用权给开发商或有关机关；承包人可以将自己承包土地的经营权流转出去。这些措施都极大地提高了土地的利用效率，提高了土地开发利用的程度，这是符合社会主义市场经济体制的土地流转方式。

二、土地权属的类型

　　土地权属的类型具体可以分为土地所有权、土地使用权以及土地他项权利（如图3-1所示）。中华人民共和国实行土地的社会主义公有制，即全民所有制和集体所有制，这就决定了土地所有权分为两大类，即国家土地所有权和集体土地所有权。相应地，土地使用权也分为国家土地使用权和集体土地使用权，除此之外还有土地上存在的他项权利，如地役权、抵押权等。

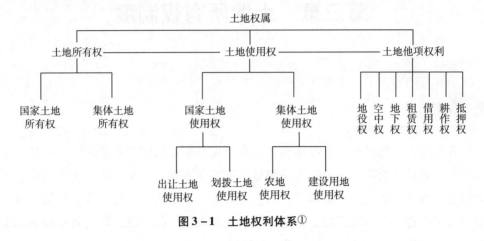

图3-1　土地权利体系①

第二节　土地所有权

一、土地所有权的概念

《民法典》第二百四十条规定，所有权人对自己的不动产或者动产，依法享有占有、使用、收益和处分的权利。

从中我们可以得知土地所有权的概念，是指土地的所有权人对其土地依法享有的占有、使用、收益和处分的权利。

二、土地所有权的特征

土地所有权不仅具备一般所有权的全部特征，还具备自己独有的特征，具体如下。

（一）法定性

土地所有权的法定性是指土地所有权的存在、范围、行使方式以及变动等均由法律规定，土地所有权的内容和效力受到法律的严格约束。《民法典》第一百一十六条规

---

①　王卫国. 中国土地权利研究［M］. 北京：中国政法大学出版社，1997：41.

定："物权的种类和内容，由法律规定。"也就是说指物权的内容、类型以及变动方式都是由法律直接规定的，当事人不得自己任意约定物权内容，否则没有法律效力，不会受到法律的保护。土地所有权的法定性体现在以下几方面。

一是权利由法律确认。土地所有权的成立和有效性需要通过法律程序进行确认。在大多数国家和地区，土地所有权的初始取得和变动（如转让、赠与、抵押等）必须依法登记，以确保所有权权利的公开性和透明性。

二是权利内容法定。土地所有权的具体内容，如权利的行使方式等，由法律规定。例如，土地所有权人是否有权建造建筑物、是否可以出租土地、是否可以将其转让给他人等，都有法律明确规定。

三是权利行使法定。土地所有权人行使权利时必须遵守法律规定，不能滥用权利。例如，土地所有权人不能在其土地上进行违法活动，如污染环境或非法建设。

四是权利变动法定。土地所有权的变动，如转让、征收等，必须遵循法律程序和条件。这些变动通常需要通过法律文件，如合同、征收决定等，并进行相应的法律登记。

五是受法律保护。土地所有权受到法律的充分保护。任何侵犯土地所有权的行为，如非法侵占、非法剥夺土地等，都可能受到法律的制裁。

六是受法律限制。土地所有权并非绝对无限制的权利，它受到法律和社会公共利益的限制。例如，为了公共利益，政府可能通过征收程序将土地所有权从私人转移到国家或集体。

土地所有权的法定性确保了土地权利的稳定性和可预测性，同时也保障了社会公共利益和资源的合理利用。在不同国家和地区，土地所有权的法定性表现形式可能有所不同，但基本原则是一致的，即土地所有权的存在和行使必须符合法律规定。

（二）绝对性

土地所有权的绝对性是指土地所有者对其土地拥有最广泛的权利，这种权利在法律上是排他的，即其他人除非受到所有权人的许可，否则不能干涉所有权人对土地的行使。土地所有权是土地所有权人在法律规定范围内享有对土地完全支配、全面支配的权利，是一种绝对权。土地所有权绝对性主要体现在以下几方面：

首先，土地所有者有权自主决定如何使用、收益和处分其土地，无须经过他人的同意或批准。这意味着土地所有者可以根据自己的意愿和需求，对土地进行利用、开发等活动，并从中获得经济收益。

其次，土地所有权的绝对性还表现在其排他性上（详见后文）。

最后，土地所有权的绝对性也体现在法律的保护上。国家通过法律手段对土地所有权进行保护，禁止任何组织或个人非法侵犯或剥夺土地所有者的权利。对于侵犯土地所有权的行为，法律将给予相应的制裁和惩罚。

然而，尽管土地所有权在法律上具有绝对性，但在实际应用中，它可能会因为公共利益、环境保护、城市规划等因素受到法律的限制，也可能会因为法律的规定和社会公共利益的考虑而有所调整。如为了公共利益，政府可能会征用土地建设公路、学校或公园等。在这种情况下，土地所有者通常会获得公正的补偿。

（三）整体性

土地所有权的整体性是一个多层次、多维度的概念，它涉及土地的物理属性、法律属性、社会公益性以及集体土地所有权的特殊性等方面。

首先，整体性体现在土地本身的物理属性上。土地是一个不可分割的整体，无论是其地上、地下还是地面部分，都构成一个完整的系统。这种整体性也反映在土地资源的各个方面，包括岩石、土壤、气候、动植物等，它们相互依存，共同构成了一个不可分割的整体。因此，在开发利用土地资源时，必须统一规划，综合利用，以实现其整体效益。

其次，从法律的角度来看，土地所有权包括所有人对土地享有的占有、使用、收益、处分的权利，具有整体性，所有人对于标的物有统一的支配力。土地所有者可以依法行使其权利，对土地进行经营、管理、收益和处分。同时，土地所有权的行使也必须符合国家法律的有关规定，任何单位和个人不得侵犯。

再次，土地所有权的整体性还体现在其社会公益性上。土地是人类生存和发展的基础资源，为当前所有人的生存生活，以及人类未来的延续提供了物质保障。同时，土地也是社会各种文明进步与发展的不可或缺的基础性资源。因此，土地所有权的行使不仅关乎土地所有者的个人利益，更关乎社会的整体利益。

最后，集体土地所有权的整体性还体现在其成员身份性和不可分割性上。在集体土地所有权制度下，集体成员具有团体的身份，服从团体的管理。集体土地所有权是一定社区范围内的所有生存成员享有的紧密联合的所有权。这种不可分割性体现了集体土地所有权的整体性和团体性。

（四）排他性

土地所有权的排他性，是指土地所有权人享有在土地上的一切权利，同一土地上只能有一个所有权存在，任何其他各方都无权干涉其行使权利。

排他性的内在含义在于"一物一权，一权一主"，即一个物品上只能存在一个所有权，一个所有权也只能由一个主体拥有。这种排他性是土地所有权的核心特征之一，确保了土地所有者的权益得到充分保护，防止了多个主体对同一块土地主张权利的情况。这种排他性有助于维护土地市场的秩序和稳定，防止土地资源的无序开发和滥用。同时，它也激励了土地所有者对其土地进行投资和改善，从而提高土地的价值和生产力。但这也意味着土地所有者对土地的独占控制可能会导致资源分配的不平等和社会不公，因此土地制度的设计和运行需要平衡各方的利益。

虽然土地所有权具有排他性，但土地的使用权、收益权等权能可以分离。也就是说，土地所有者可以将土地的使用权转让给他人，而保留所有权。这种权能的分离性使得土地能够在不同的主体之间进行流转，促进了土地资源的合理配置和高效利用。

（五）无期限性

土地所有权的无期限性，是指土地所有权不因时效而消灭，只要土地存在，所有权就会一直存在，可以永久地存续下去，除非经过法律程序进行变更或终止。这一特性是由土地作为不动产的固有属性以及土地所有权在法律上的绝对性所决定的。

首先，土地作为一种自然资源，具有不可再生性和固定性，其存在和使用价值不会因时间的推移而消失或减损。因此，土地所有者对其土地的所有权应当是持久的，不应受到时间上的限制。

其次，从法律角度来看，土地所有权是一种绝对权利，即土地所有者对其土地享有占有、使用、收益和处分的完全权利。这种权利不应因时间的推移而被剥夺或限制。同时，法律也规定了对土地所有权的保护，禁止他人非法侵犯或剥夺。这为土地所有者提供了长期稳定性和可预测性，使得土地成为一种安全的投资和财富储存手段。

然而，虽然土地所有权本身无期限，但由土地所有权所派生出的土地使用权等权能可能是有期限的。这种无期限性也可能导致土地所有者对其土地的不合理利用，例如长期闲置或不合理开发，因此需要在保护土地所有者权益和维护公共利益之间找到平衡，土地所有者或使用者需要遵守相关法律规定，确保土地的合法使用。

三、土地所有权的内容

（一）占有权能

占有是一种事实状态，是指所有人对其物实际管领、控制的事实，占有受法律保护。占有分为有权占有和无权占有、善意占有和恶意占有、直接占有与间接占有、自主占有与他主占有，以及单独占有与共同占有。土地所有权人拥有土地的所有权首先就是存在占有土地这一事实，占有权能是所有权权能里最基础的权能，也是行使其他权能的前提条件。

（二）使用权能

使用权能是指土地所有权人可以在不损毁土地或者改变其性质的前提下，依据土地的性能和用途对其加以利用。土地所有权人不仅能够自己使用，也可以将其土地的使用权转移给他人使用。以建设用地使用权为例，国家作为土地的所有权人可以将土地通过划拨、出让的方式移转给机关或者开发商使用以提高土地的利用效率。当然，土地的使用权人必须根据土地的性质和用途加以利用，而不能毫无节制地加以使用。

（三）收益权能

收益权能是指收取所有物所生的利益、孳息。土地所有权人依法享有对自己占有的土地获得收益的权利，孳息可以分为天然孳息和法定孳息，天然孳息是指原物因自然规律或者按照物的用法而产生的出产物，比如土地上生长的农作物；法定孳息是指原本的所有权人将原物让渡给他人使用所获取的对价，比如收取出租土地的地租。

（四）处分权能

处分权能是指土地所有权人依法对自己占有的土地进行处分的权利，处分包括事实上的处分和法律上的处分。处分权能是所有权人享有的权能中最核心最重要的一个权能，因为处分权能可以改变土地的归属问题，从而使土地上的权利主体发生变动，所以处分权能一般只能由所有权人享有。

四、土地所有权的类型

根据《宪法》第十条第一、二款、《土地管理法》第九条规定，城市市区的土地属于国家所有。农村和城市郊区的土地，除由法律规定属于国家所有的以外，属于农民集体所有；宅基地和自留地、自留山，属于农民集体所有。由此可见，土地所有权分为两种，一种是由国家享有所有权的国家土地所有权，另一种是由农民集体享有所有权的集体土地所有权。

五、土地所有权的限制

第一，主体方面的限制。土地所有权的主体具有特定性，一般只能由国家或农民集体享有。在中国，土地所有权不能由任何个人或单位享有，这是土地产权制度的基本原则。

第二，交易方面的限制。土地所有权禁止交易，这是为了维护土地资源的稳定和社会公共利益。虽然土地使用权可以依法转让，但土地所有权的转让是受到严格限制的。此外，农民集体土地所有权的转让、抵押、出租等方面也受到法律的禁止或限制。

第三，处分权能的限制。集体土地所有者需要服从国家对土地的管理权，不能任意改变土地的农业用途。尽管集体土地所有者享有对土地的一些权益，但这些权益往往是不完整的，且受到严格的限制。

第四，土地所有权范围也受到限制。例如，矿藏等自然资源在集体土地的地表或地下时，一律属于国家所有，这是对集体土地所有权范围的一种法律限制。

第五，土地所有权的行使基于公共利益等因素的考量也会受到限制。以《民法典》中相关规定为例。

为了公共利益，国家可以依法对土地进行征收和征用。《民法典》第二百四十三条规定："为了公共利益的需要，依照法律规定的权限和程序可以征收集体所有的土地和组织、个人的房屋以及其他不动产……"《民法典》第二百四十五条规定："因抢险救灾、疫情防控等紧急需要，依照法律规定的权限和程序可以征用组织、个人的不动产或者动产。被征用的不动产或者动产使用后，应当返还被征用人。组织、个人的不动产或者动产被征用或者征用后毁损、灭失的，应当给予补偿。"

第六，相邻关系的限制。《民法典》中规定，不动产权利人应当为相邻权利人用水、排水提供必要的便利。不动产权利人对相邻权利人因通行等必须利用其土地的，应当提供必要的便利。不动产权利人因建造、修缮建筑物以及铺设电线、电缆、水管、暖气和燃气管线等必须利用相邻土地、建筑物的，该土地、建筑物的权利人应当提供必要的便利。

第七，公平原则的限制。所有权人行使权利时不得损害他人的合法权益。这是公平原则、诚实信用原则、平等原则等民法基本原则指引下的行为准则。

第三节　国家土地所有权

一、国家土地所有权的概念

国家土地所有权，顾名思义就是国家对土地享有所有权，对土地享有占有、使用、收益、处分等权利。

通过《宪法》第十条第一、二款、《土地管理法》第九条可以得知城市市区的土地属于国家所有，此外还有法律规定属于国家所有的农村和城市郊区的土地。国家所有权是由社会主义公有制决定的，国家土地所有权是社会主义公有制在法律上的体现。

二、国家土地所有权的特征

（一）主体的特殊性

国家土地所有权的主体是中华人民共和国，法律规定专属于国家所有的不动产和动产，任何组织或者个人不能取得所有权。国家享有土地的所有权，同时国家也行使着行政管理权，国家具有所有者和管理者的双重身份，但是国家统治者的身份与其所有者的身份两者不能错位。

（二）客体的广泛性

国家土地所有权的客体具有广泛性，体现在诸多方面。

从地理范围来看，国家土地所有权的客体包括城市市区的土地以及法律规定属于国家所有的农村和城市郊区的土地（参见《土地管理法》第九条）。

从土地类型和用途来看，国家土地所有权的客体也非常广泛。它包括耕地、林地、草地、水域等各种类型的土地，以及用于农业、工业、商业、住宅、公共设施等各种用途的土地。

从资源类型看，国家土地所有权不仅包括土地本身，还包括与土地相关的自然资源，如矿产资源、水资源、森林资源等。这些资源的开发和利用都归国家所有。

（三）行使方式的分离性

国家土地所有权行使方式的分离性，是指尽管国家作为土地所有权的主体，但并不直接行使土地的使用权，而是依法将使用权让渡给其他主体，如企事业单位或个人，同时保留对土地的最终处分权。在我国，国家通常通过政府或相关部门来代表国家行使土地所有权和管理权。

（四）取得方式的特殊性

我国国家土地所有权取得方式的特殊性主要体现在其法定性、多样性和强制性等方面。

首先，取得方式的法定性。在我国，国家土地所有权的取得不是随意的，而是受到法律的严格规定和限制。国家通过立法形式，明确了土地所有权取得的具体方式和程序，确保土地所有权取得过程的合法性和规范性。

其次，取得方式的多样性。我国国家土地所有权的取得方式多种多样，包括征收、没收、国有化等。这些方式的选择取决于具体的历史背景、社会条件以及土地所有权转移的具体原因。

最后，取得方式的强制性。在我国，国家土地所有权的取得带有一定的强制性。这主要体现在国家对土地的征收和征用方面。当国家出于公共利益的需要，如城市建设、基础设施建设等时，可以依法对土地进行征收或征用，并给予相应的补偿。

三、国家土地所有权的主体

国家土地所有权的主体就是国家，国家对全民所有的土地享有占有、使用、收益、处分的权利。国家作为社会公共利益的代表享有土地的所有权，国家有权通过划拨、出让等方式转移土地的使用权给机关或个人。根据《宪法》《民法典》《土地管理法》等相关规定，国家土地所有权的主体有且只有国家，这也是由我国单一制的国家结构形式决定的。国家作为国有土地所有权的主体，享有国有土地的所有权，是由我国社会主义公有制决定的，符合全国人民的根本利益和意志。国家作为国有土地的所有者在民商事活动中与其他民事主体具有平等的法律地位，平等地进行民商事活动，比如国家通过出让土地给开发商从而获取土地出让金。

四、国家土地所有权的客体

国家土地所有权的客体是指国家作为土地所有权人对其所拥有的土地享有的权益所指向的对象。国家土地所有权的客体是一个多维度的概念，既包括具体的土地范围，也包括土地上空和地下的空间范围，同时还可能涉及与土地相关的自然资源。

首先，从横向范围来看，国家土地所有权的客体包括城市市区的土地、农村和城市郊区中已经被国家依法收为国有的土地，以及国家依法征用的原集体所有的土地。这些土地无论是位于城市还是农村，只要其所有权已经转移至国家，都构成国家土地所有权的客体。如我国《宪法》第十条第一款、第二款规定，"城市的土地属于国家所有。农村和城市郊区的土地，除由法律规定属于国家所有的以外，属于集体所有；宅基地和自留地、自留山，也属于集体所有。"《民法典》第二百四十九条规定，"城市的土地，属于国家所有。法律规定属于国家所有的农村和城市郊区的土地，属于国家所有。"

其次，从纵向范围来看，土地所有权对土地的支配性不仅及于地表，还及于地表以上和以下一定范围的空间。因此，空间所有权也包含在土地所有权的范围内，构成土地所有权的一部分。这意味着国家作为土地所有权人，不仅享有土地表面的权益，还享有土地上空和地下的相应空间的权益。

此外，需要注意的是，国家土地所有权与自然资源的所有权是可以分开的。在法律有特别规定的情况下，地表或地下的某些自然资源可以脱离土地权利而成为单独的权利，即自然资源所有权或自然资源开发权、使用权的客体。例如，地下埋藏物、隐藏物等虽然位于地表之下，但其所有权可能与土地所有权分离。

五、国家土地所有权的权利行使

我国国家土地所有权的行使体现了我国土地制度的社会主义性质，旨在通过科学规划和有效管理，保障国家利益，促进经济和社会的可持续发展。在我国，国家土地所有权的行使方式主要体现在以下几个方面：

一是代表行使。国家土地所有权的具体行使通常由代表国家利益的政府部门来代表执行，如土地管理部门。这些部门负责土地资源的规划、审批、征用、出让和管理等工作。

二是土地用途管制。国家通过土地利用总体规划和城乡规划，对土地用途进行管制，确保土地资源合理利用，防止土地资源浪费和破坏。如划拨，划拨是指通过行政手段无偿取得土地使用权，但是对土地用途加以严格限制。①

三是国有土地有偿使用。在我国，除了法律规定的特殊情形外，国有土地的使用权可以有偿出让。这意味着使用土地的企业和个人需要支付土地使用费，这有助于提高土地资源的利用效率。如出让，出让是指通过招标、拍卖、协议等方式从国家有偿地取得土地使用权，建设用地使用权人需要支付一定的土地出让金。

四是土地收益分配。国家通过税收、土地出让金等形式，从土地使用权转让和开发中获得收益，并用于公共事业建设和社会福利保障。

五是保护与开发并重。国家在行使土地所有权的同时，强调土地资源的保护和合理开发。这包括水土保持、土地整理、矿山复垦等工作，以确保土地资源的可持续利用。

---

① 《中华人民共和国土地管理法》第五十四条规定："建设单位使用国有土地，应当以出让等有偿使用方式取得；但是，下列建设用地，经县级以上人民政府依法批准，可以以划拨方式取得：（一）国家机关用地和军事用地；（二）城市基础设施用地和公益事业用地；（三）国家重点扶持的能源、交通、水利等基础设施用地；（四）法律、行政法规规定的其他用地。"

第四节 集体土地所有权

一、集体土地所有权的概念

集体土地所有权，是指土地的所有权由农村集体经济组织统一享有，行使对土地的占有、使用、收益、处分的权利。

集体土地所有权是社会主义公有制在法律上的具体体现，集体所有的土地不能转让土地所有权，只能转移土地使用权，比如农用地承包经营。

二、集体土地所有权的特征

集体土地所有权由农村集体经济组织统一享有，农民个人不享有所有权，农民个人不能单独行使集体土地的所有权，集体组织全体成员享有所有权。

集体组织成员按照平等自愿、协商一致的原则共同行使对土地占有、使用、收益、处分的权利。集体组织成员对土地进行民主管理，按照法定程序行使权利。[1]

农村集体经济组织或者村民委员会、村民小组应当依照法律、行政法规以及章程、村规民约向本集体成员公布集体财产的状况。集体成员有权查阅、复制相关资料。

集体土地所有权不得交易、转让，任何人都不得非法改变集体所有土地的用途。国家对耕地实行特殊保护，严守耕地保护红线，严格控制耕地转为林地、草地、园地等其他农用地，并建立耕地保护补偿制度，具体办法和耕地保护补偿实施步骤由国务院自然资源主管部门会同有关部门规定。

三、集体土地所有权的主体

集体土地所有权的主体指的是在法律上拥有集体土地所有权的组织或单位。根据我国的相关法律，集体土地所有权是由农村集体经济组织成员集体享有，而不是由某一个农民单独享有，由村集体组织成员通过法定程序对集体所有的土地进行民主管理。[2] 具体可以划分为以下几种形式。

村农民集体所有：这是指原来实行人民公社时期以生产大队为核算单位的农民集

---

[1] 参见《民法典》第二百六十一条。
[2] 《民法典》第二百六十一条第一款规定："农民集体所有的不动产和动产，属于本集体成员集体所有。"

体所有。如今，这通常对应着现在的行政村一级的农民集体。

村内两个以上农民集体所有：这主要指的是原来实行人民公社时期以生产队为核算单位的农民集体所有。如今，这主要体现在村民小组一级的农民集体。

乡（镇）农民集体所有：这对应于原来实行人民公社时期以人民公社为基本核算单位的农民集体所有。然而，如今，这一级的农民集体往往比较虚化，大部分地区难以找到对应的组织。

上述三种形式的集体土地所有权主体，在法律地位上是平等的，不存在隶属关系。在农村集体土地的确权登记发证过程中，应该根据每类所有权主体的实际情况，将农村集体土地所有权明确到每一个具有所有权的农民集体。

此外，关于"集体土地所有权的主体"的理解，也涉及对"农民集体"这一概念的界定。由于"农民集体"在理论和实践中都较为抽象，国家法律对于集体土地所有权主体问题的表述也存在不一致，导致"农民集体"缺乏具体的法律内涵。但总体来说，集体土地所有权的主体是一个集体组织，而不是个人或特定的个体。

需要注意的是，尽管农民集体拥有集体土地的所有权，但这种所有权是受到一定限制的。例如，国家规定耕地只能用于农业用途，而农业用地转为非农业用地的决策权并不在乡村集体，而是在中央政府。这表明虽然乡村集体是法律上的所有者，但实际上，它们并没有完全的控制权或处置权。

四、集体土地所有权的客体

集体土地所有权的客体是指集体土地所有权所指向的对象，即集体土地本身。从《宪法》规定的区域范围来看，集体土地所有权的客体包括两大类：一是农村和城市郊区的土地原则上属于集体所有，除了法律规定属于国家所有的土地；二是宅基地和自留地、自留山。[①] 从土地利用类型上看，它涵盖了除国有土地之外的所有土地，包括农用地、建设用地以及未利用地。

首先，农用地是集体土地所有权客体的重要组成部分，它主要包括耕地、林地、草地等用于农业生产的土地。这些土地是农民集体进行农业生产活动的基础，也是保障国家粮食安全的重要资源。

其次，建设用地也是集体土地所有权客体的一个重要方面，它涉及乡（镇）企业用地、乡村公益事业用地、乡村公共设施用地以及农民使用的宅基地等。这些土地为农村地区的经济发展和社会进步提供了必要的空间和支持。

---

① 《宪法》第十条第一、二款规定："城市的土地属于国家所有。农村和城市郊区的土地，除由法律规定属于国家所有的以外，属于集体所有；宅基地和自留地、自留山，也属于集体所有。"

此外，未利用地如荒山、荒滩、荒丘等荒地，虽然暂时未被利用，但它们仍然是集体土地所有权客体的一部分，具有潜在的开发利用价值，未来可能用于农业、林业、牧业或建设等用途。

需要注意的是，集体土地所有权的客体并不包括土地上的建筑物、构筑物及其附属设施等。这些通常被视为土地上的定着物，其所有权归属于土地的使用权人或其他相关权利人。集体土地所有权的客体具有特定的历史背景和法律规定。它是在我国社会主义改造运动中产生的，并受到《宪法》《土地管理法》等相关法律的规范和保护。

五、集体所有权的权利行使

集体土地所有权的权利行使，主要涉及农民集体对其所拥有的土地进行占有、使用、收益和处分的权利。这一权利的实现过程，不仅体现了农民集体的经济权益，也反映了农村社会的组织结构和管理机制。集体土地所有权的权利行使体现在以下等方面。

一是集体土地所有权是一种共同所有权。集体土地所有权是集体成员的共同权利，不属于任何个人或少数人，所有成员平等地共享这种所有权。[1]

二是集体土地所有权具有不可分割性。集体土地所有权不能被分割，每个成员不能单独转让、买卖或处置自己的那部分土地所有权。

三是集体土地所有权实行代表行使。[2] 在实际操作中，集体土地所有权的行使通常由集体经济组织的管理层或代表机构代表集体成员进行，如村民委员会。

四是集体土地所有权行使受法律限制。集体土地所有权的行使必须遵守国家的土地管理法律、法规和政策，不能随意改变土地用途，也不能损害国家、社会和集体的利益。

五是集体土地所有权有权利限制与义务。集体土地所有者享有土地的使用、收益和处分的权利，但同时也有保护和合理利用土地的义务。

六是集体土地使用权可以流转。根据我国法律规定，集体土地的使用权可以流转，这意味着集体土地可以出租、转让或者以其他形式进行使用权的交易，但所有权仍然

---

① 集体土地所有权的行使本质上是集体成员的共同行使，体现的是集体的意志，必须严格遵守相关法律规定来行使。比如《民法典》第二百六十一条规定：下列事项应当依照法定程序经本集体成员决定：（一）土地承包方案以及将土地发包给本集体以外的组织或者个人承包；（二）个别土地承包经营权人之间承包地的调整；（三）土地补偿费等费用的使用、分配办法；（四）集体出资的企业的所有权变动等事项；（五）法律规定的其他事项。

② 农民集体所有的土地依法属于村农民集体所有的，由村集体经济组织或者村民委员会经营、管理；已经分别属于村内两个以上农村集体经济组织的农民集体所有的，由村内各该农村集体经济组织或者村民小组经营、管理；已经属于乡（镇）农民集体所有的，由乡（镇）农村集体经济组织经营、管理。

属于集体。

七是可用于公共利益与征收。在公共利益需要时，如国家基础设施建设、城市扩张等，集体土地可以被征收，但必须依法进行，并给予合理的补偿。

八是集体土地所有权的行使要接受管理与监督。集体土地所有权的行使需要接受政府部门的监督和管理，确保土地资源的合理利用和保护。

？思考题

1. 请简述土地权利体系。
2. 土地所有权有何特征？
3. 请简述国家土地所有权和集体土地所有权的区别。

第四章　土地承包经营权

内容摘要

　　本章的整体结构为四节，第一节是土地承包经营权的概念、特征以及分类；第二节是土地承包经营权的设立、登记、消灭与继承问题，分别从出现变动的事由和法律后果做出了论述和分析；第三节是土地承包经营权的流转问题，重点对实践中常提到的"三权分置"制度以及备案和登记制度做出了解释；第四节是对土地承包经营权保护的问题探讨。

第一节　土地承包经营权概述

一、土地承包经营权的概念

　　土地承包经营是我国关于农业生产经营的一项基本制度。土地承包经营权是为满足农户、集体生产需要，允许农户对集体或者国家所有但由农民集体使用的土地进行占有、使用、收益、处分的权利。

　　我国《物权法》（已废止）第一百二十四条规定："农村集体经济组织实行家庭承包经营为基础、统分结合的双层经营体制。"在《民法典》中，土地承包经营权在其中设专章进行规定，《民法典》第三百三十条规定："农村集体经济组织实行家庭承包经营为基础、统分结合的双层经营体制。农民集体所有和国家所有由农民集体使用的耕地、林地、草地以及其他用于农业的土地，依法实行土地承包经营制度。"《农村土地承包法》第三条第一款规定："国家实行农村土地承包经营制度。"可见，土地承包经营制度作为我国一项基本经济制度，其所赋予农民的土地承包经营权是以法律形式明文规定的、农民承包土地依法自主种植经营的一项权利。

二、土地承包经营权的特征

（一）主体特征

土地承包经营权的主体一般定义为本集体经济组织的成员，其以农民集体组织成员权为基础。从历史发展上来讲，之前颁布的《中华人民共和国民法通则》（2009 修正，现已失效）使用的是"农村承包经营户"这一概念，后《中华人民共和国物权法》（现已失效）则开始使用"土地承包经营权人"的表述，扩大了承包经营的主体范畴，甚至扩大至本集体经济组织以外的组织和个人。

由此可见，从更广泛的角度来看，无论是个人、家庭还是单位，只要他们从事农业生产经营活动，都有可能成为土地承包经营权的主体。这种方式允许更多的社会资源和资本参与到农村土地的开发和利用中来，以促进农村经济的发展。

（二）客体特征

从土地利用类型上看，土地承包经营权的客体可以概括为两大类，其一是土地承包经营权人依法承包的耕地、林地、草地等农业用地，其二是以"四荒"土地为代表的其他农业用地。

从土地用途上看，土地承包经营权的客体主要用途是农业生产，包括种植、养殖等农业活动。非农业用地，如工业用地、商业用地等，不能成为土地承包经营权的客体。如《民法典》第三百三十四条明文规定，未经依法批准，所承包土地只能进行农业建设，不得作为非农建设用途。

从土地利用时限上看，根据我国法律规定，土地承包经营权有一定的期限限制，到期后需要重新进行承包或调整。这种时限性体现了土地资源的有限性和合理利用的需要。

（三）内容特征

作为一项独立的用益物权，土地承包经营权的实现首先应当按照法律明文规定，其次再由土地承包合同双方当事人以合同形式对双方权利义务加以补充和完善。

1. 土地承包经营权人的权利

根据《民法典》第三百三十一条规定，土地承包经营权人依法对其承包经营的耕地、林地、草地等享有占有、使用和收益的权利，有权从事种植业、林业、畜牧业等农业生产。

从该项条款可以看出，土地承包经营权设立的根本目的是保障农民的农业生产经营活动，即从事种植业、林业或畜牧业。该条款中的"农业"有别于《农业法》所强调的农业生产，根据《中华人民共和国农业法》（2012 修正）第二条规定："本法所称农业，是指种植业、林业、畜牧业和渔业等产业，包括与其直接相关的产前、产中、产后服务。本法所称农业生产经营组织，是指农村集体经济组织、农民专业合作经济组织、农业企业和其他从事农业生产经营的组织。"后者调整的范围显然更广泛。

在《民法典》对土地承包经营权人权利作出明文规定的前提下，土地承包经营合同双方能够在此基础上细化权利内容。但为能最大程度上保护农民的切实利益，土地承包经营权的权利内容中的处分权具体表现为三百三十四条规定的土地承包经营权人依法有权将土地承包经营权互换、转让。相应地，我国法律对土地承包经营权的流转做出了严格的限制，这一点将在后文土地承包经营权的流转部分详细展开。

根据《民法典》第三百四十条规定："土地经营权人有权在合同约定的期限内占有农村土地，自主开展农业生产经营并取得收益。"由此可见土地承包经营权人对土地的占有权是实现其使用、收益等权利的基础和前提。法律赋予了土地承包经营权人在占有土地上自主经营的权利以及自行配套的增设基础设施、收获农产品等能够获利的权利。

2. 土地承包经营权人的义务

《民法典》和《农村土地承包法》都对土地承包经营权人的义务做出了规定，主要为土地利用方式固定、保护与合理利用土地以及支付合理费用等，具体规定如下：

《农村土地承包法》第十八条规定了承包方承担下列义务：（1）维持土地的农业用途，未经依法批准不得用于非农建设；（2）依法保护和合理利用土地，不得给土地造成永久性损害；（3）法律、行政法规规定的其他义务。具体而言：

首先，土地承包经营权人有义务按照约定的用途使用土地。这意味着他们不能随意改变土地的农业用途，而是应当在规定的范围内进行种植、养殖等农业生产活动。这有助于维护土地的农业功能，确保粮食安全和农业生产的稳定。

其次，土地承包经营权人有义务保护和合理利用土地。他们应当采取必要的措施，防止土地退化、沙化、盐碱化等问题的发生，保持土地的肥力和生产能力。同时，他们还应当合理使用土地，避免过度开发和浪费土地资源，以实现土地的可持续利用。

最后，土地承包经营权人需要履行法律、行政法规规定的其他义务。如按照国家规定缴纳相关税费（比如农业税、土地增值税等）；维护土地承包关系的稳定，不得非法流转土地承包经营权，不得进行违法建设；经营活动应当服从乡村规划和乡村建设的需要，不得违反乡村规划进行建设；在国家和地方政府的土地整治项目中，应当按照政府的要求参与土地整治活动等。

（四）期限特征

土地承包经营权的期限指土地承包经营权人对承包土地依法或依约定享有的对其

占有、使用、收益、处分权利的时间限制。

土地承包经营权的期限具有有限性。这意味着承包方对土地的承包经营并不是永久性的，而是在一个特定的时间段内有效。这个期限是由相关法律法规明确规定的，一般与土地的性质、用途以及政策需要有关。如根据《民法典》第三百三十二条第一款规定："耕地的承包期为三十年。草地的承包期为三十年至五十年。林地的承包期为三十年至七十年。"该条文规定的法定期限，不得以当事人合同约定而随意修改。期限的设定有助于确保土地资源的合理利用和流转，避免土地资源的长期固化或滥用。

土地承包经营权的期限具有相对稳定性。尽管具体的期限长度可能因地区、土地类型以及政策调整而有所差异，但一旦确定，承包方和发包方都应遵守该期限。如《民法典》第三百三十二条第二款规定："前款规定的承包期限届满，由土地承包经营权人依照农村土地承包的法律规定继续承包。"该项条款规定的承包土地可依合同延长承包期限，保障了土地承包经营权人的承包经营资格，给予广大农民一定的社会保障。这种稳定性有助于维护土地承包经营关系的长期性和连续性，为承包方提供稳定的经营预期。

三、土地承包经营权的分类

（一）按承包土地性质划分

《农村土地承包法》所调整的对象是"农民集体所有和国家所有依法由农民集体使用的耕地、林地、草地，以及其他依法用于农业的土地"，从中可以看出，土地承包经营权可以划分为集体土地承包经营权和国有土地承包经营权。

（二）按承包方式划分

我国《农村土地承包法》第三条第二款规定，"农村土地承包采取农村集体经济组织内部的家庭承包方式，不宜采取家庭承包方式的荒山、荒沟、荒丘、荒滩等农村土地，可以采取招标、拍卖、公开协商等方式承包。"由此可见我国的土地承包经营权主要有家庭承包经营权和"四荒"土地承包经营权。前者通过家庭承包方式取得，后者通过招标、拍卖、公开协商方式取得。

（三）按承包地用途划分

根据承包地用以进行种植业、林业、畜牧业的农业生产活动的不同目的，可以相应地将土地承包经营权划分为耕地承包经营权、林地承包经营权和草地承包经营权。

第二节　土地承包经营权的设立和变动

一、土地承包经营权的设立

我国土地承包经营权的设立采取意思主义，即发包方和承包方签订土地承包经营合同，意思表示一致则合同成立并生效，换言之，土地承包经营权完全由当事人通过设立合同的方式成立。《民法典》和《农村土地承包法》均提供了相应的法律依据，前者第三百三十三条第一款规定："土地承包经营权自土地承包经营权合同生效时设立。"后者第二十三条规定："承包合同自成立之日起生效。承包方自承包合同生效时取得土地承包经营权。"据此，土地承包经营权人可凭自由意思选择是否进行登记，此时，登记仅作为合同的对抗要件，不登记不妨碍物权的设立。

不过，虽然土地承包经营权的设立采取意思主义，但土地承包经营权的流转却有所不同。对于土地承包经营权采取互换、转让方式流转的，采取的是登记对抗主义，即流转行为未经登记，不得对抗善意第三人。这种规定旨在保护交易安全，防止因未登记而导致的权益纠纷。

土地承包经营权主要基于土地承包经营合同的签订而发生，进而确定发包方和承包方的权利义务关系，接下来将根据土地承包方式的不同，分别介绍家庭承包经营权和"四荒"土地承包经营权的订立方式。

（一）家庭承包经营权

1. 家庭承包经营合同的双方当事人为发包方和承包方

土地承包经营合同的发包方是农村集体经济组织，承包方则是农村集体经济组织成员。《农村土地承包法》第十三条对土地承包经营合同的主体做出了相关规定："农民集体所有的土地依法属于村农民集体所有的，由村集体经济组织或者村民委员会发包；已经分别属于村内两个以上农村集体经济组织的农民集体所有的，由村内各该农村集体经济组织或者村民小组发包。村集体经济组织或者村民委员会发包的，不得改变村内各集体经济组织农民集体所有的土地的所有权。国家所有依法由农民集体使用的农村土地，由使用该土地的农村集体经济组织、村民委员会或者村民小组发包。"

此外，《农村土地承包法》第五条明文规定，农村集体经济组织成员依法享有土地承包权，任何组织和个人不得剥夺和非法限制农村集体经济组织成员承包土地的权利。

2. 承包的原则和程序均由法律明文规定

根据我国《农村土地承包法》第十九条、第二十条规定，土地承包应当遵守自愿平等、公平协商等基本原则，公平、公正、公开地进行土地承包活动，详细可如下展开：（1）按照规定统一组织承包时，本集体经济组织成员依法平等地行使承包土地的权利，也可以自愿放弃承包土地的权利；（2）民主协商，公平合理；（3）承包方案应当按照本法第十三条的规定，依法经本集体经济组织成员的村民会议三分之二以上成员或者三分之二以上村民代表的同意；（4）承包程序合法。

土地承包应当按照如图 4-1 所示程序进行。

图 4-1　家庭承包程序

3. 承包合同形式与条款

根据我国《农村土地承包法》二十二条规定，土地承包经营合同一般为书面合同形式，其合同内容一般包括：（1）发包方、承包方的名称，发包方负责人和承包方代表的姓名、住所；（2）承包土地的名称、坐落、面积、质量等级；（3）承包期限和起止日期；（4）承包土地的用途；（5）发包方和承包方的权利和义务；（6）违约责任。

（二）"四荒"土地承包经营权

我国《民法典》《农村土地承包法》规定，不宜采取家庭承包方式的荒山、荒沟、荒丘、荒滩等农村土地，可以采取招标、拍卖、公开协商等方式承包。"四荒"土地承包经营权的设立，也可以采取将土地承包经营权折股分给本集体经济组织成员后，再实行承包经营或者股份合作经营的形式。

其发包方与承包方的主体有别于家庭承包合同，因"四荒"土地之上设立的土地承包经营权采取竞争的形式，故并未对其主体进行限制，"四荒"土地承包经营权的发包方是农村集体经济组织，承包方则不仅限于本集体经济组织成员，也可以是集体经济组织成员以外的单位或者个人。但同等条件下，本集体经济组织成员有权优先承包。具体承包流程如下（如图 4-2 所示）。

《农村土地承包法》第四十九条对不宜采取家庭承包的"四荒"土地的土地承包经营权设立做出了规定，土地承包经营权的设立形式同样是签订承包合同，由承包方取得土地经营权。当事人的权利和义务、承包期限等，由双方协商确定。以招标、拍卖方式承包的，承包费通过公开竞标、竞价确定；以公开协商等方式承包的，承包费由双方议定。

发包方将农村土地发包给本集体经济组织以外的单位或者个人承包

事先经本集体经济组织成员的村民会议三分之二以上成员或者三分之二以上村民代表的同意 → 报乡（镇）人民政府批准 → 订立承包合同

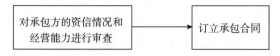

本集体经济组织以外的单位或者个人承包

对承包方的资信情况和经营能力进行审查 → 订立承包合同

图4－2 "四荒"土地承包经营权承包流程

二、土地承包经营权的登记

土地承包经营权的登记是指对农村土地承包经营权的确权、登记和颁证过程。这一制度旨在明确农民对承包土地的各项权益，保障其合法权益，促进农村经济的稳定和发展。

首先，土地承包经营权的登记具有法律效力。土地承包经营权的登记为对抗要件，且主要适用于土地流转情况。土地承包经营权的设立采取意思主义，因而土地承包经营权的登记只作为对抗要件，根据《民法典》第三百三十五条以及《农村土地承包法》第三十五条规定："土地承包经营权互换、转让的，当事人可以向登记机构申请登记。未经登记，不得对抗善意第三人。"由此可见土地承包经营权的设立并不以登记为要件。这意味着，经过登记的土地承包经营权具有公示公信的效力，能够对抗不知情的第三方，保护承包人的合法权益。

其次，土地承包经营权的登记有助于明确农民的土地权益。通过登记，可以明确承包土地的地块、面积、空间位置等信息，以及承包人的身份信息、承包期限等。这些信息将作为土地承包经营权的法定依据，有助于解决土地承包纠纷，维护农民的合法权益。

此外，土地承包经营权的登记还能够促进农村经济的发展。通过明确土地权益，农民可以更加放心地进行土地流转和规模经营，提高土地利用效率，增加农民收入。同时，这也为农村金融机构提供了更加可靠的担保物，有助于推动农村金融的发展。

三、土地承包经营权的消灭与继承

(一) 土地承包经营权的消灭

1. 土地承包经营权消灭的原因

土地承包经营权的消灭，是指因一定法律事实的发生，土地承包经营权主体丧失对承包土地的利用、收益等权利。土地承包经营权消灭的原因主要有以下几方面：

一是土地承包经营权期限届满。土地承包经营权期限届满后，土地承包经营合同履行完毕，土地承包经营权消灭。土地承包经营合同双方如果续约，则产生新的土地承包经营合同关系。

二是承包的土地被提前收回。承包人交回承包地或发包方依法提前收回、调整承包地也将导致土地承包经营权的消灭。根据我国法律相关规定，原则上发包方不得随意收回设立承包经营权的土地。《民法典》第三百三十六条、第三百三十七条中规定，承包期内发包人不得调整或收回承包土地，因自然灾害严重毁损承包地等特殊情形，需要适当调整承包的耕地和草地的，应当依照相关法律做出调整。《农村土地承包法》第二十五条也对此做出了相关规定："承包合同生效后，发包方不得因承办人或者负责人的变动而变更或者解除，也不得因集体经济组织的分立或者合并而变更或者解除。"但存在例外情况，对此，《农村土地承包法》第二十七条规定："……承包期内，承包农户进城落户的，引导支持其按照自愿有偿原则依法在本集体经济组织内转让土地承包经营权或者将承包地交回发包方，也可以鼓励其流转土地经营权。"

在特殊情况下，发包方可以在承包期内调整承包地。如《农村土地承包法》二十八条第二款做出了明确规定："承包期内，因自然灾害严重毁损承包地等特殊情形对个别农户之间承包的耕地和草地需要适当调整的，必须经本集体经济组织成员的村民会议三分之二以上成员或者三分之二以上村民代表的同意，并报乡（镇）人民政府和县级人民政府农业农村、林业和草原等主管部门批准。承包合同中约定不得调整的，按照其约定。"据此，在承包地调整以后，基于原土地之上的土地承包经营权消灭，土地承包经营权人取得了新的土地上的承包经营权。

三是承包人放弃承包权。土地承包经营权人自愿交回承包地同样会导致土地承包经营权的消灭，同时也相应地产生法律后果。根据《农村土地承包法》第三十条规定："承包期内，承包方可以自愿将承包地交回发包方。承包方自愿交回承包地的，可以获得合理补偿，但是应当提前半年以书面形式通知发包方。承包方在承包期内交回承包地的，在承包期内不得再要求承包土地。"

四是承包地因国家为社会公共利益依照法定权限和程序征收、占用或因自然灾害等不可抗力原因毁损灭失，也会导致土地承包经营权同时归于消灭。

2. 土地承包经营权消灭的法律后果

一是承包方返还土地的义务。因土地承包期期满而导致土地承包经营权消灭的，土地承包人应将承包地返还给发包人。

二是承包方的取回权。在土地承包经营权消灭后，承包方有权取回其在土地上的青苗、竹木以及相关附属设施。同时，承包方也负有恢复土地原状的义务。如果上述工作物不能取回，或者取回会损害其使用价值，且继续留存对土地利用有利，承包方可以选择不要求取回，而是要求发包人按价补偿。

三是特别改良费用或有益费用的补偿。如果承包方为增加地力或为促进土地利用的便利，而支出了特别改良费用或其他有益费用，且发包方知道或应当知道并未立即反对，那么在承包期届满而没有续期时，承包方有权向发包方提出返还请求。返还的数额通常以现存的价值增加额来计算。

此外，因征收、征用、占用而导致土地承包经营权消灭的，土地承包经营权人有权要求补偿。

（二）土地承包经营权的继承

土地承包经营权的继承是指在承包经营者去世后，其土地承包经营权按照我国相关法律法规的规定，在一定条件下可以被继承人依法继承。

土地承包经营权是一种反映我国经济体制改革中农村承包经营关系的新型物权。在家庭承包方式下，土地承包经营权属于农户家庭，而不属于某一个家庭成员。因此，当承包农户中的某个成员死亡时，其土地承包经营权并不直接成为其个人的遗产，所以土地承包经营权也不因承包人死亡而消灭。

在特定情况下，例如当承包人通过招标、拍卖、公开协商等方式取得土地承包经营权，并在承包期内死亡时，其应得的承包权益可以依照规定继承。此外，以家庭承包方式取得的林地承包经营权以及"四荒"地也可以进行继承。如根据《农村土地承包法》第三十二条规定："承包人应得的承包收益，依照继承法的规定继承。林地承包的承包人死亡后，其继承人可以在承包期内继续承包。"以及第五十四条的规定："依照本章规定通过招标、拍卖、公开协商等方式取得土地经营权的，该承包人死亡，其应得的承包收益，依照继承法的规定继承；在承包期内，其继承人可以继续承包。"

根据我国的《农村土地承包法》以及相关司法解释，土地承包经营权可以通过继承方式在家庭成员之间传承。继承的方式既可以是法定继承，也可以是遗嘱继承。在继承过程中，遵循男女平等、养老育幼、照顾病残的原则，确保继承的公平与合理。继承的具体操作流程一般为：

首先是确认继承权。确认继承人的身份和继承权，这通常包括配偶、子女和父母。如果承包经营者有遗嘱，还需确认遗嘱的有效性及其内容。

其次是土地承包经营权证书的变更。在确认继承权之后，需要到当地农村土地管理部门办理土地承包经营权证书的变更手续。继承人需提交相关证明文件，如继承人的身份证明、承包经营者死亡证明以及继承权确认文件等。

最后是承包合同的变更。在土地承包经营权证书变更之后，还需要与集体经济组织协商，变更或延续承包合同，确保承包土地的继续稳定使用。

继承人在继承土地承包经营权的同时，也继承了承包合同约定的权利和义务，包括继续履行承包合同规定的承包金交付、土地利用和保护等责任。

这样的法律程序，不仅确保了土地承包经营权的稳定传承，而且有利于维护农村土地承包关系的稳定，促进农村经济的健康发展。这种制度的实施，符合社会主义市场经济发展的要求，保障了农民的土地权益，对于构建和谐稳定的农村社会具有重要意义。

第三节　土地承包经营权的流转

一、土地承包经营权流转概述

（一）土地承包经营权流转的概念

土地承包经营权流转，通常指的是土地承包经营权人将土地承包经营权通过转让、互换的方式转移给第三人，或者通过特定形式赋予第三人在所承包经营的土地上行使承包经营权的某些权能。

《民法典》第三百三十九条规定："土地承包经营权人可以自主决定依法采取出租、入股或者其他方式向他人流转土地经营权。"《农村土地承包法》第十七条明文规定土地承包经营权人有权依法互换、转让土地承包经营权。第三十六条也规定："承包方可以自主决定依法采取出租（转包）、入股或者其他方式向他人流转土地经营权，并向发包方备案。"以上法律规定都赋予了土地承包经营权人对所承包土地的处分权，即对享有承包经营权的土地进行转包、出租或者入股。

（二）土地承包经营权流转的基本原则和特点

根据我国《农村土地承包法》第三十八条规定，土地经营权流转应当遵循以下几大原则：第一，土地承包经营权人能够依法、自愿、有偿流转土地经营权；第二，不得改变土地的农业用途；第三，流转期限不得超过承包期的剩余期限；第四，土地经营权受让方须具备相应经营能力；第五，同等条件下，本集体经济组织成员享有优先权。据此，能够总结出土地承包经营权流转的特点。

1. 土地承包经营权流转的主体

土地承包经营权流转的主体主要包括承包方（即原土地承包经营权人）和受让方（即愿意接受土地承包经营权流转的第三方）。

承包方在承包期限内有权依法自主决定土地经营权是否流转以及流转的对象，并依法、自愿、有偿地将土地经营权流转。他们享有流转土地经营权的收益，并有权选择是否委托发包方、中介组织或他人进行流转。如果委托他人进行流转，承包方需要出具流转委托书，明确委托的事项、权限和期限，并由委托人和受托人签字或盖章。

受让方则是自愿接受土地承包经营权流转的第三方，土地承包经营权流转的受让方既可以是承包农户，也可以是有资质和能力进行农业生产的农业生产经营组织或者个人，同等条件下，本集体经济组织成员享有优先权。

土地承包经营权的流转必须建立在农户自愿的基础上，任何组织和个人不得强迫农户流转土地，也不得阻碍农户依法流转土地。土地流转合同是双方当事人的重要依据，应明确双方的权利和义务，包括流转土地的名称、坐落、面积、质量等级，流转的期限和起止日期，流转土地的用途，流转价款及支付方式，以及违约责任等。

2. 土地承包经营权流转的客体

通说认为，土地承包经营权流转的客体是土地承包经营权而不是土地本身。其原因在于所承包的土地仅为土地承包经营权的物质载体，承包地并不一定随着承包经营权的流转而流转。这种流转允许承包方在保留土地所有权的前提下，将土地的经营权转移给受让方，即允许受让人在约定期限内对土地进行占有、使用和收益。土地承包经营权流转的客体可以是承包土地的部分权利，也可以是全部权利；可以是本集体经济组织内部的流转，也可以是跨集体经济组织的流转。流转的目的是提高土地的利用效率，优化农业产业结构，增加农民收入，推动农业现代化。

土地承包经营权流转的客体在流转过程中保持其特定的使用性质，即继续用于农业生产，不得改变土地的农业用途，确保国家粮食安全和生态安全。同时，流转必须遵守法律法规，保护农民的土地权益，不得损害农民利益。

3. 土地的农业用途不可改变

"土地的农业用途不可改变"是土地承包经营权流转过程中的一项核心原则和法律规定。它是指在土地承包经营权流转过程中，流转双方必须确保土地继续用于农业生产，而不能改变其原有的农业用途。《民法典》第三百三十四条规定："土地承包经权人依照法律规定，有权将土地承包经营权互换、转让。未经依法批准，不得将承包地用于非农建设。"

首先，从权利设立目的上来看，该原则意在保障土地的农业用途和农业生态环境。土地承包经营权和土地承包经营权流转都是为了能够发挥土地的最大价值，提高土地的利用率，最大程度便利和发展农业生产。

其次，这一原则也是基于我国土地制度的特殊性质。在我国，土地归国家和集体所有，农民通过承包方式获得土地的承包经营权。这种制度设计旨在保障农民的土地权益，同时确保土地资源的合理利用。如果允许随意改变土地的农业用途，将会破坏这一制度的基础，导致土地资源的滥用和浪费。

此外，改变土地的农业用途还可能引发一系列社会问题。例如，将农用地转为非农建设用地，可能导致耕地减少、粮食安全受到威胁；同时，也可能加剧城乡差距，影响社会和谐稳定。

因此，在土地承包经营权流转过程中，流转双方必须严格遵守"土地的农业用途不可改变"的原则。如果需要改变土地的用途，必须依法经过相关部门的审批，并确保新的用途符合土地利用总体规划和法律法规的规定。同时，政府也应加强监管，确保土地流转市场的规范运行，防止土地资源的滥用和浪费。

4. 流转期限不得超过承包期的剩余期限

土地承包经营权流转期限不得超过承包期的剩余期限，这是基于我国土地制度和承包经营权的特性而设定的。这样的规定主要是为了保护农民的土地承包权，防止流转期限过长导致原承包权人的土地使用权被长期剥夺。如果允许流转期限超过承包期的剩余期限，那么实际上就等于延长了承包期限，这也与原有的土地承包制度相悖。同时，规定流转期限，有助于维护农业生产的稳定性，避免土地频繁更换经营者，影响农业生产的连续性和效率。这一原则确保了土地流转的合法性和稳定性，同时保护了承包方和受让方的权益。

需要注意的是，土地承包经营权流转超过承包期的剩余期限部分无效，前文所述土地承包经营权人继续承包的权利与土地承包经营权人流转该权利的期限设定是两个问题，不能混为一谈。

二、土地承包经营权的流转方式与"三权分置"改革

（一）土地承包经营权的流转方式

土地承包经营权的流转方式多种多样，根据我国相关法律法规的规定，主要包括以下几种：

1. 转包

转包主要发生在农村集体经济组织内部农户之间。转包人对土地承包经营权的产权不变，受转包人享有土地承包经营权使用的权利，并获得承包土地的收益，同时需向转包人支付转包费。转包无须发包人许可，但转包合同需向发包人备案。该种转包方式灵活，便于操作。但由于转包通常发生在熟人之间，可能缺乏正式的书面合同，导致权益保障不够充分。此外，转包期限可能较短，不利于转入方进行长期投资。

2. 出租

出租通常指的是农户将土地承包经营权租赁给本集体经济组织以外的人。出租是一种外部的民事合同，通过这种方式，农户可以获得租金收入，而承租人则可以在一定期限内使用土地。该种方式拓宽了流转范围，有利于引入外部资金和技术，提高土地利用效率。但是出租可能导致外来资本对农业生产的过度干预，影响农民的主体地位。同时，出租合同需明确双方权益，否则可能引发纠纷。

3. 互换

互换主要发生在农村集体经济组织内部的农户之间，为方便耕种和各自需要，对各自的土地承包经营权进行交换。互换后，双方均取得对方的土地承包经营权，并丧失原有的土地承包经营权。该种方式有助于解决承包地细碎化问题，便于农户进行规模化经营。通过互换，农户可以获取更适合自己种植需求的土地，提高生产效益。但互换可能涉及土地价值差异和承包期限不一致等问题，需要双方充分协商并达成一致。此外，互换后可能改变原有的土地用途，需要符合土地利用规划。

4. 转让

转让是农户将土地承包经营权转移给他人，转让将使农户丧失对原承包土地的使用权。这种方式的流转通常涉及较大的经济利益变动，因此往往需要经过严格的审批程序。该方式可以使农户彻底放弃承包经营权，获取较高的流转收益。同时，转让有助于推动土地资源的集中和规模化经营。但是转让可能导致农民失去土地保障，存在一定的社会风险。此外，转让需经发包方许可，程序相对烦琐。

5. 入股

入股的方式即承包方将承包土地使用权作为股份，参加农业股份制或农业股份合作制，并以入股股份作为分红依据。入股方式可以将土地承包经营权转化为股份，使农户分享到股份合作的经营成果。这有助于增加农民收入，实现土地的规模化经营和现代农业的发展。但是入股可能涉及复杂的股权关系和利润分配问题，需要建立完善的制度和机制进行规范。此外，入股后农户可能失去对土地的直接控制权，需要谨慎评估风险。

以上为土地承包经营权基本的流转方式。此外，在实践中，还存在其他流转方式，如土地托管（即农户将自己的土地承包经营权委托给土地托管服务组织，由其代为管理和经营，并按约定支付收益）、信托（农村集体组织或农户可以将土地使用权作为信托财产，委托给信托公司进行经营管理，从而定期获得信托收益）、反租倒包（指在农村土地流转过程中，一些企业或者个人通过租赁方式从农户手中集中大量土地，然后再将这些土地租赁给其他农户或者其他经营主体，从而获取差价）等。这些流转方式还可以相互结合，形成多样化的流转模式，以适应不同地区和不同农户的需求。需要注意的是，我国法律规定土地承包经营权的流转应该采取书面的形式。[①] 土地承包经营权流转必须遵循依法、自愿、有偿的原则，保护流转双方特别是农民的合法权益，不得违背农户意愿强制流转。同时，流转不得改变土地集体所有性质、不得改变土地用途、不得损害农民土地承包权益。

（二）"三权分置"改革

1. "三权分置"的基本含义

"三权分置"是指形成所有权、承包权、经营权三权分置，经营权流转的格局。在这种模式下，所有权、承包权和经营权既存在整体效用，又有各自功能。从当前实际出发，实施"三权分置"的重点是放活经营权，核心要义就是明晰赋予经营权应有的法律地位和权能。

"三权分置"是对传统土地承包经营权的重大突破，是将农民集体所有权、承包权和经营权分离的新土地利用模式。换言之，"三权分置"是将农民集体所有的土地的占有、使用权利发包给农户，承包的农户再通过土地承包经营权流转合同将土地经营权交给有资质的第三方，由第三方对土地进行生产经营。在这期间，土地的经营者向农村集体组织支付土地使用费，农村集体扣除集体提留等项目后，按照农民承包权分配给农民。

2. "三权分置"的实施背景

这一思想主要源于农村经济发展的需要、土地制度改革的深化以及党和国家对于农村发展的重视等因素，旨在通过优化土地资源配置，激发农村经济活力，推动农村经济的持续健康发展。

首先，土地是农村经济发展的基础，土地制度是农村各项制度中的基础性制度。随着工业化、城镇化、信息化和农业现代化的推进，大量农村劳动力转移到城市，农

---

① 我国《农村土地承包法》第四十条对以书面合同形式确定土地承包经营权的流转做出了明确规定，但同时规定承包方将土地交由他人代耕不超过一年的，可以不签订书面合同，并规定土地经营权流转合同包含的一般条款：①双方当事人的姓名、住所；②流转土地的名称、坐落、面积、质量等级；③流转期限及起止日期；④流转土地的用途；⑤双方当事人的权利和义务；⑥流转价款及支付方式；⑦土地被依法征收、征用、占用时有关补偿费的归属；⑧违约责任。

村出现耕种群体老龄化甚至撂荒的现象，大量农村土地的承包权和经营权发生了事实上的分离。这种分离现象为"三权分置"的提出和实施提供了现实基础。

其次，原有的土地制度已经不能完全适应新的经济形势和发展需求。原有的土地制度中，承包权和经营权往往合二为一，限制了土地的流转和规模经营。为了激发农村土地的活力，提高土地利用效率，需要将承包权和经营权进行分离，使经营权成为一种可以独立流转的权利。这样，农户可以在保留承包权的同时，将经营权流转出去，获得流转收益；而新型农业经营主体则可以通过获得经营权，实现土地的规模经营和现代农业的发展。为了解决农村土地的碎片化问题，提高土地利用效率，推动适度规模经营和集体经济的发展，"三权分置"作为一种新的土地流转制度应运而生。它将土地的所有权、承包权和经营权进行分离，使得经营权能够灵活流转，为新型农业经营主体提供了更多的发展机会。

此外，党和国家对于农村发展的重视也为三权分置的实施提供了政策支持。例如，邓小平在20世纪90年代就提出了中国社会主义农业的改革和发展要有两个飞跃的构想，其中一个飞跃就是发展适度规模经营和集体经济。这一构想为后来的"三权分置"改革提供了重要的理论依据。《中共中央关于全面深化改革若干重大问题的决定（2013施行)》提出了在现行的农业经营体制下进一步探索建立"三权分置"的农业经营模式。2018修正的《土地承包法》也从法律层面确立了土地所有权、土地承包经营权、土地经营权"三权分置"的制度设计。而《民法典》（物权编）则进一步规定了土地经营权的内容、行使等基本内容。

这是继家庭联产承包责任制后农村改革的又一重大制度创新，是农村基本制度的自我完善，符合生产关系适应生产力发展的客观规律。

3. "三权分置"的权利构造

土地承包经营权的三权分置是指将土地的承包经营权拆分为土地承包权、土地经营权两部分，与土地集体所有权相分离，形成所有权、承包权、经营权三权分置并行的格局。具体内容如下：

一是集体土地所有权，即集体对土地拥有占有、使用、收益和处分的权利。在实施三权分置的过程中，要确保集体对土地发包、调整、监督、收回等各项权能的行使，发挥土地集体所有的优势和作用。

二是土地承包权，即农户对承包土地享有占有、使用和收益的权利。"三权分置"改革要保护农户使用、流转、抵押、退出承包地的权利。农户有权占有、使用承包地，建设必要的农业生产配套设施，自主组织生产经营和处置产品并获得收益；农户还可以通过转让、互换、出租（转包）、入股或其他方式流转承包土地并获得收益，依法依规就承包土地经营权设定抵押、自愿有偿退出承包地，符合条件的农户还可以因保护承包地获得相关补贴。

三是土地经营权，即土地承包权人将土地承包经营权中的经营权部分流转给他人的权利。流转的土地经营权可以用于农业生产经营，包括转租、转包、入股等方式，经营权人可以在此土地上进行农作物种植、农业设施建设、农业经营等活动。

4. "三权分置"改革的意义

一是有助于确立清晰的产权关系。通过"三权分置"，将土地集体所有权、土地承包权和土地经营权进行了明确划分，有助于清晰界定各方的权利和义务，保障农民、集体和经营者的合法权益，形成权责明晰、流转顺畅的现代土地制度。

二是促进土地资源高效利用。"三权分置"使土地承包权和经营权分离，有助于促进土地资源的合理流动和优化配置。承包权保障了农民的土地利益，而经营权的分离和流转，使土地可以更加高效地用于农业生产，提高了土地的利用效率和农业产值。

三是激发农业经营活力。"三权分置"允许土地经营权流转，使得有能力、有愿望的经营者可以合法地使用土地，开展规模化、集约化、现代化的农业经营模式，这有利于吸引社会资本和技术进入农业领域，激发农业经营的活力，推动农业产业升级。

四是支持农业现代化发展。三权分置改革有助于推进农业机械化、智能化和绿色化，通过流转经营权形成的规模经营，有利于推广现代农业技术和设备，提高农业生产的科技含量和环保水平，加快农业现代化的步伐。

五是增加农民收入渠道。"三权分置"使得农民可以通过流转土地经营权获得租金收入，或者通过土地经营权抵押、入股等方式获得金融服务，这为农民提供了多样化的增收渠道，有助于提高农民的生活水平。

六是优化农村金融服务。"三权分置"有助于明晰土地产权，增强土地的流动性，为农村金融服务提供了更坚实的资产支持。这将促进农村金融市场的发育，为农村经济提供更多的金融资源，支持农村产业发展和乡村振兴。

（三）土地承包经营权流转和"三权分置"改革的关系

土地承包经营权流转和"三权分置"改革是农村土地制度改革的重要组成部分，它们之间存在紧密的关系。

土地承包经营权流转是"三权分置"改革的实践方式。土地承包经营权流转是指农户将其承包土地的经营权部分或全部转移给其他经济主体的行为。这实际上是"三权分置"中承包权和经营权分离的体现。通过流转，承包权人可以将其承包土地的经营权让渡给经营权人，而自己保留承包权，这样既能够保障自己的土地承包权，又能通过流转获得额外的收益。

"三权分置"改革为土地承包经营权流转提供了法律和政策支持。"三权分置"改革的目的是明晰土地产权关系，通过将土地的所有权、承包权和经营权分置，为土流转提供了制度基础。"三权分置"明确了经营权的独立性，使得土地经营权可以独立于承包权进行流转，这为土地资源的合理配置和优化利用创造了条件。

土地承包经营权流转是"三权分置"改革的重要目标之一。"三权分置"改革的最终目的是促进农业现代化和农村经济的发展，而土地承包经营权的流转是实现这一目标的有效手段。流转可以提高土地的利用效率，促进农业规模化经营，推动农业产业结构调整，增强农业的市场竞争力。

土地承包经营权流转和"三权分置"改革共同推动了农村土地制度的完善。通过土地承包经营权的流转和"三权分置"改革，可以进一步完善农村土地产权制度，明晰土地权属关系，为农民提供更加稳定和长期的承包权保障，同时也为经营权人提供更多灵活的经营手段。

综上，土地承包经营权流转是"三权分置"改革的重要组成部分，是改革的具体实践和表现形式，而"三权分置"改革为土地流转提供了制度框架和政策支持，两者共同推动了农村土地制度的改革和完善。

三、土地承包经营权流转的备案和登记制度

（一）土地承包经营权流转的备案

土地承包经营权流转的备案并非土地承包经营权合同的生效条件，而是为能够实现土地承包经营权而对土地进行管理的行政环节。

依照相关法律规定，承包方有权将自己的承包地全部或者部分转让给有资质和能力的第三方经营，但是须经过发包方的同意，且在发包方的审查、监督下进行。《农村土地承包法》第四十六条规定："经承包方书面同意，并向本集体经济组织备案，受让方可以再流转土地经营权。"此外，《民法典》第三百三十三条第二款规定："登记机构应当向土地承包经营权人发放土地承包经营权证、林权证等证书，并登记造册，确认土地承包经营权。"同样是土地承包经营权流转备案制度的体现。

（二）土地承包经营权流转的登记

《农村土地承包法》并没有对流转规定登记制度，该法律规定与《民法典》对于土地承包经营权流转都坚持登记对抗原则。《民法典》第三百四十一条规定："流转期限为五年以上的土地经营权，自流转合同生效时设立。当事人可以向登记机构申请土地经营权登记；未经登记，不得对抗善意第三人。"同时第三百四十二条规定："通过招标、拍卖、公开协商等方式承包农村土地，经依法登记取得权属证书的，可以依法采取出租、入股、抵押或者其他方式流转土地经营权。"

第四节　土地承包经营权的保护

一、土地承包经营权的物权保护

土地承包经营权的物权保护是要保障土地承包经营权人对土地长期稳定的排他支配权，保护其自主经营权。

我国法律对土地承包经营权稳定性的保护主要体现在以下几个方面：

一是承包人自主经营的排他性。承包经营权人可以运用物权法赋予的救济手段，排除不当的干预、侵害和侵占。赋予承包人对抗发包人不当干预、调整和收回的权利，如要求适当的补偿和赔偿。《民法典》第三百三十八条规定："承包地被征收的，土地承包经营权人有权依据本法第二百四十三条的规定获得相应补偿。"就体现了这一点。

二是以法定形式确立了土地承包经营权的长期期限。具体表现为《民法典》和《农村土地承包法》均有规定的承包期限：耕地的承包期为三十年；草地的承包期为三十年至五十年；林地的承包期为三十年至七十年。并且赋予了承包人承包期满后要求延长承包期限的权利。

三是对发包人提出了不得干预承包方正当的生产经营自主权的要求。根据我国《农村土地承包法》第十五条，对发包方须承担义务的要求如下：（1）维护承包方的土地承包经营权，不得非法变更、解除承包合同；（2）尊重承包方的生产经营自主权，不得干涉承包方依法进行正常的生产经营活动；（3）依照承包合同约定为承包方提供生产、技术、信息等服务；（4）执行县、乡（镇）土地利用总体规划，组织本集体经济组织内的农业基础设施建设；（5）法律、行政法规规定的其他义务等，都体现了对承包方土地承包经营权稳定性的保护。

二、土地承包权的财产权保护

土地承包经营权的财产权保护本质上是保护农民基于村民或社员身份而享有的土地权益，包括获得土地承包经营权的权利（资格）、在土地承包经营权流转时的收益权、在土地被征收时的补偿权、在土地利用实行"三权分置"土地改革后的收益分配权。

我国对土地承包权的财产权保护主要体现在以下几个方面：

一是集体经济组织成员认定。集体经济组织成员对当事人是否具有承包经营权有很大的影响，但在国内各地实践过程中，因受各地具体情况不同、各地风俗习惯等不同因素的影响，集体经济组织成员认定的标准存在一定差异。一些地区出台了地方性法规和指导意见，概括而言，对集体经济组织成员的认定往往以户籍、实际生产生活状况为判断标准。我国《农村土地承包法》第三十一条对特殊人群的土地承包权财产权保护做出了规定："承包期内，妇女结婚，在新居住地未取得承包地的，发包方不得收回其原承包地；妇女离婚或者丧偶，仍在原居住地生活或者不在原居住地生活但在新居住地未取得承包地的，发包方不得收回其原承包地。"由于妇女结婚可能导致土地承包经营权变动，为最大程度保障妇女的土地承包经营权，国内立法在不断完善与进步。

二是承包收益权。我国《农村土地承包法》规定承包方享有承包地使用、收益的权利。对于土地承包经营权人收益权利的理解，既包括在承包地上直接进行农业生产经营活动而得到的直接收益，也包括流转土地所获得的收益与征收、占用补偿。对承包地的合法收益依法受到保护，任何组织和个人擅自截留、扣缴承包地收益的；互换、转让或者土地经营权流转收益的，应当退还。如不退还的，承包人可以寻求法律救济。

此外，承包方自主决定依法采取出租（转包）、入股或者其他方式向他人流转土地经营权的，在土地承包期限内，不改变土地用途的前提之下，其股权的保护应当结合组织法（如公司法、合作社法等）认定和保护。

❓思考题

1. 请简述"三权分置"改革的基本内容，并讨论其意义。

2. 请简述土地承包经营过程中应坚持的原则。

3. 我国法律对土地承包经营权稳定性的保护体现在哪几个方面？

第五章　建设用地使用权

内容摘要

　　建设用地使用权包括国有建设用地使用权和农村集体建设用地使用权。国有建设用地使用权取得方式包括划拨、出让、国有土地租赁以及国有建设用地使用权作价出资或入股，国有建设用地使用权的流转包括转让、出租、抵押等。农村集体建设用地使用权包括乡（镇）企业用地使用权、乡（镇）村公共设施和公益事业建设用地使用权、集体经营性建设用地使用权和农村村民宅基地使用权四种类型。其中，集体经营性建设用地使用权制度是《土地管理法》（2019 修正）中新增加的内容，该制度的设立对于实现城乡统一的建设用地市场有着重要的意义。

第一节　国有建设用地使用权

　　建设用地是指建造建筑物、构筑物的土地，包括城乡住宅和公用设施用地、工矿用地、交通水利设施用地、旅游用地、军事设施用地等。建设用地使用权是指土地权利人依法对国家所有或集体所有的土地享有的建造建筑物、构筑物及其附属设施的用益物权。建设用地使用权分为国有建设用地使用权和农村集体建设用地使用权。

一、国有建设用地使用权概述

（一）国有建设用地使用权的概念

　　根据《民法典》第三百四十四条的规定，建设用地使用权人依法对国家所有的土地享有占有、使用和收益的权利，有权利用该土地建造建筑物、构筑物及其附属设施。国有建设用地使用权指土地权利人依法占有、使用国有建设用地和利用其获得收益的权利，使用方式包括建造建筑物、构筑物及其附属设施。

（二）国有建设用地使用权的取得

国有建设用地使用权的取得包括有偿和无偿两种。

有偿取得国有建设用地使用权是土地使用权人与市、县人民政府自然资源主管部门签订国有土地有偿使用合同，并支付相应对价，取得国有建设用地使用权。

无偿取得国有建设用地使用权是指有些特殊建设用地可以通过划拨方式取得，即经过县级以上人民政府依法批准，在土地使用权人缴纳补偿、安置等费用后取得国有建设用地使用权，或者经过县级以上人民政府依法批准，土地使用权人直接无偿取得国有建设用地使用权。目前，占主导地位的为有偿取得，无偿取得属于少数。国有土地有偿使用的方式包括国有土地使用权出让、国有土地租赁和国有土地使用权作价出资或者入股。[①]

二、国有建设用地使用权的划拨取得

（一）土地使用权划拨的概念及历史沿革

土地使用权划拨，是指县级以上人民政府依法批准，在土地使用权人缴纳补偿、安置等费用后将该土地交付其使用，或者将土地使用权无偿交付给土地使用权人使用的行为。

1995 年 1 月 1 日《中华人民共和国城市房地产管理法》实施之前，尤其是高度集中的计划经济时代，不论是营利性还是公益性的国家机关、企业事业单位或者其他经济组织均通过划拨的方式取得建设用地使用权，不用向国家缴纳地租。从《中华人民共和国城市房地产管理法》开始，划拨土地的范围受到严格限制。根据该法，原国家土地管理局 1995 年、1996 年印发《民航、铁路、交通、水利、电力五行业划拨用地项目目录（试行）》《煤炭行业划拨用地项目目录（试行）》《教育、体育和卫生行业划拨用地项目目录（试行）》等通知，通过目录的方式明确了可以通过划拨方式取得用地的项目。1998 年《土地管理法》第四次修订，该法第五十四条规定了划拨用地的项目范围，与《中华人民共和国城市房地产管理法》规定的划拨用地范围一致。2001 年原国土资源部制定《划拨用地目录》，全面规定了划拨土地项目的范围，特别强调对国家重点扶持的能源、交通、水利等基础设施用地项目，可以以划拨方式提供土地使用权；对以营利为目的的非国家重点扶持的能源、交通、水利等基础设施用地项目，应当以

---

① 《中华人民共和国土地管理法实施条例》（2021 修订）第十七条：建设单位使用国有土地，应当以有偿使用方式取得；但是，法律、行政法规规定可以以划拨方式取得的除外。国有土地有偿使用的方式包括：（一）国有土地使用权出让；（二）国有土地租赁；（三）国有土地使用权作价出资或者入股。

有偿方式提供土地使用权；以划拨方式取得的土地使用权，若因企业改制、土地使用权转让或者改变土地用途等而不再属于划拨用地项目的，应当转为有偿使用。

根据《土地管理法》的规定，可以通过划拨方式取得的国有建设用地包括国家机关用地和军事用地，城市基础设施用地和公益事业用地，国家重点扶持的能源、交通、水利等基础设施用地和法律、行政法规规定的其他用地。[①]

（二）国有建设用地使用权划拨的特征

1. 公益性

根据《土地管理法》和《中华人民共和国城市房地产管理法》等法律的规定，只有国家机关用地和军事用地，城市基础设施用地和公益事业用地以及国家重点扶持的能源、交通、水利等项目用地才可以通过划拨方式取得国有建设用地使用权。从这些规定可以看出，通过划拨取得国有建设用地使用权的项目仅限于不以营利为目的的公益事业或国家重点工程项目。

2. 无期限性

划拨取得的土地使用权，除非法律、行政法规另有规定外，没有使用期限限制。《中华人民共和国城市房地产管理法》第二十三条第二款规定，依照本法规定以划拨方式取得土地使用权的，除法律、行政法规另有规定外，没有使用期限的限制。

3. 无偿性

取得划拨土地使用权不需缴纳土地有偿使用费，只需缴纳国家取得土地的成本费用和相应税费。如果是划拨需要征收的土地，土地使用权人只需要缴纳补偿安置费，不需要缴纳土地出让金；如果是划拨不需要征收的存量土地，土地使用权人不需要缴纳任何费用，完全无偿取得国有建设用地使用权。

4. 限制性

划拨国有建设用地使用权的限制性主要体现在两个方面：一是划拨土地使用权人必须按照土地使用权划拨文件批准的用途使用土地，如果需要改变土地用途的，要经原批准用地的人民政府批准，并重新签订合同。改变用途后不属于划拨范围的，要实行有偿使用。二是划拨土地使用权未经批准不得转让、出租、抵押，即不得流转。如果需要流转划拨国有建设用地使用权，应当经过市县人民政府自然资源主管部门批准，

---

① 《中华人民共和国土地管理法》（2019修正）第五十四条：建设单位使用国有土地，应当以出让等有偿使用方式取得；但是，下列建设用地，经县级以上人民政府依法批准，可以以划拨方式取得：（一）国家机关用地和军事用地；（二）城市基础设施用地和公益事业用地；（三）国家重点扶持的能源、交通、水利等基础设施用地；（四）法律、行政法规规定的其他用地。

并签订土地使用权出让合同，向当地市县人民政府补缴土地使用权出让金或者以转让、出租、抵押所获收益抵缴土地使用权出让金。

三、划拨国有建设用地使用权的流转

改革开放后，土地有偿使用制度先在深圳等城市试点，而后在全国推行。以 1988 年 4 月 12 日通过的《宪法》修正案和 1988 年 12 月 29 日修正的《土地管理法》为铺垫，1990 年 5 月 19 日，国务院发布了《城镇国有土地使用权出让和转让暂行条例》，该条例以土地所有权与使用权分离为原则规定了城镇国有土地使用权出让制度，并针对划拨土地大量存在的状况规定了划拨土地转让制度。该条例第四十五条规定持有国有土地使用证和地上建筑物产权证明的公司、企业、其他经济组织和个人，在签订土地使用权出让合同并向当地市、县人民政府补交土地使用权出让金或者以转让、出租、抵押所获效益抵交土地使用权出让金的情况下，经市、县人民政府土地管理部门和房产管理部门批准即可转让、出租、抵押划拨土地。当时划拨土地使用权补办出让手续采用的是协议方式，由市、县土地管理部门与受让人订立出让合同，不采用招拍挂竞价方式。[1]

继《城市房地产管理法》的变革及《物权法》（已废止）出台后，在法律的层面全面推行经营性土地以招拍挂出让的方式流转，革新了划拨土地使用权的流转方式，要求用于经营性项目的划拨土地全部进行招拍挂公开竞价。2003 年，《国务院关于促进房地产市场持续健康发展的通知》要求将所有利用原划拨土地进行房地产开发的项目纳入政府的统一供地渠道进行管理，明令禁止私下交易行为。2004 年，《国务院关于深化改革严格土地管理的决定》再次要求利用原有划拨土地从事经营性开发建设的土地使用者按照市场价补缴土地出让金，同时，依法转让原划拨土地使用权的活动应当在土地有形市场公开进行并按照市场价补缴土地出让金，政府在低于市场价交易的场合享有并应行使优先购买权，从而推进了用于经营性开发建设的划拨土地的统一管理和公开流转。2003 年，《协议出让国有土地使用权规定》要求，对只有一个意向用地者的地块，除商业、旅游、娱乐和商品住宅等经营性用地外，由市、县人民政府国土资源行政主管部门通过协议方式出让；对有两个或者两个以上意向用地者的地块，由市、县人民政府国土资源行政主管部门按照《招标拍卖挂牌出让国有土地使用权规定》，采

---

[1] 《中华人民共和国城镇国有土地使用权出让和转让暂行条例》（2020 修订）第四十五条第一款：符合下列条件的，经市、县人民政府土地管理部门和房产管理部门批准，其划拨土地使用权和地上建筑物、其他附着物所有权可以转让、出租、抵押：（一）土地使用者为公司、企业、其他经济组织和个人；（二）领有国有土地使用证；（三）具有地上建筑物、其他附着物合法的产权证明；（四）依照本条例第二章的规定签订土地使用权出让合同，向当地市、县人民政府补交土地使用权出让金或者以转让、出租、抵押所获收益抵交土地使用权出让金。

取招标、拍卖或者挂牌方式出让。2007年的《物权法》（已废止）第一百三十七条要求采取招标、拍卖等公开竞价的方式出让工业、商业、旅游、娱乐和商品住宅等经营性用地以及同一土地有两个以上意向用地者的土地，《民法典》第三百四十七条第二款规定了相同的内容。由此看出，划拨土地用于经营性项目必须在土地有形市场上采用招标、拍卖等公开竞价方式出让。

四、划拨国有建设用地使用权的收回

无偿取得划拨土地使用权的土地使用者，在因迁移、解散、撤销、破产等缘由而停止使用土地后，市、县人民政府可以无偿收回之前划拨的土地使用权。此外，基于城市建设发展需要和城市规划的要求，市、县人民政府也可以无偿收回划拨土地使用权。无偿收回划拨土地使用权时，对地上建筑物、其他附着物，市、县人民政府应当根据实际情况给予适当补偿。[①]

五、国有建设用地使用权出让

（一）国有建设用地使用权的概念和特征

1. 概念

国有建设用地使用权出让，是指国家作为出让人将国有建设用地使用权在一定年限内出让给土地使用者，由土地使用权者向国家支付建设用地使用权出让金的行为。按照我国现行法律的规定，国有建设用地使用权出让的方式包括协议出让、招标出让、拍卖出让以及挂牌出让。

2. 特征

（1）主体是国家

出让主体是国家，以市、县级人民政府的土地管理部门为代表。国有土地使用权出让主体是国家，这是因为国家是国有土地的所有者。由于出让土地使用权是土地所有权的体现，必须由政府代表国家来行使，这一权力授予了土地所在地的市、县人民政府，市、县人民政府不能把权力再行下放，即乡、镇人民政府没有国有土地使用权

---

① 《中华人民共和国城镇国有土地使用权出让和转让暂行条例》（2020修订）第四十七条：无偿取得划拨土地使用权的土地使用者，因迁移、解散、撤销、破产或者其他原因而停止使用土地的，市、县人民政府应当无偿收回其划拨土地使用权，并可依照本条例的规定予以出让。对划拨土地使用权，市、县人民政府根据城市建设发展需要和城市规划的要求，可以无偿收回，并可依照本条例的规定予以出让。无偿收回划拨土地使用权时，对其地上建筑物、其他附着物，市、县人民政府应当根据实际情况给予适当补偿。

出让权。出让土地使用权由市、县人民政府负责，具体工作则由政府职能部门来完成。市、县人民政府土地管理部门是国有土地的产权代表，负责国有土地使用权出让工作。

（2）客体是国有建设用地使用权

出让行为的客体只能是国有土地，需要占用集体土地的，应先按国家有关规定办理征收手续，将集体土地变为国有土地之后方可出让。国家出让的也只能是国有土地使用权。出让土地根据需要而定，可以是未开发的生地，也可以是已经进行了"七通一平"基础设施建设的熟地。地下的各类自然资源、矿产及埋藏物和市政公用设施，不在土地使用权出让之列。

（3）对象是中华人民共和国境内外公司、企业、其他组织和个人

中华人民共和国境内外的公司、企业、其他组织和个人，除法律另有规定外，均可取得土地使用权从事土地开发、利用、经营活动。

（4）国有建设用地使用权的出让是有期限的

国有建设用地使用权出让的期限以出让合同的约定为限，但是不得超过法律规定的最高出让年限。土地使用权出让的最高年限根据用途确定，其中居住用地为七十年，工业用地为五十年，教育、科技、文化、卫生、体育用地为五十年，商业、旅游、娱乐用地为四十年，综合或者其他用地为五十年。

（5）国有建设用地使用权的出让是有偿的

以出让等有偿使用方式取得国有土地使用权的建设单位，使用土地应按照国务院相关规定缴纳土地使用权出让金等土地有偿使用费和其他费用。[①] 支付土地使用权出让金的期限为签订土地使用权出让合同后六十日内，逾期未全部支付的，出让方有权解除合同并可请求违约赔偿。[②]

（二）国有建设用地使用权出让人的权利

代表国家土地产权的市、县人民政府作为土地使用权出让人的权利主要有以下几项：

1. 科学测定和收取土地使用权出让金

土地使用权出让金的数额取决于土地价格，地价的测算直接关系到土地使用权出

---

①　《中华人民共和国土地管理法》（2019 修正）第五十五条第一款：以出让等有偿使用方式取得国有土地使用权的建设单位，按照国务院规定的标准和办法，缴纳土地使用权出让金等土地有偿使用费和其他费用后，方可使用土地。

②　《中华人民共和国城镇国有土地使用权出让和转让暂行条例》（2020 修订）第十四条：土地使用者应当在签订土地使用权出让合同后六十日内，支付全部土地使用权出让金。逾期未全部支付的，出让方有权解除合同，并可请求违约赔偿。

让的权益，因此要科学测算地价，使地价既能反映社会经济发展的程度，充分实现土地的经济价值，又能反映投资的软、硬环境。要严格收取土地的使用权价款，不得拖延。

2. 监督土地使用权受让人正确行使土地使用权

出让人对受让人是否按出让合同和城市规划的要求开发、利用、经营土地进行监督。土地使用者开发、利用和经营土地应当符合土地使用权出让合同和城市规划的要求。如果没有按照合同约定的期限和条件用地的，市、县人民政府土地管理部门应当予以纠正，并且可以根据情节进行警告、罚款甚至无偿收回土地使用权。[①]

3. 出让期满无偿地收回土地使用权及地面附着建筑物的权利

出让期限届满，需要拆除附着物的，受让人应负责拆除或交付拆除费用；需要继续使用的，允许办理续期出让申请，重新签订合同，支付土地使用权出让价款；使用期未满因公共利益需要，政府可以依照法律程序提前收回土地，但应该根据实际情况给予受让人经济补偿。土地使用权期限届满后，土地使用权及其地上建筑物、其他附着物的所有权将由国家无偿取得。[②] 土地使用者依法取得的土地使用权受到法律保护，只有在社会公共利益需要的情况下，国家才可以依照法律程序提前收回，并根据土地的使用年限和实际开发利用情况给予相应补偿。[③]

（三）国有土地使用权受让人的权利和义务

1. 土地使用权受让人的权利

土地使用权受让人作为土地的使用人在土地使用权期限内享有以下两项权利。

第一，取得被出让土地一定期限的使用权。受让人在合同规定的期限内依照法律和合同规定享有被出让土地的占有、使用、收益、处分的权利。

第二，受让人在达到合同规定的开发建设要求后，将余期内土地使用权及地上建筑物有偿转让、赠与、出租、继承、抵押的权利。

---

① 《中华人民共和国城镇国有土地使用权出让和转让暂行条例》（2020 修订）第十七条：土地使用者应当按照土地使用权出让合同的规定和城市规划的要求，开发、利用、经营土地。未按合同规定的期限和条件开发、利用土地的，市、县人民政府土地管理部门应当予以纠正，并根据情节可以给予警告、罚款直至无偿收回土地使用权的处罚。

② 《中华人民共和国城镇国有土地使用权出让和转让暂行条例》（2020 修订）第四十条：土地使用权期满，土地使用权及其地上建筑物、其他附着物所有权由国家无偿取得。土地使用者应当交还土地使用证，并依照规定办理注销登记。

③ 《中华人民共和国城镇国有土地使用权出让和转让暂行条例》（2020 修订）第四十二条：国家对土地使用者依法取得的土地使用权不提前收回。在特殊情况下，根据社会公共利益的需要，国家可以依照法律程序提前收回，并根据土地使用者已使用的年限和开发、利用土地的实际情况给予相应的补偿。

2. 土地使用权受让人的义务

土地使用权受让人的义务有以下三个方面的内容。

第一，支付土地使用权出让金；

第二，按出让合同规定的用途和要求使用土地；

第三，使用权期限届满，无偿地将土地使用权连同地上建筑物、附着物交还土地使用权出让人。

（四）国有建设用地使用权的协议出让

1. 协议出让国有土地使用权的概念

根据 2003 年 8 月 1 日起实施的《协议出让国有土地使用权规定》和 2006 年 8 月 1 日实施的《协议出让国有土地使用权规范（试行）》的规定，协议出让国有土地使用权，是指国家以协议方式将国有土地使用权在一定年限内出让给土地使用者，由土地使用者向国家支付土地使用权出让金的行为。

2. 协议出让国有土地使用权的范围

国有土地使用权出让原则上应当采用招标、拍卖或者挂牌方式，个别情况下才可采取协议方式。主要包括五类：一是只有一个意向用地者并且并不属于商业、旅游、娱乐和商品住宅等各类经营性用途的土地；二是原划拨、承租土地的使用权人申请办理协议出让并经过批准，但《国有土地划拨决定书》《国有土地租赁合同》、法律、法规、行政规定等明确应当收回土地使用权重新公开出让的土地除外；三是划拨土地使用权转让申请办理协议出让并经依法批准，但《国有土地划拨决定书》、法律、法规、行政规定等明确应当收回土地使用权重新公开出让的除外；四是出让土地使用权人申请续期，经审查被准予续期；五是法律、法规、行政规定明确可以协议出让的其他情形。[①]

（五）国有建设用地使用权的招标、拍卖和挂牌出让

1. 国有建设用地使用权招标、拍卖和挂牌出让的概念

招标出让国有建设用地使用权，是指市、县人民政府国土资源行政主管部门（出

[①] 《协议出让国有土地使用权规范（试行）》第 4.3 条：协议出让国有土地使用权范围　出让国有土地使用权，除依照法律、法规和规章的规定应当采用招标、拍卖或者挂牌方式外，方可采取协议方式，主要包括以下情况：（1）供应商业、旅游、娱乐和商品住宅等各类经营性用地以外用途的土地，其供地计划公布后同一宗地只有一个意向用地者的；（2）原划拨、承租土地使用权人申请办理协议出让，经依法批准，可以采取协议方式，但《国有土地划拨决定书》《国有土地租赁合同》、法律、法规、行政规定等明确应当收回土地使用权重新公开出让的除外；（3）划拨土地使用权转让申请办理协议出让，经依法批准，可以采取协议方式，但《国有土地划拨决定书》、法律、法规、行政规定等明确应当收回土地使用权重新公开出让的除外；（4）出让土地使用权人申请续期，经审查准予续期的，可以采用协议方式；（5）法律、法规、行政规定明确可以协议出让的其他情形。

让人）发布招标公告，邀请特定或者不特定的自然人、法人和其他组织参加国有建设用地使用权投标，根据投标结果确定国有建设用地使用权人的行为。

拍卖出让国有建设用地使用权，是指出让人发布拍卖公告，由竞买人在指定时间、地点进行公开竞价，根据出价结果确定国有建设用地使用权人的行为。

挂牌出让国有建设用地使用权，是指出让人发布挂牌公告，按公告规定的期限将拟出让宗地的交易条件在指定的土地交易场所挂牌公布，接受竞买人的报价申请并更新挂牌价格，根据挂牌期限截止时的出价结果或者现场竞价结果确定国有建设用地使用权人的行为。

2. 招标、拍卖和挂牌出让国有建设用地使用权范围

招标拍卖挂牌出让的国有土地使用权包括五类：一是供应商业、旅游、娱乐和商品住宅等各类经营性用地以及有竞争要求的工业用地；二是其他土地供地计划公布后同一宗地有两个或者两个以上意向用地者的；三是划拨土地使用权改变用途或划拨土地使用权出让，《国有土地划拨决定书》或法律、法规、行政规定等明确应当收回土地使用权，实行招标拍卖挂牌出让的；四是出让土地使用权改变用途，《国有土地使用权出让合同》约定或法律、法规、行政规定等明确应当收回土地使用权，实行招标拍卖挂牌出让的；五是法律、法规、行政规定明确应当招标拍卖挂牌出让的其他情形。[①]

（六）国有建设用地使用权出让合同

1. 国有建设用地使用权出让合同的概念

国有建设用地使用权出让合同，是指国有土地所有者（或其代表）与土地使用权受让人之间就出让国有建设用地使用权及如何行使该使用权等所达成的，明确相互间权利和义务关系的书面协议。

《中华人民共和国城市房地产管理法》第十五条规定，土地使用权出让，应当签订书面出让合同。土地使用权出让合同由市、县人民政府土地管理部门与土地使用者签订。《中华人民共和国城镇国有土地使用权出让和转让暂行条例》（2020 修订）第八条第二款规定，土地使用权出让应当签订出让合同。该法第十一条规定："土地使用权出让合同应当按照平等、自愿、有偿的原则，由市、县人民政府土地管理部门（以下简

[①] 《招标拍卖挂牌出让国有土地使用权规范（试行）》第4.3条：招标拍卖挂牌出让国有土地使用权范围（1）供应商业、旅游、娱乐和商品住宅等各类经营性用地以及有竞争要求的工业用地；（2）其他土地供地计划公布后同一宗地有两个或者两个以上意向用地者的；（3）划拨土地使用权改变用途，《国有土地划拨决定书》或法律、法规、行政规定等明确应当收回土地使用权，实行招标拍卖挂牌出让的；（4）划拨土地使用权转让，《国有土地划拨决定书》或法律、法规、行政规定等明确应当收回土地使用权，实行招标拍卖挂牌出让的；（5）出让土地使用权改变用途，《国有土地使用权出让合同》约定或法律、法规、行政规定等明确应当收回土地使用权，实行招标拍卖挂牌出让的；（6）法律、法规、行政规定明确应当招标拍卖挂牌出让的其他情形。

称出让方）与土地使用者签订。"

2. 国有建设用地使用权出让合同的内容

建设用地使用权出让合同一般包括：当事人的名称和住所，土地界址、面积等，建筑物、构筑物及其附属设施占用的空间，土地用途、规划条件，建设用地使用权期限，出让金等费用及其支付方式以及解决争议的方法。[①]

土地使用权出让合同具有民事合同中的经济合同性质，是土地使用权出让人和受让人之间设立的土地使用权法律关系的协议，具体内容可以包括以下几个方面：

（1）合同双方当事人

国有建设用地使用权出让合同由市、县人民政府土地管理部门与土地使用者签订。境内外的公司、企业、其他组织和个人，除法律另有规定外，均可以依照法律规定取得土地使用权。合同当事人条款，应写明双方当事人名称或姓名、国籍、主营业所或住所、法人资格和合法身份、通信地址、邮政编码等。

（2）订立合同的宗旨

订立合同的宗旨，除了合理开发、利用、经营土地，根据国有土地所有权与使用权相分离的原则和双方平等、自愿、有偿的原则外，在具体的出让合同中，应进一步明确写上出让合同的具体宗旨。

（3）合同的期限

合同的期限是合同双方当事人享有权利、承担义务的存续期间。国有建设用地使用权出让合同中约定的出让期限关系到土地所有者与使用者的利益分配。根据土地的不同用途、投资回收期情况，规定不同的出让期限。国有建设用地使用权出让合同中规定的出让期限不得超过《中华人民共和国城镇国有土地使用权出让和转让暂行条例》（2020 修订）规定的土地使用权出让最高年限。

（4）地块的范围和面积

土地使用权出让的范围和面积是确定合同标的的具体条件。范围不明确容易产生受让方或再受让方与相邻土地使用权的争议；面积不清楚，出让合同则无法履行。出让合同所确定的出让地块面积和范围，应依据地籍测量的结果，写明地块编号，附上地块地理位置图或地籍图。

（5）土地费用与支付

土地费用指土地使用权出让金、土地使用税（费）、土地增值税和国家规定有关土地税费。签订土地使用权出让合同后六十日内，土地使用者应支付全部土地使用权出

[①] 《民法典》第三百四十八条：通过招标、拍卖、协议等出让方式设立建设用地使用权的，当事人应当采用书面形式订立建设用地使用权出让合同。建设用地使用权出让合同一般包括下列条款：（一）当事人的名称和住所；（二）土地界址、面积等；（三）建筑物、构筑物及其附属设施占用的空间；（四）土地用途、规划条件；（五）建设用地使用权期限；（六）出让金等费用及其支付方式；（七）解决争议的方法。

让金，逾期未全部支付的，出让方有权解除合同并可请求违约赔偿。

（6）国有建设用地使用权的转让、出租、抵押

出让合同应在法律规定的范围内协商确定国有建设用地使用权的转让、出租和抵押的条件、程序及成立等有关内容。

（7）土地使用规则

土地使用规则，又称土地使用条件，是出让方（市、县土地管理部门）在出让行为之前，事先同有关部门共同协商，拟定出的有关出让地块使用权的具体行为规则。由于受让人如何使用土地关系到国家对土地开发建设的有关经济目标能否实现，因此，各地在出让土地中注意强调土地使用人应按照土地规划、开发建设要求、投资速度、建筑要求、环保、绿化、交通、卫生防疫等发展规划要求使用土地，并在合同中明确规定。[①]

（8）其他条款

国有建设用地使用权出让合同中还可以包括违约责任、合同终止、合同适用的法律、合同争议的解决、合同使用的文字及其有效文本等其他条款。

（七）出让国有建设用地使用权的转让、出租和抵押

1. 出让国有建设用地使用权转让

出让国有建设用地使用权转让，是指土地使用者将通过出让取得的国有建设用地使用权再转移的行为，包括出售、交换和赠与。没有按照国有建设用地使用权出让合同规定的期限和条件投资开发、利用土地的，土地使用权不得转让。

土地使用权转让应当签订转让合同。土地使用权转让时，土地使用权出让合同和登记文件中所载明的权利、义务随之转移。土地使用者通过转让方式取得的土地使用权，其使用年限为土地使用权出让合同规定的使用年限减去原土地使用者已使用年限后的剩余年限。土地使用权转让时，其地上建筑物、其他附着物所有权随之转让。地上建筑物、其他附着物的所有人或者共有人，享有该建筑物、附着物使用范围内的土地使用权。土地使用者转让地上建筑物、其他附着物所有权时，其使用范围内的土地使用权随之转让，但地上建筑物、其他附着物作为动产转让的除外。土地使用权和地上建筑物、其他附着物所有权转让，应当依照规定办理过户登记。

2. 出让国有建设用地使用权出租

出让国有建设用地使用权出租，是指土地使用者作为出租人将通过出让取得的国有建设用地使用权随同地上建筑物、其他附着物租赁给承租人使用，由承租人向出租

---

① 《中华人民共和国城镇国有土地使用权出让和转让暂行条例》（2020修订）第十条：土地使用权出让的地块、用途、年限和其他条件，由市、县人民政府土地管理部门会同城市规划和建设管理部门、房产管理部门共同拟定方案，按照国务院规定的批准权限报经批准后，由土地管理部门实施。

人支付租金的行为。没有按照国有建设用地使用权出让合同规定的期限和条件投资开发、利用土地的，土地使用权不得出租。土地使用权出租，出租人与承租人应当签订租赁合同。租赁合同不得违背国家法律、法规和土地使用权出让合同的规定。土地使用权出租后，出租人必须继续履行土地使用权出让合同。土地使用权和地上建筑物、其他附着物出租，出租人应当依照规定办理登记。

3. 出让国有建设用地使用权抵押

出让国有建设用地使用权抵押，是指土地使用者将其通过出让取得的国有建设用地使用权（或者包括地上建筑物及其他附着物）以不转移占有的方式向抵押权人提供债务履行担保的行为。

土地使用权抵押时，其地上建筑物、其他附着物随之抵押。地上建筑物、其他附着物抵押时，其使用范围内的土地使用权随之抵押。土地使用权抵押，抵押人与抵押权人应当签订抵押合同。抵押合同不得违背国家法律、法规和土地使用权出让合同的规定。土地使用权和地上建筑物、其他附着物抵押，应当依照规定办理抵押登记。抵押人到期未能履行债务或者在抵押合同期间宣告解散、破产的，抵押权人有权依照国家法律、法规和抵押合同的规定处分抵押财产。因处分抵押财产而取得土地使用权和地上建筑物、其他附着物所有权的，应当依照规定办理过户登记。处分抵押财产所得，抵押权人有优先受偿权。

（八）出让国有建设用地使用权的收回

以出让方式取得的建设用地使用权，特定情况下可以收回，具体如下。

1. 建设用地使用权届满

住宅建设用地使用权期限届满自动续期，续期费用的缴纳或者减免，按照法律、行政法规的规定办理。非住宅建设用地使用权期限届满后的续期，依照法律规定办理。该土地上的房屋以及其他不动产的归属，有约定的，按照约定；没有约定或者约定不明确的，依照法律、行政法规的规定办理。[①] 由于住宅建设用地使用权届满自动续期，所以建设用地使用权届满收回是针对非住宅建设用地而言的。土地使用权出让合同约定的使用年限届满，土地使用者需要继续使用土地的，应当最迟在期限届满之前的一年申请续期，经过批准允许续期的，应当重新签订土地使用权出让合同，按照规定支付土地使用权出让金。土地使用权出让合同约定的使用年限届满，土地使用者没有申

[①]《民法典》第三百五十九条：住宅建设用地使用权期限届满的，自动续期。续期费用的缴纳或者减免，依照法律、行政法规的规定办理。非住宅建设用地使用权期限届满后的续期，依照法律规定办理。该土地上的房屋以及其他不动产的归属，有约定的，按照约定；没有约定或者约定不明确的，依照法律、行政法规的规定办理。

请续期或者虽然申请了续期，但是没有获得批准的，国家将无偿收回土地使用权。[①] 土地使用权期限届满，土地使用权及其地上建筑物、其他附着物所有权将由国家无偿取得。[②]

2. 未按合同规定开发利用

以出让方式取得建设用地使用权的土地使用者未按照合同规定的期限和条件开发、利用土地的，可以无偿收回建设用地使用权。土地使用者应当按照土地使用权出让合同的规定和城市规划的要求，开发、利用、经营土地。没有按照合同规定的期限和条件开发、利用土地的，市、县人民政府土地管理部门应当予以纠正，并根据情节进行警告、罚款甚至无偿收回土地使用权。[③] 在房地产开发领域的要求更明确具体，利用出让土地进行房地产开发的，必须按照土地使用权出让合同约定的土地用途、动工开发期限开发土地。超过出让合同约定的动工开发日期满一年没有动工开发的，可以征收相当于土地使用权出让金百分之二十以下的土地闲置费；满两年没有动工开发的，可以无偿收回土地使用权。[④]

3. 社会公共利益的需要

土地使用者依法取得的土地使用权受到保护，只有在社会公共利益需要的情况下，国家才有权按照法定程序提前收回，并且应该根据土地已经使用的年限和开发、利用的情况进行相应的补偿。[⑤]《民法典》规定，因为公共利益的需要，在建设用地使用权期限届满前提前收回建设用地使用权，应当依法对地上的房屋及其他不动产给予补偿

---

① 《中华人民共和国城市房地产管理法》（2019 修正）第二十二条：土地使用权出让合同约定的使用年限届满，土地使用者需要继续使用土地的，应当至迟于届满前一年申请续期，除根据社会公共利益需要收回该幅土地的，应当予以批准。经批准准予续期的，应当重新签订土地使用权出让合同，依照规定支付土地使用权出让金。土地使用权出让合同约定的使用年限届满，土地使用者未申请续期或者虽申请续期但依照前款规定未获批准的，土地使用权由国家无偿收回。

② 《中华人民共和国城镇国有土地使用权出让和转让暂行条例》（2020 修订）第四十条：土地使用权期满，土地使用权及其地上建筑物、其他附着物所有权由国家无偿取得。土地使用者应当交还土地使用证，并依照规定办理注销登记。

③ 《中华人民共和国城镇国有土地使用权出让和转让暂行条例》（2020 修订）第十七条：土地使用者应当按照土地使用权出让合同的规定和城市规划的要求，开发、利用、经营土地。未按合同规定的期限和条件开发、利用土地的，市、县人民政府土地管理部门应当予以纠正，并根据情节可以给予警告、罚款直至无偿收回土地使用权的处罚。

④ 《中华人民共和国城市房地产管理法》（2019 修订）第二十六条：以出让方式取得土地使用权进行房地产开发的，必须按照土地使用权出让合同约定的土地用途、动工开发期限开发土地。超过出让合同约定的动工开发日期满一年未动工开发的，可以征收相当于土地使用权出让金百分之二十以下的土地闲置费；满二年未动工开发的，可以无偿收回土地使用权；但是，因不可抗力或者政府、政府有关部门的行为或者动工开发必需的前期工作造成动工开发迟延的除外。

⑤ 《中华人民共和国城镇国有土地使用权出让和转让暂行条例》（2020 修订）第四十二条：国家对土地使用者依法取得的土地使用权不提前收回。在特殊情况下，根据社会公共利益的需要，国家可以依照法律程序提前收回，并根据土地使用者已使用的年限和开发、利用土地的实际情况给予相应的补偿。

并退还相应的出让金。[①]

（九）国有建设用地使用权的其他有偿取得方式

根据《中华人民共和国土地管理法实施条例》的规定，国有建设用地使用权的有偿取得方式除了出让，还有国有土地租赁和国有土地使用权作价出资或者入股两种方式。

1. 国有土地租赁

国有土地租赁，是指国家将国有土地出租给使用者，使用者取得一定期限的土地使用权并且按照约定支付租金。国有土地租赁是出让方式的补充。[②]国有土地租赁在有条件的情况下必须采取招标、拍卖方式。[③] 国有土地租赁期内，承租人可以将承租土地使用权进行转租、转让或抵押。[④]

在租赁合同约定的使用年限届满之前，承租土地使用权受法律保护。如果因为社会公共利益的需要，需提前收回承租土地，应当按照法律规定的程序收回，同时需要对承租人进行适当补偿。

承租土地使用权期限届满以后，承租人也可以申请续期，除了根据社会公共利益的需要，需将土地使用权收回外，该申请都应获得批准。如果承租人没有申请续期或者虽然申请了续期但是没有获得批准，国家将依法无偿收回其承租土地使用权，并且会要求承租人在收回前拆除地上建筑物、构筑物，恢复土地原状。

---

① 《中华人民共和国民法典》第三百五十八条：建设用地使用权期限届满前，因公共利益需要提前收回该土地的，应当依据本法第二百四十三条的规定对该土地上的房屋以及其他不动产给予补偿，并退还相应的出让金。

② 《国土资源部关于印发〈规范国有土地租赁若干意见〉的通知》：一、严格依照《中华人民共和国城市房地产管理法》《中华人民共和国土地管理法》的有关规定，确定国有土地租赁的适用范围。国有土地租赁是指国家将国有土地出租给使用者使用，由使用者与县级以上人民政府土地行政主管部门签订一定年期的土地租赁合同，并支付租金的行为。国有土地租赁是国有土地有偿使用的一种形式，是出让方式的补充。当前应以完善国有土地出让为主，稳妥地推行国有土地租赁。对原有建设用地，法律规定可以划拨使用的仍维持划拨，不实行有偿使用，也不实行租赁。对因发生土地转让、场地出租、企业改制和改变土地用途后依法应当有偿使用的，可以实行租赁。对于新增建设用地，重点仍应是推行和完善国有土地出让，租赁只作为出让方式的补充。对于经营性房地产开发用地，无论是利用原有建设用地，还是利用新增建设用地，都必须实行出让，不实行租赁。

③ 《国土资源部关于印发〈规范国有土地租赁若干意见〉的通知》：二、国有土地租赁，可以采用招标、拍卖或者双方协议的方式，有条件的，必须采取招标、拍卖方式。采用双方协议方式出租国有土地的租金，不得低于出租底价和按国家规定的最低地价折算的最低租金标准，协议出租结果要报上级土地行政主管部门备案，并向社会公开披露，接受上级土地行政主管部门和社会监督。

④ 《国土资源部关于印发〈规范国有土地租赁若干意见〉的通知》：六、国有土地租赁，承租人取得承租土地使用权。承租人在按规定支付土地租金并完成开发建设后，经土地行政主管部门同意或根据租赁合同约定，可将承租土地使用权转租、转让或抵押。承租土地使用权转租、转让或抵押，必须依法登记。承租人将承租土地转租或分租给第三人的，承租土地使用权仍由原承租人持有，承租人与第三人建立了附加租赁关系，第三人取得土地的他项权利。承租人转让土地租赁合同的，租赁合同约定的权利义务随之转给第三人，承租土地使用权由第三人取得，租赁合同经更名后继续有效。地上房屋等建筑物、构筑物依法抵押的，承租土地使用权可随之抵押，但承租土地使用权只能按合同租金与市场租金的差值及租期估价，抵押权实现时土地租赁合同同时转让。在使用年期内，承租人有优先受让权，租赁土地在办理出让手续后，终止租赁关系。

2. 国有建设用地使用权作价出资或者入股

国有建设用地使用权作价出资（入股），是指国家将一定期限的国有土地使用权作为出资，投入改组后的新设企业，由新设企业持有该土地使用权并依法进行转让、出租、抵押。国有建设用地使用权作价出资（入股）的适用范围包括：政府投资建设具有公益性质的农产品批发市场；能源、环境保护、保障性安居工程、养老、教育、文化、体育及供水、燃气供应、供热设施等项目用地以及标准厂房、科技孵化器用地的供应；国有企业原来使用的生产经营性划拨土地使用权，符合国家有关行业、企业类型和改革需要的。①

第二节　农村集体建设用地使用权

农村集体建设用地使用权，是指单位和个人进行非农业生产建设依法使用集体所有土地的权利。按照现行法律的规定，农村集体建设用地使用权可以分为四种类型：乡（镇）企业用地使用权、乡（镇）村公共设施和公益事业建设用地使用权、集体经营性建设用地使用权和农村村民宅基地使用权。本书中对农村村民宅基地使用权进行专章介绍，因此本节仅对其他三种类型的农村集体建设用地使用权进行介绍。

一、乡（镇）企业用地使用权

乡（镇）企业用地使用权指农村集体经济组织为了兴办企业或者与其他单位、个

---

① 《产业用地政策实施工作指引》（2019 年版）第十七条：（以作价出资〔入股〕方式供应国有建设用地使用权）国有建设用地使用权作价出资（入股）是指国家以一定年期的国有土地使用权作价，作为出资投入改组后的新设企业，该土地使用权由新设企业持有，可以依照土地管理法律、法规关于出让土地使用权的规定转让、出租、抵押。符合下列规定的，国有建设用地使用权可采取作价出资（入股）方式供应：

（一）依据《国务院办公厅关于加强鲜活农产品流通体系建设的意见》（国办发〔2011〕59 号）的规定，政府投资建设不以盈利为目的、具有公益性质的农产品批发市场，可按作价出资（入股）方式办理用地手续，但禁止改变用途和性质。

（二）依据《关于扩大国有土地有偿使用范围的意见》（国土资规〔2016〕20 号）的规定，对可以使用划拨土地的能源、环境保护、保障性安居工程、养老、教育、文化、体育及供水、燃气供应、供热设施等项目，除可按划拨方式供应土地外，鼓励以出让、租赁方式供应土地，支持市、县政府以国有建设用地使用权作价出资或者入股的方式提供土地，与社会资本共同投资建设。支持各地以土地使用权作价出资或者入股方式供应标准厂房、科技孵化器用地。

（三）国有企业原使用的生产经营性划拨土地使用权，符合国家有关行业、企业类型和改革需要的，可采用作价出资（入股）方式进行有偿使用。各地以作价出资（入股）方式供应土地使用权时，可参照出让程序，由省（市、县）人民政府自然资源主管部门会同城市建设、房产管理部门共同拟定方案，报经同级人民政府批准后，由省（市、县）人民政府自然资源主管部门实施。自然资源主管部门在办理以作价出资（入股）方式供应国有建设用地使用权时，应当依据《企业国有资产法》提请本级人民政府授权特定机构履行出资人职责。

人共同举办企业使用乡（镇）国土空间规划确定的建设用地的权利。申请乡（镇）企业用地使用权时需要注意以下几点：（1）乡（镇）企业用地申请人必须是农村集体经济组织兴办或与其他单位、个人以土地使用权入股、联营等形式共同举办的企业。（2）项目用地应符合国土空间规划、乡（镇）土地利用总体规划和土地利用年度计划。[1]（3）必须依法取得县级以上人民政府批准。[2]

二、乡（镇）村公共设施和公益事业建设用地使用权

乡（镇）村公共设施和公益事业建设用地使用权指建设乡（镇）村公共设施、公益事业使用乡（镇）国土空间规划确定的集体建设用地的权利。乡（镇）村公共设施包括乡村级道路、乡村级行政办公，农技推广、供水排水、电力、电讯、公安、邮电、防洪等设施；公益事业包括学校、幼儿园、托儿所、医院、卫生所、防疫站、敬老院等设施。乡（镇）村公共设施和公益事业建设用地必须符合国土空间规划、乡（镇）土地利用总体规划和土地利用年度计划，同时必须依法取得县级以上人民政府批准。[3]

三、集体经营性建设用地使用权

（一）集体经营性建设用地使用权的概念及确立背景

集体经营性建设用地指的是国土空间规划确定为工业、商业等经营性用途，并且已经依法办理了土地所有权登记的集体土地。集体经营性建设用地使用权指单位或者个人通过出让、出租等方式在一定年限内有偿使用集体经营性建设用地的权利。

很长一段时间以来，我国建设用地实行城乡"双轨制"管理，1988年《中华人民共和国宪法修正案》将宪法第十条第四款"任何组织或者个人不得侵占、买卖、出租

---

① 《中华人民共和国土地管理法实施条例》（2021修订）第十四条第一款：建设项目需要使用土地的，应当符合国土空间规划、土地利用年度计划和用途管制以及节约资源、保护生态环境的要求，并严格执行建设用地标准，优先使用存量建设用地，提高建设用地使用效率。

② 《中华人民共和国土地管理法》（2019修正）第六十条：农村集体经济组织使用乡（镇）土地利用总体规划确定的建设用地兴办企业或者与其他单位、个人以土地使用权入股、联营等形式共同举办企业的，应当持有关批准文件，向县级以上地方人民政府自然资源主管部门提出申请，按照省、自治区、直辖市规定的批准权限，由县级以上地方人民政府批准；其中，涉及占用农用地的，依照本法第四十四条的规定办理审批手续。按照前款规定兴办企业的建设用地，必须严格控制。省、自治区、直辖市可以按照乡镇企业的不同行业和经营规模，分别规定用地标准。

③ 《中华人民共和国土地管理法》（2019修正）第五十九条：乡镇企业、乡（镇）村公共设施、公益事业、农村村民住宅等乡（镇）村建设，应当按照村庄和集镇规划，合理布局，综合开发，配套建设；建设用地，应当符合乡（镇）土地利用总体规划和土地利用年度计划，并依照本法第四十四条、第六十条、第六十一条、第六十二条的规定办理审批手续。

或者以其他形式非法转让土地"修改为"任何组织或个人不得侵占、买卖或者以其他形式非法转让土地。土地的使用权可以依照法律的规定转让"。在此之后，国有建设用地使用权的有偿使用制度很快得到确立，国有建设用地使用权的流转也飞速发展，形成了非常完善的制度体系。尽管 1988 年《中华人民共和国宪法修正案》的规定并没有完全否定集体建设用地使用权的流转，但是《土地管理法》（1998 修订）第四十三条第一款规定："任何单位和个人进行建设，需要使用土地的，必须依法申请使用国有土地；但是，兴办乡镇企业和村民建设住宅经依法批准使用本集体经济组织农民集体所有的土地的，或者乡（镇）村公共设施和公益事业建设经依法批准使用农民集体所有的土地的除外。"第六十三条规定："农民集体所有的土地的使用权不得出让、转让或者出租用于非农业建设；但是，符合土地利用总体规划并依法取得建设用地的企业，因破产、兼并等情形致使土地使用权依法发生转移的除外。"从这些规定可以看出，集体建设用地使用权的流转在流转对象、流转条件和流转方式等方面都受到了明确的限制。

改革开放以后，我国经济发展迅猛，随着我国城市化进程的加快，对集体建设用地流转的需求日益增强，在城乡接合部和沿海发达地区出现了集体建设用地流转的大量实践。[①] 20 世纪 90 年代后，很多地方开展了农村集体建设用地流转的试点。[②]

中共中央、国务院及有关部委也出台了一系列文件，对农村集体建设用地使用权的流转进行了规范和指导。

2003 年《中共中央、国务院关于做好农业和农村工作的意见》指出，通过集体建设用地流转、土地置换、分期缴纳土地出让金等形式，合理解决企业进镇的用地问题，降低企业搬迁的成本。

2004 年《国务院关于深化改革严格土地管理的决定》提出，在符合规划的前提下，村庄、集镇、建制镇中的农民集体所有建设用地使用权可以依法流转。

2008 年《中共中央关于推进农村改革发展若干重大问题的决定》提出，逐步建立城乡统一的建设用地市场，对依法取得的农村集体经营性建设用地，必须通过统一有形的土地市场、以公开规范的方式转让土地使用权，在符合规划的前提下与国有土地享有平等权益。抓紧完善相关法律法规和配套政策，规范推进农村土地管理制度改革。集体经营性建设用地第一次得到了明确规定。

2009 年《国土资源部关于促进农业稳定发展农民持续增收推动城乡统筹发展的若干意见》指出，要明确土地市场准入条件，规范集体建设用地使用权流转。要求各地

---

① 马翠萍，刘文霞. 农村集体经营性建设用地形成及入市制度变迁 [J]. 重庆社会科学，2023（12）：34 – 48.
② 广东省佛山市南海区、中山市等地在 20 世纪 90 年代后期自发进行了农村集体建设用地使用权的流转探索。随后福建省古田县（1994 年）、江苏省苏州市（1996 年）、浙江省湖州市（1997 年）等地也纷纷效仿，出台了地方指导文件。见：马翠萍，刘文霞. 农村集体经营性建设用地形成及入市制度变迁 [J]. 重庆社会科学，2023（12）：34 – 48。

要按照十七届三中全会《中共中央关于推进农村改革发展若干重大问题的决定》的总体要求，深化集体建设用地使用制度改革。2009 年，在城镇工矿建设规模范围外，除宅基地、集体公益事业建设用地外，凡符合土地利用总体规划、依法取得并已经确权为经营性的集体建设用地，可采用出让、转让等多种方式有偿使用和流转。以后，根据各地集体建设用地出让、转让等流转实践，总结经验，再推进其他符合条件的集体经营性建设用地进入市场。

2013 年十八届三中全会通过的《中共中央关于全面深化改革若干重大问题的决定》提出要建立城乡统一的建设用地市场，在符合规划和用途管制前提下，允许农村集体经营性建设用地出让、租赁、入股，实行与国有土地同等入市、同权同价。

2014 年 1 月 19 日，中共中央、国务院印发《关于全面深化农村改革加快推进农业现代化的若干意见》，指出加快建立农村集体经营性建设用地产权流转和增值收益分配制度，有关部门出台更为具体的政策法规和方案推动农村集体经营性建设用地上市。2014 年 12 月，中央办公厅、国务院办公厅印发《关于农村土地征收、集体经营性建设用地入市、宅基地制度改革试点工作的意见》，决定在全国选取 30 左右县（市）行政区域进行试点。

2015 年 2 月 27 日，《关于授权国务院在北京市大兴区等 33 个试点县（市、区）行政区域暂时调整实施有关法律规定的决定（草案）》决定在全国 33 个试点地区分类进行农村土地征收、集体经营性建设用地入市、宅基地制度改革。

2017 年中央"一号文件"提出，将农村土地征收制度改革和经营性建设用地入市改革的试点范围扩至 33 个县，将"三块地"改革彻底打通。

在总结试点成功经验的基础上，《土地管理法》（2019 修正）删除了原法第四十三条关于"任何单位和个人进行建设，需要使用土地的，必须依法申请使用国有土地"的规定，允许集体经营性建设用地在符合规划、依法登记，并经本集体经济组织三分之二以上成员或者村民代表同意者的条件下，可通过出让、出租等方式交由集体经济组织以外的单位或者个人直接使用。同时，使用者取得集体经营性建设用地使用权后，还可以转让、互换或者抵押。

2023 年 3 月 1 日，自然资源部提出"二三二"原则，正式启动深化农村集体经营性建设用地入市试点工作，"二三二"原则，指要抓住"两项前置条件"，加快完成国土空间规划编制特别是实用性村庄规划；完成集体土地所有权和使用权确权登记。要紧盯"三项负面清单"，不能通过农用地转为新增建设用地入市；不能把农民的宅基地纳入入市范围；符合入市条件的土地不能搞商品房开发。要探索"两项重点机制"，兼顾国家、集体和农民个人的入市土地增值收益调节机制；保护农民集体和个人权益、保障市场主体愿用、会用入市土地的权益保护机制。

（二）集体经营性建设用地使用权的取得条件

集体经营性建设用地使用权通过出让、出租等有偿方式取得；取得使用权的集体经营性建设用地应当是经过依法登记，符合土地利用总体规划、城乡规划，规划用途应当为工业或者商业等经营性用途；经本集体经济组织成员的村民会议三分之二以上成员或者三分之二以上村民代表的同意出让或出租。

（三）集体经营性建设用地使用权的流转

根据《土地管理法实施条例》（2021修订）第四十三条的规定，通过出让等方式取得的集体经营性建设用地使用权依法转让、互换、出资、赠与或者抵押的，双方应当签订书面合同，并书面通知土地所有权人。集体经营性建设用地的出租，集体建设用地使用权的出让及其最高年限、转让、互换、出资、赠与、抵押等，参照同类用途的国有建设用地执行，法律、行政法规另有规定的除外。

（四）农村集体建设用地使用权的收回

1. 农村集体建设用地使用权收回的含义及特征

根据《土地管理法》（2019修正）规定，当出现某种法律事实或原因时，农村集体经济组织报经原批准用地的人民政府批准，可以收回土地使用权。收回土地使用权，是指可以收回农村集体建设用地使用权，不包括农用地使用权和农村集体土地的承包经营权。收回集体经营性建设用地使用权，依照双方签订的书面合同办理，法律、行政法规另有规定的除外。

集体建设用地收回具有以下一些主要特征：

（1）是集体土地所有者行使所有权的一种行为

乡（镇）村建设用地为农村集体经济组织所有，建设地使用者对其占用的土地只有使用权，而没有所有权。从法律上讲，作为乡（镇）村建设用地的所有者，将土地使用权交付给乡（镇）村建设单位或者个人使用，也有权收回已交付使用的土地使用权。收回集体建设用地使用权，是农村集体经济组织行使土地所有权的具体表现。

（2）适用的对象是乡（镇）村建设单位或个人的用地

这里所说的"单位"，是指集体土地所有者之外使用集体土地的其他单位。集体土地所有者自己使用其土地，不存在收回的问题。对于国家建设已经征收的原集体土地，由于该土地已归国家所有，农村集体经济组织无权收回。乡（镇）村建设单位或者个人，主要包括乡乡（镇）村企业、农村居民和其他集体土地使用者。

（3）适用的条件是出现特定的法律事实或者原因

没有出现特定事实，不能收回土地使用权；擅自收回的行为，属于违法行为，违法者将承担法律责任。

（4）程序上必须经过法定的人民政府批准

虽然收回已交付使用的集体建设用地使用权是农村集体经济组织享有的一种权利，但这种权利是不完全的，受国家管制的约束。只有经过法定的人民政府批准，才能收回集体建设用地使用权；未经批准的，不得收回土地使用权。

2. 收回集体土地使用权的条件

根据《土地管理法》（2019 修正）第六十六条的规定，有下列情形之一的，农村集体经济组织报经原批准用地的人民政府批准，可以收回土地使用权。

（1）为乡（镇）村公共设施和公益事业建设，需要使用土地的

乡（镇）村公共和公益事业建设项目要经有批准权限的县级以上人民政府或其主管部门批准。公共和公益事业建设应尽量利用未被其他单位或个人使用的土地，确实需要利用已经为其他单位或个人使用的土地的，才可以依法收回土地使用权。对土地使用权者造成损失的，农村集体经济组织应当给予补偿，原土地使用者及地上建筑物需要搬迁的，农村集体经济组织应当负责搬迁。

（2）不按照批准的用途使用土地的

单位和个人依法取得农村集体建设用地使用权后，必须按照其申请建设用地时人民政府批准的土地用途使用土地，这是土地使用者使用土地的法定义务。只有按照批准的用途使用土地，才是合法、合理地利用集体建设用地，才能保证乡（镇）村土地利用规划的实施。

不按照批准的用途使用土地，就是指单位或者个人取得集体土地使用权后，擅自改变依法批准的用途，将土地用于其他建设项目或者目的。土地使用者没有按照批准的用途使用土地，农村集体经济组织依法收回其土地使用权，实际上是对违法使用土地行为的一种惩处。一般在出现这种情况时，农村集体经济组织或者自然资源主管部门会责令违法者停止违法行为，采取改正措施，恢复批准的土地用途；如果违法者不予纠正，农村集体经济组织将依法收回土地使用权，并不予补偿。

（3）因撤销、迁移等原因而停止使用土地的

因撤销、迁移等原因而停止使用土地的，是指乡镇企业、公益事业、公共设施的所有者及其他用地单位和农户因某种原因撤销或迁移至其他地方，不再需要使用或违法使用该土地的，可以由农民集体经济组织收回土地使用权，重新安排使用，但不包括企业的破产和兼并等情形。

（五）临时用地

根据《自然资源部关于规范临时用地管理的通知》规定，临时用地是指建设项目施工、地质勘查等临时使用，不修建永久性建（构）筑物，使用后可恢复的土地（通过复垦可恢复原地类或者达到可供利用状态）。临时用地具有临时性和可恢复性等特点，与建设项目施工、地质勘查等无关的用地，使用后无法恢复到原地类或者复垦达不到可供利用状态的用地，不得使用临时用地。

临时用地的范围包括：建设项目施工过程中建设的直接服务于施工人员的临时办公和生活用房；矿产资源勘查、工程地质勘查、水文地质勘查等，在勘查期间临时生活用房、临时工棚、勘查作业及其辅助工程、施工便道、运输便道等使用的土地；符合法律、法规规定的其他需要临时使用的土地。

建设项目施工、地质勘查使用临时用地时应坚持"用多少、批多少、占多少、恢复多少"的原则，尽量不占或者少占耕地。使用后土地复垦难度较大的临时用地，要严格控制占用耕地。铁路、公路等单独选址建设项目，应科学组织施工，节约集约使用临时用地。制梁场、拌合站等难以恢复原种植条件的不得以临时用地方式占用耕地和永久基本农田，可以建设用地方式或者临时占用未利用地方式使用土地。临时用地确需占用永久基本农田的，必须能够恢复原种植条件，并符合《自然资源部、农业农村部关于加强和改进永久基本农田保护工作的通知》中申请条件、土壤剥离、复垦验收等有关规定。

临时用地使用期限一般不超过两年。建设周期较长的能源、交通、水利等基础设施建设项目施工使用的临时用地，期限不超过四年。城镇开发边界内临时建设用地规划许可、临时建设工程规划许可的期限应当与临时用地期限相衔接。临时用地使用期限，从批准之日起算。

临时用地使用人应当按照批准的用途使用土地，不得转让、出租、抵押临时用地。临时用地使用人应当自临时用地期满之日起一年内完成土地复垦，因气候、灾害等不可抗力因素影响复垦的，经批准可以适当延长复垦期限。临时用地期满后应当拆除临时建（构）筑物，使用耕地的应当复垦为耕地，确保耕地面积不减少、质量不降低；使用耕地以外的其他农用地的应当恢复为农用地；使用未利用地的，对于符合条件的鼓励复垦为耕地。

思考题

1. 国有建设用地使用权划拨取得的概念和特征是什么？
2. 通过划拨取得的国有建设用地使用权进行流转需要满足哪些条件？

3. 国有建设用地使用权的有偿取得方式有哪些？它们的含义分别是什么？

4. 农村集体建设用地使用权收回的条件有哪些？

5. 集体经营性建设用地的概念和取得条件是什么？

第六章　宅基地使用权

内容摘要

　　本章首先梳理我国宅基地制度的历史沿革，然后介绍我国《民法典》中的宅基地使用权、宅基地使用权人、宅基地的分配、宅基地的流转和退出以及宅基地的继承。

第一节　宅基地制度的历史沿革

　　1947 年土地改革开始到中华人民共和国成立初期，我国农村土地并不区分建设用地和农用地，实行耕者有其田制度，农民对土地享有完整的所有权。从 1952 年下半年社会主义三大改造开始，到 1956 年底三大改造基本完成，我国土地全部归为国有或集体所有。1962 年通过的《农村人民公社工作条例修正草案》规定包括宅基地在内的生产队所有的土地"一律不准出租和买卖"。[1] 1963 年中共中央发布《关于各地对社员宅基地问题作一些补充规定的通知》，明确规定宅基地"都归生产队集体所有，一律不准出租和买卖"，无偿分给农户使用，没有使用期限限制，规定单独的宅基地使用权不得出租和买卖，但宅基地之上的房屋可以租赁或买卖，宅基地使用权随房屋的买卖而转移，但所有权仍然归生产队。[2]

　　改革开放以后，农村宅基地在所有权归集体、无偿使用、无使用期限限制方面延续了 1962 年、1963 年的制度。在宅基地申请主体方面，1982 年国务院发布《村镇建房用地管理条例》，规定除了集体成员外，"回乡落户的离休、退休、退职职工和军人，回乡定居的华侨"也可以申请宅基地建房。[3] 1986 年《土地管理法》在宅基地方面基

---

　　[1] 《农村人民公社工作条例修正草案》（失效），中国共产党第八届中央委员会 1962 年 9 月 27 日通过，第二十一条。

　　[2] 《关于各地对社员宅基地问题作一些补充规定的通知》，中共中央 1963 年 3 月 20 日发布。

　　[3] 《国务院关于发布村镇建房用地管理条例的通知》（失效），国务院 1982 年 2 月 13 日发布，第十四条。

本延续了《村镇建房用地管理条例》的规定，并进一步规定"城镇非农业户口居民建住宅，需要使用集体所有的土地的，必须经县级人民政府批准，其用地面积不得超过省、自治区、直辖市规定的标准，并参照国家建设征用土地的标准支付补偿费和安置补助费"①。1988 年修正的《土地管理法》在宅基地申请主体方面几乎没有改变。1998年修订的《土地管理法》将申请宅基地的群体限制为集体成员。2004 年修正的《土地管理法》在多方面基本延续了 1998 年《土地管理法》的制度，即宅基地所有权归集体所有、集体成员无偿使用、无使用期限限制等。

　　改革开放之后，在宅基地使用权的流转方面，1982 年的《村镇建房用地管理条例》规定"严禁买卖、出租和违法转让建房用地"，规定宅基地上的房屋可以出卖、出租，宅基地使用权随房屋买卖而转移，对于宅基地上房屋的买受人没有明确规定，并规定不准出卖或出租建房用地的，基本上也是延续了 1963 年《关于各地对社员宅基地问题作一些补充规定的通知》的规定。② 1986 年《土地管理法》出台，《村镇建房用地管理条例》随即废止，《土地管理法》规定"任何单位和个人不得侵占、买卖、出租或者以其他形式非法转让土地"，"出卖、出租住房后再申请宅基地的，不予批准"。③ 1988 年修正的《土地管理法》对于宅基地的流转在 1986 年《土地管理法》的规定之上稍有改动，规定"任何单位和个人不得侵占、买卖或者以其他形式非法转让土地"，增加规定"国有土地和集体所有的土地的使用权可以依法转让"，保留"出卖、出租住房后再申请宅基地的，不予批准"。④ 1986 年和 1988 年《土地管理法》对于宅基地上的房屋的购买对象没有明确规定，对宅基地使用权随房屋买卖而转移也没有明确做出规定，但实践中一般都是默认"地随房走"。由于"买卖或者以其他形式非法转让土地"概念模糊，导致实践中对于卖房等行为是否属于"买卖或者以其他形式非法转让土地"不甚清楚。1991 年，全国人大常委会发文明确否定卖房行为属于买卖或以其他形式非法转让土地。⑤ 1998 年修订的《土地管理法》在宅基地流转方面基本延续了1988 年《土地管理法》的规定，并增加明确规定"农民集体所有的土地的使用权不得出让、转让或者出租用于非农业建设"，由此可以推导出单独的宅基地使用权不能出让、转让或者出租。⑥ 1999 年，国务院办公厅发布通知，明确规定"农民的住宅不得向城市居民出售，也不得批准城市居民占用农民集体土地建住宅"，首次明确禁止城市

---

① 《中华人民共和国土地管理法》（1986 年版），全国人大常委会 1986 年 6 月 25 日发布，第四十一条。
② 《国务院关于发布村镇建房用地管理条例的通知》（失效），国务院 1982 年 2 月 13 日发布，第四条，第十五条，第二十一条。
③ 《中华人民共和国土地管理法》（1986 年版），全国人大常委会 1986 年 6 月 25 日发布，第二条，第三十八条。
④ 《土地管理法》（1988 年版），全国人大常委会 1988 年 12 月 29 日发布，第二条，第三十八条。
⑤ 《全国人大常委会法制工作委员会关于卖房等行为是否按土地管理法第四十七条规定的买卖或以其他形式非法转让土地的行为予以处罚的答复》，全国人大常委会 1991 年 5 月 23 日发布。
⑥ 《中华人民共和国土地管理法》（1998 修订），全国人大常委会 1991 年 5 月 23 日发布，第六十三条。

居民购买农村住房。① 2004 年修正的《土地管理法》，以及 2011 年和 2014 年两次修订的《土地管理法实施条例》在宅基地流转方面基本延续了以前的规定。2007 年，国家又进一步规定："农村住宅用地只能分配给本村村民，城镇居民不得到农村购买宅基地、农民住宅或'小产权房'"。② 对于因房屋买卖而移转宅基地使用权的，房屋买受人必须是本集体经济组织成员，并且买受人符合我国"一户一宅"的规定。③

自此，我国当前的宅基地基本制度成形，即宅基地所有权归集体所有，无偿分配给集体成员使用，无使用期限限制，单独的宅基地使用权不得出让、转让或出租，宅基地之上住房一并宅基地使用权只能在集体内部流转。

第二节 《中华人民共和国民法典》中的宅基地使用权

《民法典》在物权编中特别规定了第十三章"宅基地使用权"，根据《民法典》的相关规定，宅基地使用权是指依法对集体所有的土地享有占有、使用，依法利用该土地建造住宅及其附属设施的权利。

宅基地使用权属于用益物权，《民法典》第三百二十三条规定："用益物权人对他人所有的不动产或者动产，依法享有占有、使用和收益的权利。"具体在宅基地使用权中，"他人"限于集体经济组织，我国土地分为国有和集体所有，只有集体所有的土地才能作为宅基地，国有土地不能作为宅基地。集体经济组织并不等同于村委会，集体经济组织是我国改革开放之前，人民公社时期对生产大队一级的称谓，改革开放以后继续沿用了下来，目前一般由村委会代替实行集体经济组织的职能。集体土地被批准作为宅基地之后，所有权还是归集体经济组织；宅基地使用权人获批宅基地之后获得该地块的用益物权，在经过建房审批程序之后，可以在该地块上建设住宅和附属物，如储物房、厕所等，但不能将宅基地完全开垦为农地或建房用作商业经营。

第三节 宅基地使用权人

一般情况下，宅基地使用权人是农村集体经济组织成员。改革开放之后，我国的私营经济开始活跃，职业逐渐多元化，但人口还是主要存在农业人口和非农业人口之

---

① 《国务院办公厅关于加强土地转让管理严禁炒卖土地的通知》，国务院办公厅 1999 年 5 月 6 日发布。
② 《国务院办公厅关于严格执行有关农村集体建设用地法律和政策的通知》，国务院办公厅 2007 年 1 月 30 日发布。
③ 郭佑宁. 农村住宅在集体经济组织内部转让应如何登记 [J]. 中国土地，2015（08）：59.

分，非农业人口主要居住在城镇，承租国家公有住房或购买商品住房；农业人口则加入集体经济组织，在住房方面由集体经济组织分给宅基地，自己在宅基地上建造住房，所以宅基地制度是集体经济组织成员住有所居的重要保障。后来随着经济的发展，我国社会结构也发生了变革，职业种类越来越多，开始城镇化进程，农业人口与非农业人口区分不再明显，国务院2014年发布《关于进一步推进户籍制度改革的意见》，取消农业户口与非农业户口的区别，统一登记为居民户口。目前取消了城乡户籍之分，是否分配宅基地不再以农业人口作为区分，而是集体经济组织向其成员分配宅基地，只要属于集体经济组织成员，就可以按照本集体经济组织的分配规则获得宅基地使用权。

但目前拥有宅基地使用权的人并不限于集体经济组织成员，根据我国当前的法律法规，非本集体经济组织成员可以拥有宅基地使用权的情况主要有以下四种情况：

第一种情况，集体经济组织成员合法取得宅基地后离开该集体经济组织，主要原因有妇女结婚后离开原集体经济组织和农民进城落户。宅基地使用权人离开原集体经济组织后，可以向原集体经济组织退还宅基地；进城落户的农民如果没有主动退还宅基地，其合法取得的宅基地使用权仍保留，不得以进城落户为借口收回其宅基地使用权；对于因婚姻离开本集体经济组织的妇女，如果未取得新集体经济组织的宅基地使用权，那么原集体经济组织不得收回其原合法取得的宅基地使用权；对于离开本集体经济组织，并已经取得了其他集体经济组织宅基地使用权的妇女，应当注销其原宅基地使用权。

第二种情况，非本集体经济组织成员通过继承获得宅基地使用权。如果父母是集体经济组织成员，而子女不是集体经济组织成员，那么子女可以根据我国"地随房走"的原则获得宅基地使用权。在我国，非集体经济组织成员不能通过继承方式获得单独的宅基地使用权，宅基地归集体经济组织所有，宅基地使用权是集体经济组织成员的一种保障，带有福利性质，如果上面没有建造住房或建造的住房已经灭失，那么这种保障性、福利性的土地使用权是不能作为财产给非集体经济组织成员继承的。如果宅基地上有合法住房，宅基地上的住房归个人所有，是可以继承的财产，可以由非集体经济组织的子女继承；房屋属于不动产，需要建立在一定面积的土地之上，我国在房屋流转方面实行"地随房走"的原则，也就是房屋所占用的土地使用权随房屋所有权流转，非集体经济组织成员子女在继承宅基地上的房屋的同时，也继承了该房屋所附带的宅基地使用权，包括房屋、附属物、庭院的宅基地使用权。根据我国《不动产登记操作规范（试行）》，非本农村集体经济组织成员因继承房屋占用宅基地的，应当在不动产登记簿及证书附记栏注记"该权利人为本农民集体经济组织原成员住宅的合法继承人"。但是非本集体经济组织成员通过继承方式获得宅基地使用权权能受限，非本集体经济组织成员只能使用原有住房，不能在该继承的宅基地上重建住房，如果原有住房灭失，作为非本集体经济组织成员的继承人在失去住房所有权的同时，也失去了该宅基地使用权。

第三种情况，政府实施扶贫搬迁、地质灾害防治、新农村建设、移民安置等项目组织农民易地建房使用的宅基地。这种情况是国家根据需要，经过规划，合法重新分配的宅基地，该种情况下所获得的宅基地使用权的权能和本集体经济组织成员相同，可以在获批的宅基地之上建造住房及附属物，并且住房可以依法流转。这种情况下获得新的宅基地需要原有的宅基地灭失或退出原有的宅基地，要符合"一户一宅"原则。

第四种情况，1999年之前非农业户口居民（含城镇居民和华侨）合法取得的宅基地。在1999年之前，一部分当时的非农业户口居民通过审批合法获得了宅基地使用权，还有的非农业户口居民通过转让、赠与等方式合法获得了宅基地使用权，这些合法获得的宅基地使用权受到国家的保护。但是与非集体经济组织成员通过继承方式获得的宅基地使用权一样，第四种情况下的宅基地使用权权能受限，非农业户口居民不得在该宅基地上重新建造房屋，原有房屋灭失之后，宅基地使用权被集体经济组织收回。在1999年国办发文禁止城市居民以自行建造或购买方式获得宅基地之后，城镇居民和华侨不能再通过审批、转让或赠与方式获得宅基地使用权。

第四节　宅基地的分配

由集体经济组织分配是宅基地使用权最主要的获得方式。宅基地是集体经济组织成员的一种福利，也是一种保障，按照我国相关法律法规，农村村民每户可以拥有一处宅基地，村民宅基地因自然灾害等原因灭失，比如由于洪水、泥石流等原因导致宅基地灭失的，应当重新分配宅基地。

对于宅基地申请的程序，《土地管理法实施条例》第三十四条第一款规定："农村村民申请宅基地的，应当以户为单位向农村集体经济组织提出申请；没有设立农村集体经济组织的，应当向所在的村民小组或者村民委员会提出申请。宅基地申请依法经农村村民集体讨论通过并在本集体范围内公示后，报乡（镇）人民政府审核批准。"

对于申请时间，各地规定并不一样，一般情况是集体经济组织成员成年单独立户之后，以户为单位向集体经济组织提出申请；实践中，有的地区在集体经济组织成员结婚之时才分配给宅基地；也有的地区拒绝给符合条件的独身女性分配宅基地，这不符合男女平等的法律基本原则；也有的集体经济组织不能满足一户一处宅基地，《土地管理法》第六十二条第二款规定："人均土地少、不能保障一户拥有一处宅基地的地区，县级人民政府在充分尊重农村村民意愿的基础上，可以采取措施，按照省、自治区、直辖市规定的标准保障农村村民实现户有所居。"实践中，一般采取腾退不合法宅基地、腾退超标宅基地、鼓励进城落户居民腾退宅基地等方式获得可以分配的宅基地，也有的地区采取建设农民公寓、易地安置等办法保障农村村民住有所居。

第五节　宅基地的流转和退出

一、宅基地的流转

目前宅基地在一定条件下可以通过转让和赠与方式流转。根据我国法律法规，宅基地使用权和宅基地上住房所有权都不可以转让给非本集体经济组织成员，但可以转让或者附条件赠与。符合宅基地申请条件但目前还没有申请到宅基地的本集体经济组织成员，并且通过转让、赠与的方式流转出宅基地之后，不得再申请新的宅基地。至于是否能将尚未建设房屋或者房屋已经灭失的单独的宅基地使用权转让或赠与给符合条件的本集体经济组织成员，目前没有明确的法律规定；如果原宅基地使用权人已经不是集体经济组织成员，或者已经获批其他宅基地，那么该尚未建设房屋或者房屋已经灭失的单独的宅基地使用权就应当被集体经济组织收回，不能由原来的宅基地使用权人进行赠与或流转；但如果原宅基地使用权人仍属于本集体经济组织成员，并且拟流转的宅基地为其唯一宅基地，那么根据一户一宅原则和意思自治原则，应该可以将单独的宅基地使用权转让或赠与给符合条件的本集体经济组织成员，只是流转出宅基地之后不能再申请新的宅基地。

关于宅基地的抵押问题，一般认为，单独的宅基地使用权不能进行抵押，《民法典》第三百九十九条明确规定宅基地等集体所有土地的使用权不得抵押，但是法律规定可以抵押的除外；目前我国开展了农民住房抵押试点工作，在试点地区，根据"房地一体"的原则，住房所附带的宅基地使用权也应当一并抵押，不过在实现抵押权时，农民住房和其附带的宅基地使用权只能流转给符合"一户一宅"条件的本集体经济组织成员。根据现行有效的《农民住房财产权抵押贷款试点暂行办法》，借款人以农民住房所有权及所占宅基地使用权做抵押申请贷款的，应同时符合以下条件：（一）具有完全民事行为能力，无不良信用记录；（二）用于抵押的房屋所有权及宅基地使用权没有权属争议，依法拥有政府相关主管部门颁发的权属证明，未列入征地拆迁范围；（三）除用于抵押的农民住房外，借款人应有其他长期稳定居住场所，并能够提供相关证明材料；（四）所在的集体经济组织书面同意宅基地使用权随农民住房一并抵押及处置。此外，以共有农民住房抵押的，还应当取得其他共有人的书面同意。

我国当前正在探索宅基地的"三权分置"制度，所谓宅基地的"三权分置"，就是将宅基地物权分为所有权、资格权和使用权，宅基地所有权仍归集体经济组织，宅基地的资格权人限于集体经济组织成员，只有集体经济组织成员才有权从集体经济组织分配宅基地，而使用权可以独立出来进行流转，这样可以盘活农民住房资产，提高农民融资的能力，还可以解决目前我国一些地区农村住房空置问题。有学者估计我国处于闲置或低效利用状态的宅基地大约占宅基地总量的三分之一，达到6000多万亩；而闲置不用状态约有一半，多达3000多万亩。[①] 宅基地的"三权分置"制度是能有效促进宅基地流转的方式，目前其还处于试点阶段。

二、宅基地的退出

宅基地的退出可以分为自然退出和自愿退出。如果宅基地使用权人去世后没有继承人，那么宅基地使用权由集体经济组织收回，这可以看作是一种自然退出方式。还有一种自然退出方式是宅基地灭失，由于泥石流等原因导致宅基地灭失，那么原使用权人就自然退出该块宅基地，如果原使用权人已经失去了集体经济成员身份，或此处宅基地并不是其唯一的宅基地，那么原使用权人就无权再分得其他宅基地；如果原使用权人是集体经济组织成员，并且该块灭失宅基地是其唯一的宅基地，根据我国法律规定，该农户可以向集体经济组织申请重新分配宅基地。

宅基地可以自愿退出，宅基地自愿退出一般是有偿的，多地区制定了宅基地自愿退出的补偿政策。国家鼓励以下人员自愿退出宅基地：不属于或不再属于农村集体经济成员但拥有农村住房所有权的，由于继承等原因形成一户多宅的。国家允许长期居住在城镇并且有稳定收入的集体经济组织成员退出宅基地。退出的宅基地有的仍作为宅基地由集体经济组织重新分配，有的经批准后作为其他建设用地，有的经批准后复垦作为耕地。

第六节　宅基地的继承

继承也是宅基地使用权获得的重要方式。根据大部分地区的规定，单独的宅基地使用权都是不能继承的，可以继承的是宅基地上的住房所有权，根据"房地一体"的原则，住房所附带宅基地使用权一并被继承。非集体经济成员继承宅基地的情况此处不再赘述，下面主要看集体经济组织成员继承宅基地使用权的情况。

如果继承人属于集体经济组织成员，那么可以分为以下几种情况：

第一种情况是继承者目前已经取得宅基地使用权，在这种情况下，由于我国实行

---

① 郑风田. 让宅基地"三权分置"改革成为乡村振兴新抓手 [J]. 人民论坛, 2018 (10)：75–77.

"一户一宅"政策，继承者只能继承宅基地上的住房，并依据"房地一体"的原则附带继承住房所占的宅基地，但与非集体经济组织成员继承农村住房和宅基地一样，已经取得宅基地使用权的集体经济组织成员继承的宅基地使用权权能是受限的，不能在上面重建住房，直至住房不能使用之后，宅基地使用权由集体收回。

第二种情况是继承者当时没有取得宅基地使用权，那么继承者就可以做出选择。可以选择继承住房和完整的宅基地使用权，向集体经济组织申请将宅基地使用权和房屋变更登记到自己名下，这种选择下可以在该宅基地之上重建房屋，但不能再向集体经济组织申请新的宅基地；还有一种选择就是只继承房屋，这种选择下可以再向集体经济组织申请新的宅基地，但不得重建所继承的房屋，继承的房屋灭失后集体经济组织收回宅基地使用权，这种选择与已经取得宅基地使用权的集体经济组织成员继承农村住房情况相似。

第三种情况是待继承的房屋属于违建，如果待继承的房屋没有取得宅基地使用权，本身就属于违建，那么就不属于被继承人的合法财产，不发生继承。

第四种情况是待继承的宅基地和房屋超出批准面积的情况，我国法律规定宅基地的面积不得超过省、自治区、直辖市规定的标准，如果待继承的宅基地和房屋超出批准面积，那么超出面积的部分就不属于被继承人的合法财产，不能发生继承，能继承的只是符合批准面积的部分。

？思考题

1. 目前我国的宅基地使用权人都有哪些？
2. 农村宅基地制度在我国的重要作用有哪些？
3. 农地"三权分置"改革对宅基地的"三权分置"改革有哪些启发？

第七章　土地抵押权

内容摘要

　　现代社会中，交易安全性成为交易双方首先会考虑的问题。因土地资产具有不轻易改变占有、登记审核标准严格、长期价值较为稳定等特殊性质，债务人可以通过为土地使用权设定抵押权的方式，为交易增加更多保障。本章从土地抵押权的时代背景入手，依据现有法律法规，介绍了土地抵押权的概念、性质、特征、设定、内容，并结合实践案例进行展示，同时也讨论了最高额土地抵押权这一特殊制度的相关内容。

第一节　土地抵押权的时代背景

　　土地市场化与土地资本化是我国土地制度改革的基本方向，它决定了土地抵押法律制度的基本构造①。自我国改革开放以来，伴随着经济的快速发展，土地制度和住房制度在不断改革创新。土地因其本身所独有的资本属性，围绕土地所制定的法律制度受国家宏观经济政策影响较大，例如在 2008 年全球金融危机中，受到中央的宽松财政政策和刺激性货币政策的影响，大量资金及产业资本涌入我国的房地产行业，在当年全球主要经济体的经济环境普遍衰退的背景下，成功帮助我国经济抵御住了外界冲击，但是也对我国土地制度的进一步深化改革提出了重大挑战。

　　近年来，围绕着土地抵押这一历来最为活跃的领域亟待革新，相关法律制度也应积极变革，与司法实践和社会生活相适应。

　　以土地抵押权为代表的抵押权制度，一直以来便是我国社会主义法律体系中的一个重要章节。自罗马法以来，抵押权本身即是各国民法制度中最重要的担保制度，由于其兼具财产安全性与交易效率，又被称为"担保之王"。在我国传统的"城乡二元结

---

　　① 胡建. 农村土地抵押法律问题研究 ［M］. 北京：法律出版社，2016：121.

构"中，土地所有权只能属于国家或集体，因此土地所有权不满足抵押财产的标准，不能作为抵押物；从另一角度而言，土地抵押与我国传统农村集体所有制经济具有紧密联系，所牵扯到的社会面及利益相关方非常广泛，甚至其对粮食安全乃至社会结构的长治久安也会产生巨大影响，因此当前的土地法律制度改革对于土地抵押权相关限制是否放开仍持审慎姿态，将土地抵押权限制于使用权的领域，具有历史必然性。本章我们将结合土地抵押权的基本理论与近年来的法律实践，以求进一步了解土地抵押权这一关乎国计民生的重要法律制度。

第二节　土地抵押权的概念、性质和特征

一、土地抵押权的概念和性质

从权利性质及其上位概念而言，抵押权属于担保物权的种类之一。在我国现行法律体系中，抵押权的概念可见《民法典》第三百九十四条第一款："为担保债务的履行，债务人或者第三人不转移财产的占有，将该财产抵押给债权人的，债务人不履行到期债务或者发生当事人约定的实现抵押权的情形，债权人有权就该财产优先受偿。"由此可见，抵押权的设立目的是担保主债务的正常履行，即抵押权不能独立存在，必须依托于主债务而存在。

土地抵押权沿袭了抵押权的基本特点，顾名思义，其可以理解为抵押物为土地使用权的抵押权类型。即指在债权人对于债务人或第三人提供不改变占有的情况下，当债务人到期不履行或发生其他实现约定抵押权的情形时，将作为债务履行担保的土地使用权或土地附着物以折价或拍卖、变卖的方式所获得的价款对债权人优先受偿的权利。

土地抵押权法律关系包括三方主体，其中，提供土地使用权进行抵押的，为抵押人；接受土地使用权作为担保方式的债权人，为抵押权人。抵押人可以是债务人，也可以是第三方，但是在大部分情况下，抵押权人只能是债权人。

根据《民法典》的分类方式，土地抵押权属于物权的类型之一，具体而言，其应当归于他物权中的担保物权。从经济发展的角度来看，社会经济尤其是农村经济的发展离不开土地资源的合理利用，而土地抵押正是目前我国"城乡二元化"体系中农村经济发展的重要融资渠道。土地使用权在进行抵押的过程中，土地的基本性质从始至终不发生变化，即便是出借人以拍卖、变卖或折价的方式处置土地使用权后，土地用途也不能改变。所有土地使用权在进行抵押时都应当遵守这一基本规则，以保障土地抵押权的合法性。

二、土地抵押权的特征

首先，土地抵押权作为抵押权的一种类型，具有抵押权的共同属性；其次，针对不同类型的土地使用权，在设立抵押权时可能面临的法律规则差异很大。土地抵押权具有以下几种特征。

（一）权利客体的合法性

用于抵押的土地使用权必须是通过有偿出让或转让方式取得的合法土地使用权，并且是已办理土地登记手续的土地使用权。

（二）权利对象的特定性

土地抵押权的权利对象不包括土地所有权以及宅基地、自留地、自留山等集体所有土地的使用权，通常仅指土地使用权。

（三）权利设定的要式性

土地抵押权必须签订书面的土地抵押合同，同时还应当办理土地抵押登记，抵押合同自抵押权登记之日起生效，这是取得土地抵押权的必要条件。

（四）权利的附随性

依据《城镇国有土地使用权出让和转让暂行条例》第三十三条，土地使用权抵押时，其地上建筑物、其他附着物随之抵押；地上建筑物、其他附着物抵押时，其使用范围内的土地使用权也随之抵押。[①]

在我国目前的法律法规体系中，土地使用权类型可以进一步分为国有土地使用权与农村或集体土地使用权，前者可以出让、转让、出租或者抵押，而后者可能面临诸多法律限制，如《民法典》第三百九十九条规定，下列财产不得抵押：

（1）土地所有权；

（2）宅基地、自留地、自留山等集体所有土地的使用权，但法律规定可以抵押的除外。

……

[①] 《城镇国有土地使用权出让和转让暂行条例》由中华人民共和国国务院令（第55号）于1990年5月19日发布，自发布之日起施行，2020年11月29日又进行修订。

第三节　土地抵押权的设定

一、土地抵押权的设定方式

土地抵押权的设定指当事人根据《民法典》《土地管理法》等法律法规，并且通过一定的法律行为完成权利公示，在土地使用权上设定抵押权。[①] 土地抵押权的设定方式根据权利对象的不同而有所区分，可以细分为法定土地抵押权与约定土地抵押权。法定土地抵押权，是基于"房地一体主义"的原则，指抵押人以建筑物做抵押的情形。依据法律规定，抵押权人对于该建筑物占用范围内的建设用地使用权依法一并享有抵押权，无须另行签订抵押合同。约定土地抵押权，指当事人之间通过签订抵押合同的方式，并在房地产管理部门办理抵押登记，取得不动产他项权利证书后，抵押权依法设立的情形。当法定土地抵押权与约定土地抵押权竞合时，不能当然地认为法定抵押权的效力优先，还需要结合具体情况进行探讨，法定抵押权的优先受偿效力，是指建设工程竣工验收合格后，发包人未按约定支付价款，承包人可以与发包人协议或请求人民法院以该工程折价、拍卖的价款优先受偿。

二、土地抵押权的设定流程

如上所述，土地抵押权的设定属于双重要式行为，其设立既要签订抵押合同，又要进行抵押登记。我国对于土地抵押权登记采取强制登记制度，抵押土地使用权但是未登记的，视为效力未定。抵押登记过程中，可能涉及的材料，依据土地抵押登记部门的规范要求，大致包括如下几类：

（1）土地抵押登记部门提交的申请材料：土地抵押登记申请表；

（2）能够证明土地使用权属、价值的证明材料：国有土地使用证明、土地评估报告；

（3）双方之间就主债权债务达成的交易文件：抵押贷款合同、土地抵押合同；

（4）双方身份证明文件：单位营业执照、身份证明等。

除上述材料外，如果符合特定情况的，还应当补充提交如下材料，如房地需要共同抵押的，还应当提交房产权属证明材料，包括但不限于：房屋所有权证、房屋他项权利证书、房屋评估报告等。

---

① 王守智，吴春岐. 土地法学［M］. 北京：中国人民大学出版社，2020：119.

三、土地抵押当事人

（一）土地抵押权人

抵押权人对作为抵押物的土地使用权和土地附着物享有处分权和优先受偿的相关权利，并非所有的民事主体都可以无条件地成为抵押权人。《关于土地使用权抵押登记有关问题的通知》、《国土资源部关于企业间土地使用权抵押有关问题的复函》（已废止）明确表达，涉及需要金融监管部门批准的，应当首先办理批准手续。2015年3月1日起施行的《不动产登记暂行条例》第十四条第一款①规定，因买卖、设定抵押权等申请不动产登记的，应当由当事人双方共同申请；第二十二条规定②，登记申请有下列情形之一的，不动产登记机构应当不予登记，并书面告知申请人：（一）违反法律、行政法规规定的；（二）存在尚未解决的权属争议的；（三）申请登记的不动产权利超过规定期限的；（四）法律、行政法规规定不予登记的其他情形。可见，国家已经从立法层面对不动产登记的流程及前提条件进行了规定，不再限制国有土地使用权抵押权人的范围，从尊重法律和适用法律的统一性来看，应当全面解除土地使用权抵押权人的限制。

（二）土地抵押人

抵押人是指以其所有的土地使用权为自己或他人的债务设定抵押权的人。

根据《民法典》第三百九十四条③，为担保债务的履行，债务人或者第三人不转移财产的占有，将该财产抵押给债务人的，债务人不履行到期债务或者发生当事人约定的实现抵押权的情形，债权人有权就该财产优先受偿。前款规定的债务人或者第三人即为抵押人，债权人为抵押权人，提供担保的财产为抵押财产。

四、土地抵押权客体

土地抵押权的设定客体，不仅包括划拨或出让方式取得的土地，还包括土地上现

---

① 《不动产登记暂行条例》第十四条第一款：因买卖、设定抵押权等申请不动产登记的，应当由当事人双方共同申请。

② 《不动产登记暂行条例》第二十二条：登记申请有下列情形之一的，不动产登记机构应当不予登记，并书面告知申请人：（一）违反法律、行政法规规定的；（二）存在尚未解决的权属争议的；（三）申请登记的不动产权利超过规定期限的；（四）法律、行政法规规定不予登记的其他情形。

③ 《中华人民共和国民法典》第三百九十四条：为担保债务的履行，债务人或者第三人不转移财产的占有，将该财产抵押给债权人的，债务人不履行到期债务或者发生当事人约定的实现抵押权的情形，债权人有权就该财产优先受偿。前款规定的债务人或者第三人即为抵押人，债权人为抵押权人，提供担保的财产为抵押财产。

存的建筑物。"房地一体主义"是我国房地产与土地法律制度的一项基本原则，通俗来说，就是土地及地上附着的建筑物通常一并办理抵押登记。实际情况，根据地上建筑物是否实际办理了抵押登记，以划拨用地为例，可以分为三种情况：

（1）划拨建设用地使用权与地上现存的建筑物一并办理了抵押登记，权利无争议，抵押权人对房地均享有抵押权；

（2）划拨建设用地使用权或地上建筑物中，仅一项办理了抵押登记，另一项房/地没有办理的，根据《民法典》第三百九十七条第二款规定，只抵押"地"的，"房"视为一并办理抵押，反之亦然；

（3）划拨建设用地使用权为 A 办理了抵押登记，而地上建筑物为 B 办理了抵押登记的，此时"房地一体主义"仍未失效，A 或 B 对于房或地均享有抵押权。根据《九民纪要》第六十一条①或《民法典担保制度解释》第五十一条第三款的规定，抵押权存在竞合的情况，按照设立时间顺序先后进行确定，登记在先的抵押权优先受偿。

五、土地抵押合同

土地抵押合同的效力与抵押是否获得批准无关。根据《最高人民法院关于适用〈中华人民共和国民法典〉有关担保制度的解释》第五十条的规定，即便未经批准，抵押人以划拨方式取得的建设用地使用权或其上的建筑物抵押的，不因未办理批准手续而无效。

实践中，土地抵押合同与房屋抵押合同往往分别签署，此时，也可以依据"房地一体主义"判断该两类合同的效力，即当地上房屋办理了抵押登记，但是土地未办理抵押时，房屋抵押合同的效力不会受到影响。

六、土地抵押登记

办理土地抵押登记，首先应当由当事人根据不同的土地使用权情况进行地价评估，并签定书面的抵押合同。其次在鉴定抵押合同后十五日内，由抵押人和抵押权人持被抵押的土地使用权证、抵押合同、地价评估及确认报告、抵押人和抵押权人的身份证件共同

---

① 《全国法院民商事审判工作会议纪要》第六十一条：房地分别抵押 根据《物权法》（已废止）第182条之规定，仅以建筑物设定抵押的，抵押权的效力及于占用范围内的土地；仅以建设用地使用权抵押的，抵押权的效力亦及于其上的建筑物。在房地分别抵押，即建设用地使用权抵押给一个债权人，而其上的建筑物又抵押给另一个人的情况下，可能产生两个抵押权的冲突问题。基于"房地一体"规则，此时应当将建筑物和建设用地使用权视为同一财产，从而依照《物权法》（已废止）第199条的规定确定清偿顺序：登记在先的先清偿；同时登记的，按照债权比例清偿。同一天登记的，视为同时登记。应予注意的是，根据《物权法》（已废止）第200条的规定，建设用地使用权抵押后，该土地上新增的建筑物不属于抵押财产。

到不动产登记部门申请抵押登记（如一方到场申请抵押登记，必须持有对方授权委托文件）。最后由不动产登记部门统一审查，并进行登记注册，最终核发《土地他项权利证书》。

第四节　土地抵押权的内容

一、双方权利义务

（一）土地抵押权人的权利和义务

土地抵押权人依法对于抵押物享有优先受偿的权利，一旦债务人拒绝履行债务，抵押权人可以变卖、折价或者请求法院抵押物拍卖所得价款优先受偿，抵押权人享有代位请求赔偿或者补偿的权利。抵押权人可以让与抵押权。抵押权人也可以将抵押权让与其自身的债权人。但由于抵押权具有的附随性，不能单独抵押，因此应当将抵押权与债务一并抵押。

抵押权人的义务，在于按照债权债务关系取得偿还的数额后，超出债权债务部分的抵押物或者款项，应当向债务人或抵押人返还，不得据为己有。

（二）土地抵押人的权利和义务

以土地使用权进行抵押的，抵押物不发生转移，抵押人仍然按照抵押合同的约定占有、使用、处分抵押物，并依法领取土地抵押期间产生的孳息。如孳息产生于债务人不履行债务后的，此时孳息属于抵押物的范畴。抵押人有权转让土地使用权，但该等转让应当经过抵押权人的同意，否则转让行为无效。

土地抵押人的义务首先在于保证抵押土地使用权的效力，对于土地使用权的开发、利用、抵押不得超出土地使用权出让协议的范围，在其占有抵押物期间，应当尽到妥善管理的义务，不应当人为降低抵押物的实用价值。如果抵押物之上存在权利纠纷或第三人索赔的情况，还应当及时通知抵押权人行使抵押权，保证抵押权人得到优先受偿。

二、土地抵押权的实现与消灭

（一）土地抵押权的实现

土地抵押权的实现，是指抵押物所担保的主债务已届清偿期，但是债务人未履行债务或出现了双方所约定的实现抵押权的情形，抵押权人可以通过行使抵押权，以抵押物的价值优先受偿。[①]《民法典》第四百一十八条表明了集体所有土地使用权抵押权的实现效果，即以集体所有土地的使用权依法抵押的，实现抵押权后，未经法定程序，不得改变土地所有权的性质和土地用途。

土地抵押权的实现，首先，就权利生效的角度而言，要求抵押权经过合法程序，以有效设立；其次，就实现前提而言，是在债务已确定到期，同时债务人未履行债务的情况下，抵押权即可实现。受制于我国土地制度的所有权特点，在 2017 年以前，我国大部分地区，因自然人或非金融企业难以作为抵押权人进行土地使用权抵押登记，债权人也因此无法真正实现债权或实现抵押权。

2017 年 1 月 22 日，国土资源部《关于完善建设用地使用权转让、出租、抵押二级市场的试点方案》（以下简称《试点方案》）的发布，使得抵押权与债权权利主体分离这一问题得到了直观的改善。该方案具体要求，完善建设用地使用权抵押机制。放宽对抵押权人的限制。按照债权平等原则，明确自然人、企业均可作为抵押权人依法申请以建设用地使用权及其地上房屋等建筑物、构筑物所有权办理不动产抵押登记。合理确定划拨建设用地使用权抵押价值。以划拨方式取得的建设用地使用权依法抵押，其抵押价值应根据划拨建设用地使用权权益价格设定。司法实践领域，在最高法相关的案例中，存在这样一种情况，在抵押权制度不健全时，为担保主债权的实现，由于自然人不能作为抵押权人办理土地抵押登记，而将土地登记在双方同意的第三方公司名下，在双方意思表示真实，且不违反法律、行政法规的情况下，在部分实际案件中，[②] 最高法认为这是一种替代性交易安排，双方签订的主债权协议以及土地抵押协议的效力均属合法有效，且不产生抵押权与债权的实质性分离。

《试点方案》的发布，针对经济社会发展和改革深入的时代背景，点明了土地二级市场交易规则不健全、政府服务和监管不完善、交易信息不对称、交易平台不规范等现象，直指土地二级市场运行发展中出现的部分问题。该方案试点的范围，是建设用地使用权的转让、出租和抵押，重点针对土地的交易，以及土地连同地上建筑物、其他附着物一并交易的情况。该方案的出台，是我国优化营商环境的又一重要举措。

（二）土地抵押权的消灭

土地抵押权作为附随性权利，同时也是财产性权利之一，在以下情况中，抵押权存在灭失风险：

[①] 王利明. 物权法论［M］. 2 版. 北京：中国政法大学出版社，2008：376.

[②] 最高人民法院（2015）民一终字第 107 号民事判决书［EB/OL］.［2024 - 3 - 13］. http：//wenshu. court. gov. cn.

1. 因抵押期限届满而消灭

根据《最高人民法院关于适用〈中华人民共和国民法典〉有关担保制度的解释》第四十四条第一款①的相关规定，抵押权作为一种从权利，行使期间由主债权诉讼时效决定，一旦主债权诉讼时效届满，抵押权人主张抵押权的，人民法院不予支持。

2. 因担保物权实现而消灭

债务人不履行到期债务或者发生当事人约定的实现抵押权的情形，抵押权人可以与抵押人协议拍卖、变卖抵押财产或者将抵押财产折价所得的价款对抵押权人优先受偿。

3. 因债权人放弃行使权而消灭

土地抵押权作为担保物权，抵押权人可以自由处分其抵押权，因此抵押权人可以选择以书面等明示方式向抵押人或者债务人表示放弃抵押权。

4. 因土地使用权被收回而消灭

一旦抵押的土地被认定为闲置土地，或者土地使用权被政府无偿收回时，抵押权将面临灭失风险。对于土地使用权的收回，可以参考我国《土地管理法》第三十八条第二款②、第五十八条③、第六十六条④以及《闲置土地处理办法》第十四条⑤对于土地

---

① 《最高人民法院关于适用〈中华人民共和国民法典〉有关担保制度的解释》第四十四条第一款规定：主债权诉讼时效期间届满后，抵押权人主张行使抵押权的，人民法院不予支持；抵押人以主债权诉讼时效期间届满为由，主张不承担担保责任的，人民法院应予支持。主债权诉讼时效期间届满前，债权人仅对债务人提起诉讼，经人民法院判决或者调解后未在民事诉讼法规定的申请执行时效期间内对债务人申请强制执行，其向抵押人主张行使抵押权的，人民法院不予支持。

② 《中华人民共和国土地管理法》第三十八条第二款规定：在城市规划区范围内，以出让方式取得土地使用权进行房地产开发的闲置土地，依照《中华人民共和国城市房地产管理法》的有关规定办理。

③ 《中华人民共和国土地管理法》第五十八条第二款规定：有下列情形之一的，由有关人民政府自然资源主管部门报经原批准用地的人民政府或者有批准权的人民政府批准，可以收回国有土地使用权：

（一）为实施城市规划进行旧城区改建以及其他公共利益需要，确需使用土地的；

（二）土地出让等有偿使用合同约定的使用期限届满，土地使用者未申请续期或者申请续期未获批准的；

（三）因单位撤销、迁移等原因，停止使用原划拨的国有土地的；

（四）公路、铁路、机场、矿场等经核准报废的。

依照前款第（一）项的规定收回国有土地使用权的，对土地使用权人应当给予适当补偿。

④ 《中华人民共和国土地管理法》第六十六条规定：有下列情形之一的，农村集体经济组织报经原批准用地的人民政府批准，可以收回土地使用权：

（一）为乡（镇）村公共设施和公益事业建设，需要使用土地的；

（二）不按照批准的用途使用土地的；

（三）因撤销、迁移等原因而停止使用土地的。

依照前款第（一）项规定收回农民集体所有的土地的，对土地使用权人应当给予适当补偿。

收回集体经营性建设用地使用权，依照双方签订的书面合同办理，法律、行政法规另有规定的除外。

⑤ 《闲置土地处理办法》第十四条规定：未动工开发满两年的，由市、县国土资源主管部门按照《土地管理法》第三十七条和《城市房地产管理法》第二十六条的规定，报经有批准权的人民政府批准后，向国有建设用地使用权人下达《收回国有建设用地使用权决定书》，无偿收回国有建设用地使用权。闲置土地设有抵押权的，同时抄送相关土地抵押权人。

使用权收回的相关规定。根据 1993 年原国家土地管理局《关于对〈中华人民共和国城镇国有土地使用权出让和转让暂行条例〉第十七条有关内容请求解释》的复函的有关规定，抵押权将因为土地使用权的收回而消灭，但是该复函近年来也受到了理论界的诸多挑战，实践中，有法院援引《担保法》的相关规定①，认为担保物权的物上代位性不因抵押物的无偿收回而消灭。

三、最高额土地抵押权

（一）最高额土地抵押权的概念和特征

1. 概念

最高额土地抵押权，是指为担保债务的履行，土地使用权人以土地使用权作为抵押物，对未来一定期间内将要连续发生的债权设定抵押权的，债务人不履行到期债务或者发生当事人约定的实现抵押权的情形，抵押权人有权在最高债权额限度内就该担保财产优先受偿。最高额土地抵押权设定前已经存在的债权，经当事人同意的，可以转入最高额土地抵押权担保的范围。

2. 特征

作为最高额担保物权，最高额土地抵押权具有以下四个特征：

（1）最高额土地抵押为将来发生的债权进行担保

最高额土地抵押权，具有所有最高额抵押类权利的基本特征，首先就是为将来一定期间内的不特定债权提供担保，通过只规定抵押上限的方式，减少了双方反复抵押登记的时间与人工成本，在办理抵押登记时，抵押物的实际价值往往超过了个别债权的实际价值，为抵押权人与抵押人之间将要发生的债权预留了充足空间。

（2）担保的债权具有不特定性

由于最高额土地抵押权设定时，债权可能并未真正发生，因此该债权也无法特定化，包括债权额、债权类型、债权的期限等均无法确定，即有不特定性。

（3）对一定期限内连续发生的债权做担保

最高额土地抵押权所担保的是某一段时间内发生的债权，直至该期限届满或主债权未确定时，债权将处于连续变化的状态，可能随时增加或者减少。

（4）担保的债权具有最高限额

虽然最高额土地抵押权所担保的债权处于随时变化的状态，但是并非可以无上限

---

① 海南省高级人民法院（2006）琼行终字第 207 号民事判决书［EB/OL］．［2024 - 3 - 13］．http：//wen-shu. court. gov. cn.

地增加，首先，因为抵押物的价值是有限的，超过抵押物价值的，继续纳入最高额抵押的范围亦无法实现该担保物权。其次，法律规定了最高额抵押的上限，也是出于交易公平与保护抵押人的考虑，由于最高额土地抵押权在设定之初其债权是不特定且无法预见的，如果允许超出最高额上限，将有损交易公平的原则。

（二）最高额土地抵押权所担保的债权

担保债权的范围应当由双方于最高额抵押合同中事先约定，另外根据最高额抵押的特性而言，其抵押的应当是未来不确定的债权，在双方签订抵押合同时无法预见债权的上限。由于最高额抵押权所担保的债权将随主债权的确定而确定，因此双方应当对主债权的确定方式加以明确。

由于最高额抵押权所担保的债权发生的时间是在将来一定期间，在主债权确定前，可能是多笔同时存在的债权形式存在，债权人可能将部分债权转让给不同的第三人，同时由于抵押权具有附随性的特征，一旦抵押权随之转让的，抵押人可能面临需要对不特定的多个抵押权人承担债务的清偿责任的处境，而这也将损害抵押人的权利。在《民法典》出台之前，不论是《担保法》[①] 还是《物权法》（已废止）[②]，均对最高额抵押的债权转让进行了限制性规定。《民法典》出台之后，沿用了《物权法》（已废止）的相关表述。

最高额抵押权担保的债权确定，意味着最高额土地抵押权将转变为一般土地抵押权，此时抵押权所担保的债权范围、抵押权人所能够实现的优先受偿权范围也将随之确定。根据《民法典》第四百二十三条[③]的相关规定，发生以下特定的六种情形时，抵押权人的债权确定：

（1）约定的债权确定期间届满：债权确定期间指决算起，即确定债权实际数额的日期，由抵押权人与抵押人于最高额抵押合同中事先明确约定，债权确定期间届满后，当事人之间新增的债权将不再纳入最高额土地抵押权所担保的债权范围。

（2）没有约定债权确定期间或者约定不明确，抵押权人或者抵押人自最高额抵押

---

① 《中华人民共和国担保法》第六十一条规定：最高额抵押的主合同债权不得转让。

② 《中华人民共和国物权法》第二百零四条规定：最高额抵押担保的债权确定前，部分债权转让的，最高额抵押权不得转让，但当事人另有约定的除外。

③ 《中华人民共和国民法典》第四百二十三条规定：有下列情形之一的，抵押权人的债权确定：

（一）约定的债权确定期间届满；

（二）没有约定债权确定期间或者约定不明确，抵押权人或者抵押人自最高额抵押权设立之日起满二年后请求确定债权；

（三）新的债权不可能发生；

（四）抵押权人知道或者应当知道抵押财产被查封、扣押；

（五）债务人、抵押人被宣告破产或者解散；

（六）法律规定债权确定的其他情形。

权设立之日起满二年后请求确定债权：这里的两年是一个固定期间，不适用中止、中断或者延长的规定。

（3）新的债权不可能发生：当不再发生新债时，也意味着原有的债权数额不再增加或者减少，债权随之确定。

（4）抵押权人知道或者应当知道抵押财产被查封、扣押：抵押财产被查封或者扣押的，或者土地使用权被强制收回的，最高额抵押权也失去了履行的基础，应当对最高额土地抵押权所担保的债权进行确定。

（5）债务人、抵押人被宣告破产或者解散：此时应当先进入清算程序，将最高额土地抵押转变为一般抵押，以满足清算程序的需要。

（6）法律规定债权确定的其他情形。

（三）最高额土地抵押权的变更

最高额土地抵押权所担保的债权具有不特定性，包括主债权确定的时间、担保债权的范围以及最高债权额，因此其变更只需要满足特定时点的要求就可以完成，即在所担保的债权确定前进行变更。根据《民法典》第四百二十二条①的相关规定，需要注意以下几点：

（1）主债权一旦确定，不得再进行变更，即变更一定是发生在主债权确定之前。

（2）变更的内容不应损害其他抵押权人的利益，实践中，应当注意变更内容的合法性和公正性，如果同一抵押物之上可能存在多个债权人，只要不损害其他债权人或第三人利益的，根据《民法典》第四百零九条②的相关规定，如果抵押权顺位变更可能对后顺位抵押权人的利益产生影响的，应当取得后顺位抵押人的书面同意，否则该种变更不能对抗后顺位的抵押权人。

思考题

1. 土地抵押权的客体是什么？
2. 简述土地抵押权的内容。
3. 什么是最高额土地抵押权？

---

① 《中华人民共和国民法典》第四百二十二条规定：最高额抵押担保的债权确定前，抵押权人与抵押人可以通过协议变更债权确定的期间、债权范围以及最高债权额。但是，变更的内容不得对其他抵押权人产生不利影响。

② 《中华人民共和国民法典》第四百零九条规定：抵押权人可以放弃抵押权或者抵押权的顺位。抵押权人与抵押人可以协议变更抵押权顺位以及被担保的债权数额等内容。但是，抵押权的变更未经其他抵押权人书面同意的，不得对其他抵押权人产生不利影响。债务人以自己的财产设定抵押，抵押权人放弃该抵押权、抵押权顺位或者变更抵押权的，其他担保人在抵押权人丧失优先受偿权益的范围内免除担保责任，但是其他担保人承诺仍然提供担保的除外。

第三篇

土地管理

第八章　地籍管理

内容摘要

　　本章首先介绍了地籍管理的历史沿革、主要内容和原则，然后介绍我国当前的土地调查制度以及不动产登记制度，最后介绍了我国的土地统计制度。

第一节　地籍管理概述

一、我国地籍管理的历史沿革

　　我国地籍制度源远流长，历史悠久。从黄帝的经土制亩，到夏禹任土作贡；从殷商有册有典，到西周天子经略；从春秋户籍田结，到战国土地经界；从秦朝统一田制，到汉代田法地籍；从隋唐申牒造籍，到宋元凭籍照勘；从明朝履亩清丈，到清代查田造册。与农田伴生的地籍，是华夏文明发展的结晶，是神州大地传承的硕果。地籍有史以来就备受上至天子，下至百姓的重视。如明朝廷为了进一步严密掌握全国土地田亩的占有和利用状况，洪武二十年（公元 1387 年），朱元璋命国子监生等人分行天下州县，丈量天下田亩方圆，根据税粮多少分为若干区，每收税粮万石之地为一区，然后命各州县"沿圩履亩逐一经量"，按照田地圩，分区编绘图册四份，都按地权所有分号详列田主姓名、田亩面积、四至、形状、土质等级等详细信息，分存各级政权机关，作为征税的依据。因图上所绘田亩挨次排列如鱼鳞状，故称之为具有历史意义的"鱼鳞图册"。鱼鳞图册实际上就是全国土地登记的清册，也是地籍图册。万历八年（公元 1580 年），明朝廷正式颁布《清丈条例》，下令进行继洪武清丈之后的第二次全国性清丈。内阁首辅张居正经济改革的一个主要内容就是清丈田粮，均平赋役，推行一条鞭法。万历十一年（公元 1583 年），历时两年多的全国范围的万历清丈始告结束，国家掌握了基本准确的土地数字。在清丈基础上重新编制或修订了鱼鳞图册。这些图册为彻底推行一条鞭法创造了条件，有的一直沿用到清代。历史上著名的清官海瑞为了消除土地丈量中的弊端，曾极力主张严肃法纪，确保丈量效果。公元 1570 年至 1584 年，海瑞被罢官回到海南岛乡居时，还曾为琼山县拟过《丈田则例》，提出在一年内将全县土地丈量登记。

1911 年辛亥革命，宣告了封建帝制在中国历史上的终结。孙中山先生提出的"三民主义"政纲和《建国方略》，在明确提出"平均地权"的同时，都力求通过查明田亩、核定地价、按价收税、增价收归国有的办法，解决土地国有问题，达到国强民富的目的。孙中山先生亲拟的《建国方略》中特别强调测量农地，指出"中国土地向未经科学测量制图，土地管理、征税皆混乱不清，贫家之乡人及农夫皆受其害。故无论如何，农地测量为政府应尽之第一种义务"，规定一县开始训政之初，必先完成土地清丈。民国政府成立了"经界局"，颁布了《土地法》和《不动产登记条例》，进行了全国耕地和农业的调查，完成了中国土地数字性质由纳税单位改成耕地面积的改革。中国共产党从成立起，一直重视农民和土地问题。毛泽东同志亲自起草颁布了《井冈山土地法》和《兴国土地法》。中华苏维埃共和国在瑞金成立后，设立"土地部"，颁布《土地登记法》，颁发土地证，以确定和保证农民的土地权利。1937 年 9 月成立、1950 年 1 月结束工作并撤销的陕甘宁边区政府，也曾先后颁布《陕甘宁边区土地所有权条例》《陕甘宁边区地权条例》《陕甘宁边区土地登记试行办法》等，实行土地统一登记，极大地促进了边区的经济建设。

1949 年 10 月 1 日，中华人民共和国正式成立，1950 年在全国范围内开展土地改革，相继颁布了土地登记的规则和办法，土地改革的实施极大地解放了农村生产力，农业生产迅速得到恢复和发展。1986 年 6 月 25 日，新中国第一部《土地管理法》对土地调查、土地登记等做出明确规定。2021 年修订的《中华人民共和国土地管理法实施条例》（以下简称《土地管理法实施条例》）明确规定："县级以上人民政府自然资源主管部门应当加强地籍管理，建立健全地籍数据库。"

随着经济社会的发展和我国不动产统一登记制度的建立，地籍从最初的税收地籍发展到产权地籍，进而发展到现代多用途地籍，地籍的内涵更加完善。现代地籍是记载土地、海域（含无居民海岛）及其房屋、林木等定着物的权属、位置、界址、数量、质量、利用等基本状况的图簿册及数据。由此可以看出，现代地籍不仅仅是狭义的"土地"的"户籍"，还包括了土地、海域（含无居民海岛）及房屋、林木等地上（地下）定着物等不动产乃至自然资源的"户籍"。

地籍是关联社会的工具，是社会经济制度的载体，是不动产权的凭证，是强国、富民、安天下的基础。现代地籍具有空间性、法律性、精确性和连续性等特点，它既是确认和保障不动产和自然资源权利人的依据，能够保护产权、定纷止争、保障交易安全，更是做好土地管理乃至自然资源管理的基石，可为用地用海项目审批、国土空间规划及用途管制、房地产调控、税收征管等行政管理、宏观决策及经济社会的可持续发展提供重要的基础数据支撑，对于维护土地制度，实现安定团结具有不可或缺的作用和意义。可以说，地籍是土地管理的基础，是土地管理活动的出发点和归宿，综观国际国内先进的土地管理模式，各项土地管理活动均以地籍信息为基础，地籍信息发生变化时又及时反馈、更新地籍信息，从而实现土地管理"始于地籍，归于地籍"。如瑞典国家地籍信息系统数据，包括基础地理、遥感影像、地籍和土地权利登记、地址、建筑物、不动产税等丰富信息，在空间上覆盖全国，是整个土地管理乃至经济社会活动的基础数据。各政府部门可随时从中获取相关数据，并根据合同或协议实时交换更新数据，按照全国统一数据标准上传数据，也可从端口直接在国家地籍信息系统上进行数据更新，完善的数据更新机制保证了地籍数据的现势性。再如，德国萨克森州已建成地理空间基础数据库和地籍登记数据库，在地理空间数据基础上叠加地籍图信息和各种专业数据，作为各部门规划和决策的依据。

二、地籍管理的主要内容

依据《土地管理法》，目前我国地籍管理的内容主要包括以下五个方面。

（一）土地调查

土地调查是以查清土地的数量、质量、分布、使用和权属状况以及土地要素的动态变化情况为目的而进行的调查。根据土地调查的内容侧重不同，可以分为地籍调查、土地利用现状调查和土地条件调查。

（二）土地分等定级

土地分等定级是在土地利用条件调查与土地利用分类的基础上，以马克思的地租、地价理论为主要依据所确定的各类土地等级和基准地价。

（三）不动产登记

不动产登记是国家按照法律规定程序将土地及其房屋等权属关系、用途、面积、使用条件、等级、价格等情况记录于专门簿册的一种法律行为。目前，依照我国法律的规定，不动产登记主要是对国有土地使用权、集体土地所有权、集体土地使用权及土地他项权利的登记。

（四）土地统计

土地统计是国家对土地的数量、质量、用途、分布及权属状况等进行系统、全面、连续的调查、分类、整理和分析，为国家提供土地统计资料，实行统计监督。

（五）地籍档案管理

地籍档案管理是指对地籍管理过程中直接形成的具有保存、查考价值的文字、图表、音像等历史记录进行系统的立卷归档、保管和提供利用等工作。凡是在地籍活动中直接形成的，以文字、数字、图表、音像等形式反映地籍管理活动，具有保存价值的历史记录，都是地籍档案。

三、地籍管理的原则

地籍管理是一项集行政、技术和法律于一体的综合性工作，为保证地籍工作的顺利进行，地籍管理必须遵循以下基本原则。

一是必须按照国家有关土地管理和地籍管理方面的法律法规制度统一进行。所谓统一，就是统一内容和方法、统一政策和要求、统一标准和规格，即地籍管理的内容和方法由国家统一制定；有关地籍的图、表、卡、册的格式、项目、内容、登记的分类体系、申报程序和日期等按国家统一要求；有关土地的分类系统及标准，统计、登记的单位和程序等服从国家统一规定。

二是保证地籍资料的系统性、连续性和现势性。地籍资料的系统性、连续性和现势性是指地籍的各种资料要有条理，各时期的资料应互相联系而无中断，资料应及时更新以反映实际地籍要素状况。

三是保证地籍资料的可靠性和精确性。地籍资料是政府掌握的事关土地所有者、土地使用者利益和利害冲突的实证的根本资料，错误的资料往往会造成土地权利当事人之间的土地纠纷、冲突、矛盾甚至战争。因此，必须保证地籍资料的可靠性和精确性。

四是保证地籍资料的概括性和完整性。地籍资料的概括性和完整性是指根据属地管理的原则，地籍管理涉及的空间地域范围应该是其管辖范围内城乡的全部土地，同时要求地区间或地块间的地籍资料不出现间断和重复现象，地籍资料内容应包括国家所规定的全部资料。

第二节　土地调查

一、土地调查的概念

土地调查是指对土地的类型、位置、面积、分布等自然属性和土地权属等社会属性及其变化情况，以及永久基本农田状况进行的调查、监测、统计、分析活动。土地调查是一项重大的国情国力调查，是全面查清土地资源和利用状况，掌握真实准确的土地基础数据，为科学规划、合理利用、有效保护土地资源，实施最严格的耕地保护制度，加强和改善宏观调控提供依据，促进经济社会全面协调可持续发展。

二、土地调查的种类

土地调查包括全国土地调查、土地变更调查和土地专项调查。全国土地调查，是指国家根据国民经济和社会发展需要，对全国城乡各类土地进行的全面调查。土地变更调查，是指在全国土地调查的基础上，根据城乡土地利用现状及权属变化情况，随时进行城镇和村庄地籍变更调查和土地利用变更调查，并定期进行汇总统计。土地专项调查，是指根据自然资源管理需要，在特定范围、特定时间内对特定对象进行的专门调查，包括耕地后备资源调查、土地利用动态遥感监测和勘测定界等。《土地调查条例》第六条明确规定：国家根据国民经济和社会发展需要，每十年进行一次全国土地调查；根据土地管理工作的需要，每年进行土地变更调查。

三、土地调查的内容

按照《土地管理法》《土地管理法实施条例》《土地调查条例》等法律法规的规定，土地调查的内容主要包括以下几方面。

（一）土地权属及变化情况

土地权属是土地的所有权及由其派生出来的土地占有、使用和收益权的统称。土地权属调查涉及的土地权利类型包括集体土地所有权、国家土地所有权、国有建设用地使用权、国有建设用地使用权/房屋（构筑物）所有权、宅基地使用权/房屋（构筑物）所有权、集体建设用地使用权/房屋（构筑物）所有权、土地承包经营权、土地承包经营权/森林林木所有权、林地使用权、林地使用权/森林林木使用权、草原使用权、水域滩涂养殖权、海域使用权、海域使用权/构建筑物所有权、地役权、取水权、探矿权、采矿权及其他权利。土地权属调查以宗地为单位，是对土地权属单位的土地权属来源、权利所及的位置、界址、数量和用途等基本情况的调查与确认。土地权属调查的内容包括宗地位置、界线、权属状况和利用状况等的调查。土地权属调查的程序包括拟订调查计划，物质方面准备，调查底图的选择，街道和街坊的划分，发放通知，土地权属资料的收集、分析和处理，实地调查，资料整理。

（二）土地利用现状及变化情况

土地利用现状调查包括农村土地利用现状调查和城市、建制镇、村庄内部土地利用现状调查。农村土地利用现状调查，以县（市、区）为基本单位，以国家统一提供的调查底图为基础，实地调查每块图斑的地类、位置、范围、面积等利用状况，查清全国耕地、种植园、林地、草地等农用地的数量、分布及质量状况，查清城市、建制镇、村庄、独立工矿用地、水域及水利设施用地、湿地等土地的分布和利用状况。城镇、村庄内部土地利用现状调查，充分利用地籍调查和不动产登记成果，积极创造条件，大力推进城市、建制镇、村庄补充地籍调查。确实不具备条件的，开展土地利用现状细化调查，查清城镇、村庄内部商业服务业用地、工业用地、住宅用地、公共管理与公共服务用地和特殊用地等地类的土地利用状况。

（三）土地条件

土地条件调查主要是对土地的自然条件、社会经济条件等状况进行的调查，具体来说，就是对土地的土壤、植被、地形、地貌、气候及水文地质等自然条件和对土地的投入、产出、收益、交通区位等社会经济条件的调查，其实质是土地的质量调查。土地条件调查的目的主要是为制定各项计划、规划和土地政策提供重要基础资料，为综合农业区划、农业生产服务，为城乡土地资源的优化配置提供科学依据，为城乡土地分等定级、估价、税收提供可靠资料，充分发挥土地资源的生产潜力。土地条件调查的方法主要包括应用遥感技术、直接观察法、收集法、采访法、通信法等。

四、土地调查结果的公布

土地调查成果是公共信息资源的重要内容。《土地管理法实施条例》第四条在《土地管理法》有关规定的基础上，进一步对土地调查成果的公布做出明确规定。土地调查与百姓生活密切相关，与政府公共管理密切联系。及时、准确的土地调查成果，将为国家资产管理、农业管理、银行信贷管理、市政交通管理、城市规划、灾害管理等相关行业和部门提供权威、基础的信息支持。自然资源主管部门作为生态文明建设的主力军，要履行好"两统一"职责，应当成为提供资源公共信息的服务部门。县级以上人民政府自然资源主管部门要会同同级有关部门做好土地调查成果的保存、管理、开发、应用和为社会公众提供服务等工作。在此基础上，国家将通过土地调查，建立互联共享的土地调查数据库，并做好维护、更新工作。随着土地调查数据库的开发建立，实现土地资源信息的互联共享，将大大拓展土地调查社会化应用服务的广度和深度。该条还对土地调查成果的公布程序做出明确规定，即：全国土地调查成果，报国务院批准后向社会公布。地方土地调查成果，经本级人民政府审核，报上一级人民政府批准后向社会公布。全国土地调查成果公布后，县级以上地方人民政府方可自上而下逐级依次公布本行政区域的土地调查成果。之所以要明确公布程序，是因为土地调查是与人口普查、经济普查具有同样重大意义的国情国力调查，其数据具有国家公信力，必须确保其真实可靠。

第三节　不动产登记

一、不动产的概念

不动产是与动产相对而言的，都属于"物"的范畴，都由物权法（大陆法系国家）或者财产法（英美法系国家）进行调整。两者之间的区别主要是能否人为地移动，能够移动的被称为动产，不能移动的被称为不动产。因此，在域外其他国家和地区，不动产的概念比较广，一般包括土地以及附着于土地与其无法分离的房屋、林木等，甚至与林木没有分离的果实等也属于不动产。

但是在我国，"不动产"一词在法律中以及生活实践中用得很少。相反，由于房屋相对其他不动产较早地进入财产权领域，而且我国于1994年专门出台了《城市房地产管理法》，因此为公众所熟知的是"房地产"一词。虽然，不动产和房地产概念的区别很清晰，房地产只包括土地和房屋；不动产不仅包括房屋、土地，还包括与土地没有分离的林木以及海域、水面等。但是社会经常将两者混淆，经常将"房地产"等同于"不动产"。在立法过程中，对于不动产的内涵外延，各个部门包括专家学者都没有分歧和争议，关键是如何给不动产下一个准确的概念。

（一）域外国家不动产的概念

《法国民法典》对不动产采取列举式规定。不动产分为三类：依其性质而为不动产者、依其用途而为不动产者以及依其附着客体而为不动产者。首先，《法国民法典》第五百一十八条规定，"地产与建筑物依其性质为不动产"。第五百一十九条规定，"固定于支柱以及属于建筑物之一部分的风磨、水磨，依其性质，亦为不动产"。其次，《法国民法典》以第五百二十条至五百二十五条对依其用途而为不动产者以及依其附着客体而为不动产者进行详细列举。此外，《法国民法典》第五百二十六条规定，不动产之用益权、地役权与土地使用权以及旨在请求返还不动产的诉权皆为因其附着客体而为不动产。

德国民法中并没有使用"动产"与"不动产",而只有"不可动之物"(Liegen-schaften)与"可动之物"(bewegliche Sachen)之分。① 换言之,《德国民法典》所谓"不可动之物"与"可动之物"也大致相当于"不动产"与"动产"。《德国民法典》遵照罗马法的原则——"地上物属于土地",以土地及其附着物为不动产,其余之物即为动产。除"有特定四至的地球表面"的"土地"外,与此"土地"相附着者,《德国民法典》按照"土地之物属于土地"的一元主义思想,认其为土地的一部分,亦属于"地产"。因此,德国民法中不动产不仅包括土地、建筑物,还包括添附于土地或者建筑物而在法律上不能与之相分离的动产。

《瑞士民法典》第六百五十五条规定了"土地所有权的标的物为土地。本法所指的土地为:(1)不动产;(2)不动产登记簿上已登记的独立且持续的权利;(3)矿山;(4)土地的共有部分,等等"。可见,在瑞士,不动产与土地是两个可以互换的概念。瑞士是在土地的基础上构建的不动产体系。这样的结论还可以从《瑞士民法典》对动产所辖的定义得到验证。

《意大利民法典》第八百一十二条第一款规定,"土地、泉水、河流、树木、房屋和其他建筑物,即使是临时附着于土地的建筑物以及所有自然或人为的与土地结为一体的东西是不动产",不动产包括土地、房屋等。

《日本民法典》第八十六条根据物的自然属性对动产和不动产下了定义,不动产是指土地及固定在土地上之物,如建筑物及其他"定着物",土地及"定着物"以外之物就是动产。各个"定着物"是否具有作为不动产的独立性,则根据其他规定和交易上的观念来决定。

在美国的不同州,"不动产"一词有多种解释,但在所有的定义中,"不动产"本质上都包括土地、固着在土地上的定着物和附属于或者从属于土地的物。如佛罗里达州法称:"'不动产'包括所有土地;土地上的改良物和定着物;所有土地上的自然附属物或在使用上与土地相连的物;制定法或衡平法规定的一切地产、收益(如股份、利息),土地上合法的或公正的权益(如多年的价格),法院判决的留置权、抵押权等权利以及因留置引起的债务。"与此类似,伊利诺伊州法称:"'不动产'包括陆地,水域下的土地,建筑物与构筑物,地役权,与土地有关的特许权等无实体的可继承财产,地产,以及合法或合理的权益如多年的土地价格、法院判决的留置权、抵押权等。"威斯康星州法规定:"不动产不仅包括土地本身,而且也包括土地上的建筑物和

---

① 鲍尔,施蒂尔纳. 德国物权法:上册 [M]. 张双根,译. 北京:法律出版社,2004:18.

改良物，所有的定着物，以及从属于它们的特权。"加利福尼亚州法规定："不动产包括土地；土地上的定着物；土地的附属物以及法律确定的不可动物。"在英美法系中"real property""real estate""land"可以做同义词使用。佛罗里达州法规定："'land''real estate''realty''real property'可以互相通用。"密歇根州法规定："'land''lands''real estate''real property'意即土地、建筑物等不动产和不动产上的所有权利，源于不动产的收益。"因此，"real estate"与"real property"是同一事物的不同名称，包括土地、土地上的定着物和从属于土地的物。广义的土地"land"与"real estate""real property"同义，但狭义的土地只是不动产"real estate"的一种，一般指原始的未改良的土地。

（二）我国不动产的概念

1988年最高人民法院《关于贯彻执行〈中华人民共和国民法通则〉若干问题的意见（试行）》曾规定："土地、附着于土地的建筑物及其他定着物、建筑物的固定附属设备为不动产。"1995年《担保法》第一次在法律中对不动产的含义进行了明确，其第九十二条规定："本法所称不动产是指土地以及房屋、林木等地上定着物。本法所称动产是指不动产以外的物。"2014年制定的《不动产登记暂行条例》第二条第二款规定："本条例所称不动产，是指土地、海域以及房屋、林木等定着物。"至此，法律意义上的不动产范围已经比较明晰。

二、不动产登记概述

（一）不动产登记制度的形成

2007年颁布实施的《物权法》（已废止），在法律层面提出了建立不动产统一登记制度的要求。之后，国家从机制体制完善和法律制度修改两方面持续推动不动产统一登记制度的落实。

2013年3月，党的十八届二中全会和十二届全国人大一次会议审议通过了《国务院机构改革和职能转变方案》，明确减少部门职责交叉和分散，最大限度地整合分散在国务院不同部门相同或相似的职责，理顺部门职责关系。要求整合房屋登记、林地登记、草原登记、土地登记的职责，由一个部门承担。同年11月，国务院第31次常务会议明确，由国土资源部负责指导监督全国土地、房屋、草原、林地、海域等不动产统一登记职责，基本做到登记机构、登记簿册、登记依据和信息平台"四统一"。同年12月，中央编办下发《关于整合不动产登记职责的通知》，进一步明确了不动产登记职责整合的路径和方向，以及相关部门的职责边界。提出不动产登记职责整合后，按照人随事走的原则，适当调整国土资源部相关机构和人员，在国土资源部地籍管理司加挂不动产登记局牌子。

与此同时，不动产统一登记的法律制度体系也在不断完善中。一是全国人大逐步对分散登记的法律做出修改。新出台的《民法典》延续了《物权法》（已废止）的规定，重申国家实行不动产统一登记制度，并且废止了规定抵押权分散登记的《担保法》。《土地管理法》《森林法》《农村土地承包法》等法律修改中也删除了原来不动产分散登记的规定，明确实行不动产统一登记的要求。二是国务院抓紧出台了不动产统一登记的行政法规。2014 年《不动产登记暂行条例》颁布，在统一不动产登记依据的基础上，突出登记机构、登记簿册证和登记信息管理平台统一的要求，逐步实现"四统一"。如果说《物权法》（已废止）确立了不动产统一登记的实体要求，那么《不动产登记暂行条例》则确立了不动产统一登记的程序规则。三是加快完善相关不动产登记的规章和规范性文件。2013 年，中央编办在《关于整合不动产登记职责的通知》中要求，各相关部门对不动产登记的规章和规范性文件进行清理。原国土资源部废止《土地登记办法》，制定了《不动产登记暂行条例实施细则》《不动产登记资料查询暂行办法》等配套规章以及一系列规范性文件。住建部等承担不动产登记职责的相关部门废止《房屋登记办法》《林木和林地权属登记管理办法》《海域使用权登记办法》《无居民海岛使用权登记办法》等规章和相应的规范性文件。上述一系列立法活动，保障了不动产登记法律制度体系的协调统一。

（二）不动产登记的含义

不动产登记是不动产登记机构把不动产权利的归属和其他法定事项记载于不动产登记簿上的行为，其中包含了以下几层含义。

1. 登记的主体是不动产登记机构

整合不动产登记职责、统一不动产登记机构是不动产统一登记的基础。《不动产登记暂行条例》第六条明确规定："国务院国土资源主管部门负责指导、监督全国不动产登记工作。县级以上地方人民政府应当确定一个部门为本行政区域的不动产登记机构，负责不动产登记工作，并接受上级人民政府不动产登记主管部门的指导、监督。"在国家层面，由国土资源主管部门（现为自然资源主管部门）负责指导、监督不动产登记工作。不动产所在地的县级人民政府确定本地区的登记机构，具体负责办理不动产登记。从此以后，我国基本形成了不动产统一登记的组织架构体系。

2. 登记的客体是不动产权利归属以及不动产权利的变化情况

不动产登记的重要作用就是进行物权公示，确定不动产权利的归属。因此，不动产登记的客体是不动产权利归属以及不动产权利的变化情况。根据物权法定原则，《民法典》按照权利类型从所有权、用益物权、担保物权的角度规定了不动产物权；同时，各专门法又按照不动产种类规定了土地、房屋、森林、草原、海域等各类不动产权利。但是目前涉及不动产的各专门法中对不动产权利所做的规定，与《民法典》所规定的权利种类并不完全一致，存在着名称、内涵不一致的现象。如《土地管理法》的土地使用权其实包含了《民法典》所规定的"土地承包经营权、建设用地使用权、宅基地使用权"，《民法典》所规定的土地承包经营权的客体除了包括实行承包经营的耕地之外，还包括实行承包经营的"四荒地"、林地、草原以及水域、滩涂等。为此，《不动产登记暂行条例》第五条对相关法律中明确的不动产权利种类进行了归并，并通过列举的方法明确了需要登记的不动产权利种类。

3. 登记的要求是将需要登记事项记载于不动产登记簿

登记是不动产物权公示的方法，也就是说不动产物权的设立、变更、转让和消灭经过登记发生效力。如何达到公示效果？就是将需要登记事项记载于不动产登记簿。《民法典》第二百一十四条规定："不动产物权的设立、变更、转让和消灭，依照法律规定应当登记的，自记载于不动产登记簿时发生效力。"第二百一十六条第一款规定："不动产登记簿是物权归属和内容的根据。"不动产登记簿是公开的，有关人员都能查阅、复制，因此不动产登记簿的公示性是最强的，最能适应市场交易安全便捷的需要，能最大限度地满足保护权利人的要求。因此，物权归属及物权变动等事项，只有记载于不动产登记簿时才发生效力。

三、不动产登记的原则

我国的不动产登记遵循依申请登记、一体登记、连续登记、属地登记的原则。

依申请登记是指不动产登记应当依照当事人的申请进行，但下列情形除外：一是不动产登记机构依据人民法院、人民检察院等国家有权机关依法做出的嘱托文件直接办理登记的；二是不动产登记机构依据法律、行政法规或者《不动产登记暂行条例实施细则》的规定依职权直接登记的。

一体登记是指房屋等建筑物、构筑物所有权和森林、林木等定着物所有权登记应当与其所附着的土地、海域一并登记，保持权利主体一致。土地使用权、海域使用权首次登记、转移登记、抵押登记、查封登记的，该土地、海域范围内符合登记条件的房屋等建筑物、构筑物所有权和森林、林木等定着物所有权应当一并登记。房屋等建筑物、构筑物所有权和森林、林木等定着物所有权首次登记、转移登记、抵押登记、查封登记的，该房屋等建筑物、构筑物和森林、林木等定着物占用范围内的土地使用权、海域使用权应当一并登记。

连续登记是指未办理不动产首次登记的，不得办理不动产其他类型登记，但下列情形除外：一是预购商品房预告登记、预购商品房抵押预告登记的；二是在建建筑物抵押权登记的；三是预查封登记的；四是法律、行政法规规定的其他情形。

属地登记是指不动产登记由不动产所在地的县级人民政府不动产登记机构办理，直辖市、设区的市人民政府可以确定本级不动产登记机构统一办理所属各区的不动产登记。跨行政区域的不动产登记，由所跨行政区域的不动产登记机构分别办理。不动产登记跨行政区域且无法分别办理的，由所跨行政区域的不动产登记机构协商办理；协商不成的，由先受理登记申请的不动产登记机构向共同的上一级人民政府不动产登记主管部门提出指定办理申请。国务院确定的重点国有林区的森林、林木和林地的登记，由自然资源部受理并会同有关部门办理。中央国家机关使用的国有土地等不动产登记，依照有关规定办理。

四、不动产登记制度的效力和作用

不动产权利是公民、法人和其他组织重要的财产权利，不动产登记制度是对不动产物权的确认和保护，是《民法典》物权编的基础性制度。

（一）不动产登记的效力

从登记效力方面看，大陆法系主要有两种立法体例：一种是登记生效主义。即登记决定不动产物权的设立、变更、转让和消灭是否生效，亦即不动产物权的各项变动都必须登记，不登记者不生效。按照这种体例，当事人合意的法律行为和登记的法律事实共同决定不动产物权变动的效力。这种体例为德国、我国台湾地区所采纳。另一种是登记对抗主义。即不动产物权的设立、变更、转让和消灭的效力，仅仅以当事人合意的法律行为作为生效的充分必要条件，登记与否不决定物权变动的效力。但是为交易安全考虑，不经登记的不动产物权只能在当事人之间发生法律效力，不得对抗善意第三人。这种体例为日本所采纳。

根据《民法典》第二百零九条第一款规定，我国实行的是登记生效原则，以登记对抗为例外。不动产物权的设立、变更、转让和消灭，经依法登记，发生效力；未经登记，不发生效力，但是法律另有规定的除外。从不动产权利种类来看，除了《民法典》第三百三十三条、第三百七十四条对土地承包经营权、地役权明确规定的是登记对抗，对于其他不动产权利都是登记生效。同时第二百二十九条、第三百三十条、第三百三十一条规定有三种特殊情形不登记即可发生物权效力的行为，即因人民法院、仲裁机构的法律文书或者人民政府征收，继承或者合法建造、拆除房屋等事实行为导致的物权变动。

（二）不动产登记的作用

1. 实现定纷止争，保护合法的不动产物权

不动产登记是不动产物权设立、变更、转让和消灭的公示方法。占有作为对物的一种直接支配的事实状态对于不动产只有权利推定效力，人们不可能单单信赖占有而取得不动产所有权或使用权，我国法律上也没有不动产占有人即推定为权利人的规则。但是，通过不动产登记方式对物权进行公示后，权利人和利害关系人均可以查询，登记记载的权利人在法律上被认定为真正的权利人，具有对抗任意第三人的法律效力。合法权利人可以依登记主张自己的权利，如果有人无权处分物权，是不会发生善意取得的。因此，不动产登记制度有利于保护不动产权利人的合法权利，不动产物权设立、变更、转让和消灭都必须记载于登记簿，权利人不会担心不动产物权会被任意侵犯。

2. 实现信赖保护，维护交易安全和秩序

不动产登记制度是国家公权力对私权的确认。登记是国家机关的行为，不动产权利人经登记获得了国家机关统一颁发的权利证书，这种证书具有优先于其他一切私人文书的法律效力，形成最具社会公信力的法律事实。第三人可以完全信赖不动产登记记载的权利内容，即使登记内容发生错误，但因信赖登记的公示内容而发生的交易，其信赖利益应当受到保护，符合善意取得的要件。否则，人们不敢从事交易，或者在交易之前要花费大量成本调查权利状态，不符合市场经济下的效率要求。因此，不动产登记制度极大降低了交易成本，保障了交易的便捷、高效、安全。

3. 实现权利分设，提高不动产利用效率

不动产登记制度解决了不动产物权与不动产利用分离的问题。我国法律总体上实行登记生效主义，不动产登记具有强制性、普遍性，除法律另有规定外，各类不动产物权均需进行登记。不动产登记可以同时确定不动产的所有权、用益物权、担保物权等多种权利类型，确保各项权利顺畅行使。在登记的公示公信力下，权利人可以安全地将其享有物权的不动产交由他人利用，而不必担心不动产物权被占有人任意处置。比如抵押权的权利人将不动产权利记载于登记簿之后，不动产仍可交由抵押权的义务人进行占有、使用和收益。因此，不动产登记制度可以促进物尽其用，提高不动产利用的效率。

4. 不动产登记制度在民法典物权编中的地位

《民法典》物权编调整因物的归属和利用产生的民事关系。众所皆知，物权制度是产权保护的基石，是维护国家基本经济制度和社会市场经济秩序的基础。孟子曾做出"有恒产者有恒心"的著名论断。亚当·斯密也说过，从来没有一种法律制度像所有权这样能够焕发起人们创造的积极性。《中共中央国务院关于完善产权保护制度依法保护

产权的意见》指出，经济主体财产权的有效保障和实现是经济社会持续健康发展的基础。

总体上看，物权可以分为不动产物权和动产物权两大类。其中，不动产物权是公民、法人、其他组织的重大财产权利。不动产登记制度的本质目的是确定不动产的权利归属，通过国家机关将不动产权利记载在不动产登记簿上的行为，将物权这种抽象的法律权利是否存在、是否发生变动的情形以法律规定的方式公开展示出来，使物权获得法律和社会的承认和保护，以达到保护交易安全，以及明确社会财产支配秩序的目的。可以说，不动产登记制度是《民法典》物权编的基础性制度，是确定物权归属、实现物权保护进而促进物权利用的基本保障。如果没有不动产登记制度，《民法典》（物权编）中所有不动产归属和利用的规定将成为空中楼阁，不动产利用效率将大打折扣，无法实现市场经济下要素的有序配置和有效流动。

五、不动产登记类型

《民法典》第二百零八条规定：不动产物权的设立、变更、转让和消灭，应当依照法律规定登记。按照《民法典》的规定，同时吸收和借鉴《土地登记办法》《房屋登记办法》等相关规定，《不动产登记暂行条例》明确不动产登记的类型包括：不动产首次登记、变更登记、转移登记、注销登记、更正登记、异议登记、预告登记、查封登记等。

（一）首次登记

不动产首次登记作为一种登记类型，是《不动产登记暂行条例》的首创。在该条例出台之前，存在着土地总登记、初始登记、设立登记等相关登记类型，名称和内涵并不统一，该条例将其统一归纳为首次登记。从内涵上讲，包括土地总登记、建筑物的初始登记、土地权利的初始登记，以及建筑物他项权利的设立登记，这些登记类型都称为首次登记。

（二）变更登记

不动产权利人的姓名或者不动产坐落等发生变化的，权利人就应当向不动产登记机构申请变更登记。变更登记的主要情形包括：权利人姓名或者名称变更的；不动产坐落、名称、用途、面积等自然状况变更的；不动产权利期限发生变化的；同一权利人分割或者合并不动产的；抵押权顺位、担保范围、主债权数额、最高额抵押债权额限度、债权确定期间等发生变化的；地役权的利用目的、方法、期限等发生变化的；

法律、行政法规规定的其他不涉及不动产权利转移的变更情形。

（三）转移登记

转移登记主要针对不动产权属发生转移的情形，这是各种不动产权利登记中最为普遍的一种登记类型，主要情形包括：买卖、继承、遗赠、赠与、互换不动产的；以不动产作价出资（入股）的；法人或者其他组织因合并、分立等原因致使不动产权属发生转移的；不动产分割、合并导致权属发生转移的；共有人增加或者减少以及共有不动产份额变化的；因人民法院、仲裁委员会的生效法律文书导致不动产权属发生转移的；因主债权转移引起不动产抵押权转移的；因需役地不动产权利转移引起地役权转移的；法律、行政法规规定的其他不动产权利转移情形。

（四）注销登记

不动产权利灭失的，权利人申请注销登记。注销登记在各种不动产登记中已经普遍存在。注销登记主要包括申请注销登记和嘱托注销登记两种情形。申请注销登记的情形主要包括：因自然灾害等原因导致不动产灭失的；权利人放弃不动产权利的；不动产权利终止的；法律、行政法规规定的其他情形。嘱托注销登记的情形主要包括：依法收回国有土地、海域等不动产权利的；依法征收、没收不动产的；因人民法院、仲裁机构的生效法律文书致使原不动产权利消灭，当事人未办理注销登记的；法律、行政法规规定的其他情形。

（五）更正登记

更正登记一般是指登记机构根据当事人的申请或者依职权对登记簿的错误记载事项进行更正的行为。《民法典》第二百二十条第一款规定："权利人、利害关系人认为不动产登记簿记载的事项错误的，可以申请更正登记。不动产登记簿记载的权利人书面同意更正或者有证据证明登记确有错误的，登记机构应当予以更正。"更正登记是《民法典》确定的一项新登记类型，在日常登记实践中普遍存在。不动产登记工作实践中，由于各种原因难以避免地会导致各种错误，创设更正登记制度原因就在于通过规范纠正登记错误的程序，达到合法纠正登记错误之目的。

（六）异议登记

异议登记是指登记机构将事实上的权利人以及利害关系人对不动产登记簿记载的权利所提出的异议申请记载于不动产登记簿的行为。异议登记是《物权法》（已废止）规定的一项新的不动产登记制度，《土地登记办法》和《房屋登记办法》对此制度进一步进行了明确的规定。其实，从世界范围来看，异议登记制度并不是一项崭新的制度，其他国家和地区早就存在这项制度。《民法典》第二百二十条第二款规定："不动产登记簿记载的权利人不同意更正的，利害关系人可以申请异议登记。登记机构予以异议登记，申请人自异议登记之日起十五日内不提起诉讼的，异议登记失效。异议登记不当，造成权利人损害的，权利人可以向申请人请求损害赔偿。"

（七）预告登记

预告登记是为保全一项以将来发生的不动产物权变动为目的的请求权的不动产登记。它将债权请求权予以登记，使其具有对抗第三人的效力，使妨害其不动产物权登记请求权所为的处分无效，以保障将来本登记的实现。《民法典》第二百二十一条规定："当事人签订买卖房屋的协议或者签订其他不动产物权的协议，为保障将来实现物权，按照约定可以向登记机构申请预告登记。预告登记后，未经预告登记的权利人同意，处分该不动产的，不发生物权效力。预告登记后，债权消灭或者自能够进行不动产登记之日起九十日内未申请登记的，预告登记失效。"

（八）查封登记

查封，从字面上理解，一般是指人民法院对当事人的财产进行封存，不准任何人转移和处理。在民事诉讼中，查封是人民法院为限制债务人处分其财产而最常采用的一种强制措施。采取查封措施，目的在于维护债务人的财产现状，保障经过审判程序或其他程序确认的债权尽可能得到清偿。在刑事诉讼中，公安、检察机关为了侦查案件的需要，也可以对犯罪嫌疑人的财产进行查封。查封既可以适用于动产，也可以适用于不动产。对于动产的查封，一般是在查封标的之上加贴封条，以起到公示之作用；而对于不动产，除了采取张贴封条的方式外，更重要的是应当到不动产登记机构办理查封登记手续，否则，不得对抗其他已经办理了登记手续的查封行为。因为不动产以登记作为公示的手段。由此可见，查封登记，是指不动产登记机构根据人民法院等提供的查封裁定书和协助执行通知书，将查封的情况在不动产登记簿上加以记载的行为。查封登记最早规定于《最高人民法院、国土资源部、建设部关于依法规范人民法院执行和国土资源房地产管理部门协助执行若干问题的通知》文件中，包括查封登记、预查封登记、轮候查封登记等具体类型。

（九）其他登记类型

除以上登记类型外，《日本不动产登记法》和我国台湾地区"土地登记规则"中还存在信托登记。例如，《日本不动产登记法》第一百一十条之五："申请信托登记时，申请书应附具记载下列事项的书面：（1）委托人、受托人、受益人及信托管理人的姓名、住所。如系法人时，其名称及事务所；（2）信托标的；（3）信托财产的管理方法；（4）信托终止事由；（5）其他信托条款。申请人应予前款书面签名盖章。"第一百一十条之六："依前条规定附具于申请书的书面，以之为信托存根簿。信托存根簿视为登记簿的一部，其记载视为登记。"我国台湾地区"土地登记规则"第一百二十四条规定："本规则所称土地权利信托登记（以下简称信托登记），系指土地权利依信托法办理信托而为变更之登记。"

我国《信托法》第十条也规定："设立信托，对于信托财产，有关法律、行政法规规定应当办理登记手续的，应当依法办理信托登记。未依照前款规定办理信托登记的，应当补办登记手续；不补办的，该信托不产生效力。"目前，在《土地登记办法》《房屋登记办法》等单个不动产登记部门文件中都未对不动产信托登记做出规定。在实践中，2006 年 6 月，银监会批准在浦东新区设立上海信托登记中心，从事信托财产登记的试点和探索。登记类型包括初始登记、更正登记、变更登记、终止登记等类型。考虑到目前信托登记还在研究和探索中，全国性的不动产信托登记管理办法尚未出台，立法时机尚不成熟，因此相关法律法规并未对此做出规定。

六、不动产登记的一般程序

不动产登记程序是指进行不动产登记的流程。不动产登记以依申请登记为一般原则，其他登记为例外。是否申请登记属于当事人的权利，登记机构不能强制。登记机构依职权登记和根据法院等的嘱托进行登记属于例外。

依申请的不动产登记按申请、受理、审核、登簿的程序进行，不动产登记机构完成登记后，应当依据法律、行政法规规定向申请人发放不动产权证书或者不动产登记证明。依嘱托登记是依据人民法院、人民检察院等国家有权机关出具的相关嘱托文件办理不动产登记，按嘱托、接受嘱托、审核、登簿程序进行。不动产登记机构依职权办理不动产登记事项的，按启动、审核登簿程序进行。

（一）申请

1. 双方共同申请

《不动产登记暂行条例》第十四条第一款明确规定："因买卖、设定抵押权等申请不动产登记的，应当由当事人双方共同申请。"共同申请是不动产登记申请的一般方式，主要适用于因法律行为而产生物权变动的情形，如不动产买卖、交换、赠与、抵押等，这些行为都属于民事法律行为中的双方法律行为，需要双方意思表示一致才能成立。其中涉及第三人的，还应该征得第三人的意见。

2. 单方申请

《不动产登记暂行条例》规定，可以由当事人单方申请的情形包括：尚未登记的不动产首次申请登记的；继承、接受遗赠取得不动产权利的；人民法院、仲裁委员会生效的法律文书或者人民政府生效的决定等设立、变更、转让、消灭不动产权利的；权利人姓名、名称或者自然状况发生变化，申请变更登记的；不动产灭失或者权利人放弃不动产权利，申请注销登记的；申请更正登记或者异议登记的；法律、行政法规规定可以由当事人单方申请的其他情形。

3. 现场申请登记和撤回登记申请

2015 年施行的《不动产登记暂行条例》要求"当事人或者其代理人应当到不动产登记机构办公场所申请不动产登记"。有人认为"办公场所"是指办公地点坐落的地方，也有人认为"办公场所"包括不动产登记机构的网站。为进一步落实"放管服"要求，加大不动产登记便民服务力度，根据 2019 年 3 月 24 日《国务院关于修改部分行政法规的决定》，《不动产登记暂行条例》第十五条第一款修改为"当事人或者其代理人应当向不动产登记机构申请不动产登记"，删去了原条例规定的"办公场所"。

不动产登记机构将申请登记事项记载于不动产登记簿前，申请人可以撤回登记申请。撤回登记申请的时间应当在登记完成前，即登记机构将登记事项记载于登记簿前，形式应当是书面形式。

4. 申请材料

申请人应当提交下列材料：登记申请书；申请人、代理人身份证明材料，授权委托书；相关的不动产权属来源证明材料、登记原因证明文件、不动产权属证书；不动产界址、空间界限、面积等材料；与他人利害关系的说明材料；法律、行政法规以及规定的其他材料。

（二）受理

申请人提交登记材料后，不动产登记机构对登记申请进行审查，确定是否受理申请人提出的不动产登记申请。在这一环节中，登记人员、登记机构需要对申请材料进行形式上的审查，提前将明显不合法的登记申请排除。

不动产登记机构收到不动产登记申请材料，应当分别按照下列情况办理：

（1）属于登记职责范围，申请材料齐全，符合法定形式，或者申请人按照要求提交全部补正申请材料的，应当受理并书面告知申请人。

（2）申请材料存在可以当场更正的错误的，应当告知申请人当场更正，申请人当场更正后，应当受理并书面告知申请人。

（3）申请材料不齐全或者不符合法定形式的，应当当场书面告知申请人不予受理并一次性告知需要补正的全部内容。

（4）申请登记的不动产不属于本机构登记范围的，应当当场书面告知申请人不予受理并告知申请人向有登记权的机构申请。

不动产登记机构未当场书面告知申请人不予受理的，视为受理。

（三）审核

1. 一般审核

不动产登记机构受理不动产登记申请的，应当查验的事项包括：不动产界址、空间界限、面积等材料与申请登记的不动产状况是否一致；有关证明材料、文件与申请登记的内容是否一致；登记申请是否违反法律、行政法规规定。

关于登记机构应当采取实质审查还是形式审查，我国的法律法规和相关文件都没有明确的规定。实质审查还是形式审查只是理论之争。无论采取何种形式的审查，登记机构都应当尽可能保证如实、准确、及时地登记不动产权利及有关事项，避免登记错误。

2. 实地查看和调查

不动产登记机构可以对申请登记的不动产进行实地查看的情形包括：房屋等建筑物、构筑物所有权首次登记；在建建筑物抵押权登记；因不动产灭失导致的注销登记；不动产登记机构认为需要实地查看的其他情形。

对可能存在权属争议，或者可能涉及他人利害关系的登记申请，不动产登记机构可以向申请人、利害关系人或者有关单位进行调查。

（四）登簿

经审核，登记申请完全符合登记要求的，登记机构应当及时办理登记，将有关的不动产登记事项记载于登记簿。按照《民法典》第二百零八条规定："不动产物权的设立、变更、转让和消灭，应当依照法律规定登记。"因此，登记事项自记载于不动产登记簿时发生效力。不动产登记机构完成登记，应当依法向申请人核发不动产权属证书或者登记证明。

实践中，有人认为不动产登记机构将不动产权属证书或者登记证明发放给申请人之时登记才完成，而实际上，不动产登记完成的时间是将登记结果记载于不动产登记簿之时，登簿之时登记就已经终结，发证只是登簿的后续行为。

（五）不予登记的情形

不动产登记机构不予登记，并书面告知申请人的情形包括：违反法律、行政法规规定的；存在尚未解决的权属争议的；申请登记的不动产权利超过规定期限的；法律、行政法规规定不予登记的其他情形。

第四节　土地统计

《土地管理法》第二十八条规定："国家建立土地统计制度。县级以上人民政府统计机构和自然资源主管部门依法进行土地统计调查，定期发布土地统计资料。土地所有者或者使用者应当提供有关资料，不得拒报、迟报，不得提供不真实、不完整的资料。统计机构和自然资源主管部门共同发布的土地面积统计资料是各级人民政府编制土地利用总体规划的依据。"《土地管理法》规定，国家建立土地统计制度。我国现行的土地统计制度是国家统计制度的重要组成部分。土地统计是国家对土地的数量、质量、分布、利用状况和权属状况进行调查、汇总、分析，并定期发布的制度。

统计工作是自然资源系统统一行使全民所有自然资源所有者职责、统一行使所有国土空间用途管制和生态保护修复职责的重要基础性工作。土地统计的任务是全面了解全国土地资源状况，掌握土地资源调查评价、开发利用及管理情况；系统收集、整理、分析土地数据信息，保证统计资料的现势性，为有关部门制定规划、政策和进行宏观调控提供依据；为社会公众提供信息服务。

2019 年 7 月，经国家统计局批准，自然资源部办公厅下发《关于印发自然资源统计调查制度的通知》，建立了自然资源统计调查制度和指标体系，土地统计调查制度是其中的重要组成部分。根据《土地调查统计制度》，土地统计调查制度包括调查目的、调查对象和统计范围、调查内容、调查频率和时间、调查方法、组织实施、报送要求、质量控制、统计指标公布的时间渠道、统计资料共享等。统计频率有月报、季报和年报三种。

土地统计调查的主要内容包括：土地资源状况、土地资源调查与土地资源开发利用状况、土地资源行政管理情况。具体统计项目有：土地利用情况、耕地面积变化情况、耕地质量等别情况、耕地占补平衡及国家统筹情况、永久基本农田保护情况、土地征收情况、土地利用年度计划安排使用情况、城乡建设用地增减挂钩指标执行情况、用地预审批准情况、农用地转用情况、国有建设用地供应情况、批而未用土地及处置情况、闲置土地及处置情况、集体建设用地使用情况、重点城市建设用地价格、土地抵押登记情况、政府储备土地情况、土地综合整治情况、新增建设用地有偿使用费收入情况。

　　土地统计采用分级统计、逐级上报的形式报送统计数据。《土地管理法》（2019 修订）规定，土地所有者或者使用者应当提供有关资料，不得拒报、迟报，不得提供不真实、不完整的资料。《统计法》第七条也规定：国家机关、企业事业单位和其他组织以及个体工商户和个人等统计调查对象，必须依照本法和国家有关规定，真实、准确、完整、及时地提供统计调查所需的资料，不得提供不真实或者不完整的统计资料，不得迟报、拒报统计资料。

　　土地统计资料以公报、年鉴等方式公布，此外也会利用报纸、网络等媒体予以公布。土地统计资料的发布必须经过严格的审批程序，自然资源部负责土地统计数据的汇总、审查工作，未经批准，任何单位和个人不得泄露统计资料。《统计法》第九条规定，统计机构和统计人员对在统计工作中知悉的国家秘密、商业秘密和个人信息，应当予以保密。统计调查中获得的能够识别或者推断单个统计调查对象身份的资料，任何单位和个人不得对外提供、泄露，不得用于统计以外的目的。

思考题

　　1. 请简述地籍管理的主要内容。

　　2. 请简述不动产登记制度的法律效力。

　　3. 请简述不动产登记的类型。

第九章　国土空间规划

内容摘要

国土空间规划是统筹安排各类国土空间的开发、利用、保护、整治和修复工作，落实底线约束和生态优先，切实推进生态文明建设的重要举措。2019 年《土地管理法》修正案在保留原有土地利用总体规划的条款和表述的同时，专门增加关于国土空间规划的条款。本章介绍了建立国土空间规划体系的初步方案、机构保障以及"三步走"的重大部署，论述了我国国土空间规划"五级三类"体系，阐释了规划先行原则，分析了国土空间规划中的"三区三线"具体内容和三条线的冲突解决规则，概括了各级国土空间总体规划审批要点和编制要求，最后介绍了土地利用年度计划的现状和未来改革方向。

第一节　建立实施国土空间规划体系的新要求

一、《生态文明体制改革总体方案》提出建立统一的国土空间规划体系的初步方案

党中央、国务院提出了建立和实施国土空间规划体系的明确要求。2015 年 9 月，中共中央、国务院印发《生态文明体制改革总体方案》（以下简称《方案》），提出构建以空间治理和空间结构优化为主要内容，全国统一、相互衔接、分级管理的空间规划体系，着力解决空间性规划重叠冲突、部门职责交叉重复、地方规划朝令夕改等问题。目标是到 2020 年，构建起包括空间规划体系等在内的生态文明制度体系。

关于建立空间规划体系的具体要求，《方案》提出要整合目前各部门分头编制的各类空间性规划，编制统一的空间规划，实现规划全覆盖。支持市县推进"多规合一"，统一编制市县空间规划，逐步形成一个市县一个规划、一张蓝图。市县空间规划要统

一土地分类标准，根据主体功能定位和省级空间规划要求，划定生产空间、生活空间、生态空间，明确城镇建设区、工业区、农村居民点等的开发边界，以及耕地、林地、草原、河流、湖泊、湿地等的保护边界，加强对城市地下空间的统筹规划。探索规范化的市县空间规划编制程序，扩大社会参与，增强规划的科学性和透明度。规划编制前应当进行资源环境承载能力评价，以评价结果作为规划的基本依据。规划编制过程中应当广泛征求各方面意见，全文公布规划草案，充分听取当地居民意见。规划经评议委员会论证通过后，由当地人民代表大会审议通过，并报上级政府部门备案。规划成果应当包括规划文本和较高精度的规划图，并在网络和其他本地媒体公布。鼓励当地居民对规划执行进行监督，对违反规划的开发建设行为进行举报。当地人民代表大会及其常务委员会定期听取空间规划执行情况报告，对当地政府违反规划行为进行问责。

二、组建自然资源部为建立实施国土空间规划体系提供机构保障

2018 年 2 月 28 日，中国共产党第十九届中央委员会第三次会议通过《深化党和国家机构改革方案》，将国家发展和改革委员会的组织编制主体功能区规划职责、住房和城乡建设部的城乡规划管理职责等进行整合，组建自然资源部。在《关于国务院机构改革方案的说明》中，明确自然资源部统一行使全民所有自然资源资产所有者职责，统一行使所有国土空间用途管制和生态保护修复职责，着力解决自然资源所有者不到位、空间规划重叠等问题，实现山水林田湖草整体保护、系统修复、综合治理。将建立空间规划体系并监督实施，作为新组建的自然资源部的主要职责之一，是"多规合一"试点的经验总结和成果应用，顺应了多年来各界要求推进"多规合一"的呼声，开启了中国空间规划和空间治理的新时代。

2018 年 6 月公布的《自然资源部职能配置、内设机构和人员编制规定》中，对于"负责建立空间规划体系并监督实施"的职能做出具体规定，主要内容是：推进主体功能区战略和制度，组织编制并监督实施国土空间规划和相关专项规划。开展国土空间开发适宜性评价，建立国土空间规划实施监测、评估和预警体系。组织划定生态保护红线、永久基本农田、城镇开发边界等控制线，构建节约资源和保护环境的生产、生活、生态空间布局。建立健全国土空间用途管制制度，研究拟订城乡规划政策并监督实施。组织拟订并实施土地、海洋等自然资源年度利用计划。负责土地、海域、海岛等国土空间用途转用工作。

此次机构改革将主体功能区规划、国土规划、土地利用规划、城乡规划等主要空间性规划的管理职责统一集中到自然资源部门，实现"多规合一"，为建立统一、协调、权威的空间规划体系创造了条件，成为 2018 年自然资源管理体制改革的重大突破。此次的规划管理职能整合，不是简单地将各类空间规划进行物理组合，而是以优

化空间开发模式促进经济社会发展方式转变，推动经济社会与生态环境协调发展，实现国家治理能力和水平现代化，为生态文明建设和可持续发展提供基础制度。

三、习近平总书记在参加十三届全国人大二次会议内蒙古自治区代表团审议时针对规划问题发表重要讲话

2019 年 3 月，习近平总书记在参加十三届全国人大二次会议内蒙古自治区代表团审议时，集中发表了对生态文明建设的新要求。提出探索以生态优先、绿色发展为导向的高质量发展新路子，特别强调要坚持底线思维，以国土空间规划为依据，把城镇、农业、生态空间和生态保护红线、永久基本农田保护红线、城镇开发边界作为调整经济结构、规划产业发展、推进城镇化不可逾越的红线，立足本地资源禀赋特点，体现本地优势和特色。

四、党中央、国务院做出建立实施国土空间规划体系的重大部署

2019 年 5 月，《中共中央 国务院关于建立国土空间规划体系并监督实施的若干意见》（以下简称《若干意见》）明确提出，国土空间规划是国家空间发展的指南、可持续发展的空间蓝图，是各类开发保护建设活动的基本依据。建立国土空间规划体系并监督实施，将主体功能区规划、土地利用规划、城乡规划等空间规划融合为统一的国土空间规划，实现"多规合一"，强化国土空间规划对各专项规划的指导约束作用。

《若干意见》提出建立实施国土空间规划体系分三步走：一是到 2020 年，基本建立国土空间规划体系，逐步建立"多规合一"的规划编制审批体系、实施监督体系、法规政策体系和技术标准体系；基本完成市县以上各级国土空间总体规划编制，初步形成全国国土空间开发保护"一张图"。二是到 2025 年，健全国土空间规划法规政策和技术标准体系；全面实施国土空间监测预警和绩效考核机制；形成以国土空间规划为基础，以统一用途管制为手段的国土空间开发保护制度。三是到 2035 年，全面提升国土空间治理体系和治理能力现代化水平，基本形成生产空间集约高效、生活空间宜居适度、生态空间山清水秀，安全和谐、富有竞争力和可持续发展的国土空间格局。

第二节　国土空间规划体系

所谓"国土"，是指国家主权管辖下的地域空间，包括陆地、陆上水域、内水、领海、领空等，是由各种自然要素和人文要素组成的物质实体，是国家社会经济发展的

物质基础或资源，是国民生存和从事各种活动的场所和环境。所谓"空间规划"，是指涉及空间资源保护和利用的空间要素布局和空间用途分类的各单项规划和规划体系。所谓"国土空间规划"，是对一定区域内国土空间开发保护在空间和时间上做出的安排。

建立国土空间规划体系并监督实施，将主体功能区规划、土地利用规划、城乡规划等空间规划融合为统一的国土空间规划，实现"多规合一"，强化国土空间规划对各专项规划的指导约束作用，是党中央、国务院做出的重大部署。《若干意见》，明确了国土空间规划监督实施的政策措施，根据《若干意见》，目前的国土空间规划体系可以概括为"五级三类"。

一、国土空间规划中的"五级"

在规划层级上，我国将国土空间规划分为国家级、省级、市级、县级、乡镇级五级。这五级规划分别对应我国五个行政管理层级，以便实现一级政府、一级事权、一级规划，统筹安排各级行政辖区内的国土空间开发保护。五级规划自上而下编制，下级规划服从、服务于上级规划，不得违背上级规划确定的约束性内容。不同层级规划体现不同的空间尺度和编制深度要求。

全国国土空间总体规划由自然资源部会同相关部门组织编制，其功能定位是对全国国土空间做出全局安排，是全国国土空间保护、开发、利用、修复的政策和总纲。全国国土空间总体规划侧重战略性，即落实国家安全战略、区域协调发展战略和主体功能区战略，明确全国国土空间发展目标策略，优化全国国土空间格局。

省级国土空间总体规划由省级人民政府组织编制，其功能定位是落实全国国土空间规划，指导市、县国土空间规划编制，侧重协调性，即协调国家级国土空间规划和市、县级国土空间规划。

市、县级国土空间总体规划由相应层级人民政府组织编制，其功能定位是细化落实上级国土空间规划要求，对本行政区域国土空间开发保护做出具体安排，侧重实施性。所谓的实施性，即对市、县级行政辖区内的国土空间，在开发、保护、利用方面提出可操作的实施方案，实现全域全要素规划管控。

乡镇级国土空间总体规划的功能定位与市、县级相同。各地可因地制宜，将市、县与乡镇国土空间总体规划合并编制，也可以几个乡镇为单元编制乡镇级国土空间规划。

二、国土空间规划中的"三类"

在规划类型上，国土空间规划分为总体规划、详细规划和相关专项规划三种类型。

总体规划是对一定区域内的国土空间，在开发、保护、建设方面，在时间和空间上做出的总体安排，强调综合性，如前述的国家级、省级、市级、县级、乡镇级国土空间总体规划。

详细规划是对具体地块用途和开发建设强度等做出的实施性安排。详细规划强调可操作性，是规划行政许可的依据，一般在市、县及以下层级编制。在城镇开发边界内，由市、县自然资源主管部门组织编制详细规划，即控制性详细规划；在城镇开发边界外，由乡镇政府组织编制"多规合一"的实用性村庄规划，以此作为详细规划。

相关专项规划是指在特定区域、特定流域或特定领域，为体现特定功能，对空间开发、保护、建设做出的专门安排，是涉及空间利用的专项规划，强调专门性。相关专项规划也有国家级、省级、市级、县级、乡镇级的层级划分，要因地制宜选择编制类型和精度。如京津冀城市群规划、自然保护地规划、长江流域空间规划，或者是交通规划、能源规划、市政规划等，都是涉及空间利用的专项规划。

这三种类型规划之间的关系是：总体规划是详细规划的依据，即详细规划编制修改要依据总体规划；是相关专项规划编制的基础，即指导约束相关专项规划的编制。相关专项规划要遵循总体规划，不得违背总体规划中的强制性内容；要与详细规划做好衔接，将主要内容纳入详细规划；相关专项规划之间也要互相协同。详细规划要依据总体规划进行编制修改，将相关专项规划主要内容纳入其中。

三、国土空间规划的编制审批体系

规划的编制审批体系涉及各级各类规划的编制主体、审批主体和重点内容。没有明确国土空间规划的编制审批，主要考虑国土空间规划的编制审批有可能涉及党中央及地方人大常委会的职权。根据《若干意见》，全国国土空间规划由自然资源部会同相关部门组织编制，由党中央、国务院审定后印发。省级国土空间规划由省级政府组织编制，经同级人大常委会审议后报国务院审批。国务院审批的城市国土空间总体规划，由市政府组织编制，经同级人大常委会审议后，由省级政府报国务院审批；其他市县及乡镇国土空间规划的审批内容和程序由省级政府具体规定。海岸带、自然保护地等专项规划及跨行政区域或流域的国土空间规划，由所在区域或上一级自然资源主管部门牵头组织编制，报同级政府审批。例如，长江经济带国土空间规划，由自然资源部会同相关部门和省、市共同编制，报国务院审批。其他涉及空间利用的相关专项规划，如交通、水利、农业、市政基础设施等专项规划的编制审批程序不变，仍由相关主管部门组织编制和实施，其编制时要进行相应层级的国土空间规划"一张图"审核。

四、国土空间规划的实施监督体系

规划的实施监督体系对保障规划的实施至关重要。国土空间规划是一级政府、一级规划、一级规划事权，"谁审批，谁监管"，分级建立国土空间规划审查备案制度；以"管什么就批什么"为原则，明确上级政府审查要点，精简规划审批内容。同时，减少需报国务院审批的城市数量，除直辖市、计划单列市、省会城市外，不再以人口规模，而是以城市在国民经济社会发展和战略部署中的作用为依据，综合考虑未来城镇化发展的趋势以及中央政府的管控责任，将在国家发展战略全局中的重要节点城市和需要对特殊资源进行保护的城市列入国务院审批城市的名单。相关专项规划在编制和审查过程中除了要与国土空间规划"一张图"核对外，在规划批复后还要叠加到国土空间规划"一张图"上实施监督。在空间用途管制层面，通过国土空间规划对所有国土空间进行分区分类，落实用途管制。

第三节　规划先行原则

《土地管理法实施条例》第二条第二款规定，土地开发、保护、建设活动应当坚持规划先行。这是《土地管理法实施条例》首次将规划先行原则确立为国土空间规划管理的重要原则。规划先行原则类似于《中华人民共和国城乡规划法》（以下简称《城乡规划法》）确立的先规划后建设原则。《城乡规划法》第四条第一款明确规定："制定和实施城乡规划，应当遵循城乡统筹、合理布局、节约土地、集约发展和先规划后建设的原则，改善生态环境，促进资源、能源节约和综合利用，保护耕地等自然资源和历史文化遗产，保持地方特色、民族特色和传统风貌，防止污染和其他公害，并符合区域人口发展、国防建设、防灾减灾和公共卫生、公共安全的需要。"

坚持规划先行原则，就是要把握好国土空间的功能定位，把每一寸国土空间都规划得清清楚楚后再开工建设。要划定好大的空间格局，注重开发强度管控，提升城市形态，有更多开敞空间，体现绿色低碳智能、宜居宜业特点。习近平总书记在谈到补齐农村基础设施短板时提出：要补齐农村基础设施这个短板。按照先规划后建设的原则，通盘考虑土地利用、产业发展、居民点布局、人居环境整治、生态保护和历史文化传承，编制"多规合一"的实用性村庄规划，加大投入力度，创新投入方式，引导和鼓励各类社会资本投入农村基础设施建设，逐步建立全域覆盖、普惠共享、城乡一体的基础设施服务网络，重点抓好农村交通运输、农田水利、农村饮水、乡村物流、宽带网络等基础设施建设。李克强总理在谈到加强城市基础设施建设时明确提出：要按照先规划、后建设，先地下、后地上等原则，在保障政府投入，加强非经营性城市基础设施建设的同时，推进投融资体制改革，发挥市场机制作用，同等对待各类投资主体，利用特许经营、投资补助、政府购买服务等方式吸引民间资本参与经营性项目建设与运营，促进改善城市基础设施薄弱环节。

第四节　国土空间规划中的"三区三线"

《土地管理法实施条例》第三条规定：国土空间规划应当细化落实国家发展规划提出的国土空间开发保护要求，统筹布局农业、生态、城镇等功能空间，划定落实永久基本农田、生态保护红线和城镇开发边界。国土空间规划应当包括国土空间开发保护格局和规划用地布局、结构、用途管制要求等内容，明确耕地保有量、建设用地规模、禁止开垦的范围等要求，统筹基础设施和公共设施用地布局，综合利用地上地下空间，合理确定并严格控制新增建设用地规模，提高土地节约集约利用水平，保障土地的可持续利用。

国土空间规划应当统筹布局农业、生态、城镇等功能空间，划定落实永久基本农田、生态保护红线和城镇开发边界。这一规定明确赋予"三区三线"在国土空间规划中的法律地位。"三区"中的农业空间指以农业生产和农村居民生活为主体功能，承担农产品生产和农村的生活功能的国土空间，主要包括永久基本农田、一般农田等农业生产用地和村庄等农村生活用地；生态空间指具有自然属性的以提供生态服务或生态产品为主体功能的国土空间，包括森林、草原、湿地、河流、湖泊、滩涂、荒地、荒漠等；城镇空间指以城镇居民生产、生活为主体功能的国土空间，包括城镇建设空间、工矿建设空间及部分乡级政府驻地的开发建设空间。"三区"突出主导功能划分，"三线"侧重边界的刚性管控，国土空间规划的"三区三线"要服务于全域全类型用途管控，管制核心要由耕地资源单要素保护向山、水、林、田、湖、草全要素保护转变。

在国土空间规划中划定"三区三线"，是党中央、国务院加强生态文明建设的重大举措。2015年，中共中央、国务院印发《生态文明体制改革总体方案》，提出要"构建以空间治理和空间结构优化为主要内容，全国统一、相互衔接、分级管理的空间规划体系"。党的十八届三中全会明确提出"通过建立空间规划体系，划定生产、生活、生态空间开发管制界限，落实用途管制"。党的十九大报告再次强调"完成生态保护红线、永久基本农田、城镇开发边界三条控制线划定工作"。科学划分生产、生活和生态三大空间，合理界定建设用地、农业用地、生态用地，体现了生产空间集约高效、生活空间美丽宜居、生态空间山清水秀的美好愿景，是确保中华民族永续发展的基础。

2019年，中共中央办公厅、国务院办公厅印发《关于在国土空间规划中统筹划定落实三条控制线的指导意见》，第一次从政策层面对三条控制线的划定和冲突解决提出明确的指导意见。《关于在国土空间规划中统筹划定落实三条控制线的指导意见》提出，要落实最严格的生态环境保护制度、耕地保护制度和节约用地制度，将三条控制线作为调整经济结构、规划产业发展、推进城镇化不可逾越的红线，夯实中华民族永续发展基础。

一、按照保质保量要求划定耕地和永久基本农田保护红线

永久基本农田是为保障国家粮食安全和重要农产品供给，实施永久特殊保护的耕地。依据耕地现状分布，根据耕地质量、粮食作物种植情况、土壤污染状况，在严守耕地红线基础上，按照一定比例，将达到质量要求的耕地依法划入。已经划定的永久基本农田中存在划定不实、违法占用、严重污染等问题的要全面梳理整改，确保永久基本农田面积不减、质量提升、布局稳定。

二、划定生态保护红线

按照生态功能划定生态保护红线。生态保护红线是指在生态空间范围内具有特殊重要生态功能、必须强制性严格保护的区域。

优先将具有重要水源涵养、生物多样性维护、水土保持、防风固沙、海岸防护等功能的生态功能极重要区域，以及生态极敏感脆弱的水土流失、沙漠化、石漠化、海岸侵蚀等区域划入生态保护红线。其他经评估目前虽然不能确定但具有潜在重要生态价值的区域也划入生态保护红线。

对自然保护地进行调整优化，评估调整后的自然保护地应划入生态保护红线；自然保护地发生调整的，生态保护红线相应调整。生态保护红线内，自然保护地核心保护区原则上禁止人为活动，其他区域严格禁止开发性、生产性建设活动，在符合现行法律法规前提下，除国家重大战略项目外，仅允许对生态功能不造成破坏的有限人为活动，主要包括：零星的原住民在不扩大现有建设用地和耕地规模前提下，修缮生产生活设施，保留生活必需的少量种植、放牧、捕捞、养殖；因国家重大能源资源安全需要开展的战略性能源资源勘查、公益性自然资源调查和地质勘查；自然资源、生态环境监测和执法包括水文水资源监测及涉水违法事件的查处等，灾害防治和应急抢险；经依法批准进行的非破坏性科学研究观测、标本采集；经依法批准的考古调查发掘和文物保护；不破坏生态功能的适度参观旅游和相关的必要公共设施建设；必须且无法避让、符合县级以上国土空间规划的线性基础设施建设，防洪和供水设施建设与运行维护；重要生态修复工程。

三、划定城镇开发边界

按照集约适度、绿色发展要求划定城镇开发边界，城镇开发边界是在一定时期内因城镇发展需要，可以集中进行城镇开发建设、以城镇功能为主的区域边界，涉及城市、建制镇和各类开发区等。城镇开发边界划定以城镇开发建设现状为基础，综合考虑资源承载能力、人口分布、经济布局、城乡统筹、城镇发展阶段和发展潜力，框定总量、限定容量，防止城镇无序蔓延。科学预留一定比例的留白区，为未来发展留有开发空间。城镇建设和发展不得违法违规侵占河道、湖面、滩地。

四、三条线的冲突解决规则

三条控制线发生冲突时，生态保护红线要保证生态功能的系统性和完整性，确保生态功能不降低、面积不减少、性质不改变；永久基本农田要保证适度合理的规模和稳定性，确保数量不减少、质量不降低；城镇开发边界要避让重要生态功能，不占或少占永久基本农田。目前已划入自然保护地核心保护区的永久基本农田、镇村、矿业权逐步有序退出；已划入自然保护地一般控制区的，根据对生态功能造成的影响确定是否退出，其中，造成明显影响的逐步有序退出，不造成明显影响的可依法依规相应调整一般控制区范围等。协调过程中退出的永久基本农田在县级行政区域内同步补划，确实无法补划的在市级行政区域内补划。

第五节　各级国土空间总体规划审批要点和编制要求

一、各级国土空间规划审查要点

全国国土空间规划是对全国国土空间做出的全局安排，是全国国土空间保护、开发、利用、修复的政策和总纲，侧重战略性，由自然资源部会同相关部门组织编制，由党中央、国务院审定后印发。

省级国土空间规划是对全国国土空间规划的落实，指导市县国土空间规划编制，侧重协调性，由省级政府组织编制，经同级人大常委会审议后报国务院审批。省级国土空间规划审查要点包括：（1）国土空间开发保护目标；（2）国土空间开发强度、建设用地规模，生态保护红线控制面积、自然岸线保有率，耕地保有量及永久基本农田保护面积，用水总量和强度控制等指标的分解下达；（3）主体功能区划分，城镇开发边界、生态保护红线、永久基本农田的协调落实情况；（4）城镇体系布局，城市群、都市圈等区域协调重点地区的空间结构；（5）生态屏障、生态廊道和生态系统保护格局，重大基础设施网络布局，城乡公共服务设施配置要求；（6）体现地方特色的自然保护地体系和历史文化保护体系；（7）乡村空间布局，促进乡村振兴的原则和要求；（8）保障规划实施的政策措施；（9）对市县级规划的指导和约束要求等。

市县和乡镇国土空间规划是本级政府对上级国土空间规划要求的细化落实，是对本行政区域开发保护做出的具体安排，侧重实施性。需报国务院审批的城市国土空间总体规划，由市政府组织编制，经同级人大常委会审议后，由省级政府报国务院审批。国务院审批的市级国土空间总体规划审查要点，除对省级国土空间规划审查要点的深化细化外，还包括：（1）市域国土空间规划分区和用途管制规则；（2）重大交通枢纽、重要线性工程网络、城市安全与综合防灾体系、地下空间、邻避设施等设施布局，城镇政策性住房和教育、卫生、养老、文化体育等城乡公共服务设施布局原则和标准；（3）城镇开发边界内，城市结构性绿地、水体等开敞空间的控制范围和均衡分布要求，各类历史文化遗存的保护范围和要求，通风廊道的格局和控制要求；城镇开发强度分区及容积率、密度等控制指标，高度、风貌等空间形态控制要求；（4）中心城区城市功能布局和用地结构等。其他市县及乡镇国土空间规划由省级政府根据当地实际，明确规划编制审批内容和程序要求。各地可因地制宜，将市县与乡镇国土空间规划合并编制，也可以几个乡镇为单元编制乡镇级国土空间规划。

按照"谁审批，谁监管"的原则，分级建立国土空间规划审查备案制度。精简规划审批内容，管什么就批什么，大幅缩减审批时间。减少需报国务院审批的城市数量，直辖市、计划单列市、省会城市及国务院指定城市的国土空间总体规划由国务院审批。

二、国土空间规划编制要求

（一）体现战略性

全面落实党中央、国务院重大决策部署，体现国家意志和国家发展规划的战略性，自上而下编制各级国土空间规划，对空间发展做出战略性、系统性安排。落实国家安全战略、区域协调发展战略和主体功能区战略，明确空间发展目标，优化城镇化格局、农业生产格局、生态保护格局，确定空间发展策略，转变国土空间开发保护方式，提升国土空间开发保护质量和效率。

（二）提高科学性

坚持生态优先、绿色发展，尊重自然规律、经济规律、社会规律和城乡发展规律，因地制宜开展规划编制工作；坚持节约优先、保护优先、自然恢复为主的方针，在资源环境承载能力和国土空间开发适宜性评价的基础上，科学有序统筹布局生态、农业、城镇等功能空间，划定生态保护红线、永久基本农田、城镇开发边界等空间管控边界以及各类海域保护线，强化底线约束，为可持续发展预留空间。坚持山水林田湖草生命共同体理念，加强生态环境分区管治，量水而行，保护生态屏障，构建生态廊道和生态网络，推进生态系统保护和修复，依法开展环境影响评价。坚持陆海统筹、区域协调、城乡融合，优化国土空间结构和布局，统筹地上地下空间综合利用，着力完善交通、水利等基础设施和公共服务设施，延续历史文脉，加强风貌管控，突出地域特色。坚持上下结合、社会协同，完善公众参与制度，发挥不同领域专家的作用。运用城市设计、乡村营造、大数据等手段，改进规划方法，提高规划编制水平。

（三）加强协调性

强化国家发展规划的统领作用，强化国土空间规划的基础作用。国土空间总体规划要统筹和综合平衡各相关专项领域的空间需求。详细规划要依据批准的国土空间总体规划进行编制和修改。相关专项规划要遵循国土空间总体规划，不得违背总体规划强制性内容，其主要内容要纳入详细规划。

（四）注重操作性

按照"谁组织编制，谁负责实施"的原则，明确各级各类国土空间规划编制和管理的要点。明确规划约束性指标和刚性管控要求，同时提出指导性要求。制定实施规划的政策措施，提出下级国土空间总体规划和相关专项规划、详细规划的分解落实要求，健全规划实施传导机制，确保规划能用、管用、好用。

三、加强国土空间规划的实施监管

（一）强化规划权威

坚持先规划、后实施，不得违反国土空间规划进行各类开发建设活动。规划一经批复，任何部门和个人不得随意修改、违规变更，防止出现换一届党委和政府改一次规划的现象。因国家重大战略调整、重大项目建设或行政区划调整等确需修改规划的，须先经规划审批机关同意后，方可按法定程序进行修改。对国土空间规划编制和实施过程中的违规违纪违法行为，要严肃追究责任。

（二）监督规划实施

依托国土空间基础信息平台，建立健全国土空间规划动态监测评估预警和实施监管机制。上级自然资源主管部门要会同有关部门组织对下级国土空间规划中各类管控边界、约束性指标等管控要求的落实情况进行监督检查，将国土空间规划执行情况纳入自然资源执法督察内容。健全资源环境承载能力监测预警长效机制，建立国土空间规划定期评估制度，结合国民经济社会发展实际和规划定期评估结果，对国土空间规划进行动态调整完善。

第六节　土地利用计划

土地利用年度计划，是根据土地利用总体规划（国土空间规划）、国民经济和社会发展计划、国家产业政策和土地利用的实际状况编制的年度内各项用地数量的具体安排。法律规定各级人民政府应当加强土地利用年度计划管理，实行建设用地总量控制。土地利用年度计划是实施土地利用总体规划（国土空间规划）的重要措施，是农用地转用审批、建设项目立项审查和用地审批、土地整治审批的依据。

一、1998 年以前的土地利用计划管理

我国对土地利用实行计划管理开始于 20 世纪 80 年代。1986 年 3 月，中共中央、国务院《关于加强土地管理、制止乱占耕地的通知》要求，"今后必须严格控制用地规划、用地计划和用地标准审批土地"，第一次明确了土地利用计划的地位和作用。1987年 10 月，原国家计划委员会、原国家土地管理局联合制定了《建设用地计划管理暂行办法》。该办法的颁布实施对遏制耕地急剧减少的势头起到了积极作用，也为建立土地利用计划管理制度打下了良好基础。同年，原国家计划委员会、原国家土地管理局制订并下达了我国第一个非农建设占用耕地计划。此后，土地利用计划管理制度经过逐步修改完善，形成了包括国家建设用地、乡（镇）村集体建设用地、农村个人建设用地三种建设用地类型，以及用地计划占用耕地的指令性指标、占用非耕地的指导性指标两种类别在内的计划指标体系。在此基础上，1996 年原国家计划委员会、原国家土地管理局又制定了《建设用地计划管理办法》。

当时的计划管理办法有开创性意义，也有明显的时代局限性，主要在于以下几点：

一是按照土地需求决定供给，从根本上说是保障建设用地的计划。编制用地计划时，作为用地单位的国务院各部门（包括计划单列的大型工业联合企业和企业集团）

及军队建设项目要向国家计委和国家土地管理局提出用地计划，地方土地管理部门也要会同计划部门提出用地计划建议，由国家土地管理局汇总提出全国用地计划建议，报国家计委综合平衡。

二是在计划管理中只节流不开源，重视占用耕地计划，轻视补充耕地计划。在土地利用计划中，建设占用耕地是指令性计划，不得突破；而土地开发计划是指导性计划，不具有强制性。

三是实行国家、省、市、县四级，以县为基层计划单位的计划编制制度，由于计划编制科学性不足和缺乏技术监管手段，土地利用计划执行一定程度上失控。一些地方政府上报的土地利用计划执行情况不符合实际，实际用地数量大大超过上报数，有的地方实际占用耕地数量超过上报数量的数倍以上。

二、当前土地利用计划管理的现状

（一）1998 年《土地管理法》修订确立了当前土地利用计划管理的基本法律框架

1998 年《土地管理法》首次在法律中写入实行土地利用计划管理，编制土地利用年度计划的内容。针对当时土地利用计划管理实践中存在的问题，对用地计划的编制、下达和监督检查做出了原则的规定。

从地位效力上，要求各级人民政府应当加强土地利用计划管理，实行建设用地总量控制。土地利用年度计划一经批准下达，必须严格执行。

从审批程序上，严格土地利用年度计划的编制审批程序，规定土地利用年度计划的编制审批程序与土地利用总体规划的编制审批程序相同，一经审批下达，必须严格执行。

从监督实施上，规定省、自治区、直辖市人民政府应当将土地利用年度计划的执行情况列为国民经济和社会发展计划执行情况内容，向同级人民代表大会报告。

（二）土地利用年度计划管理随着实践不断发展丰富

1998 年《土地管理法实施条例》明确了土地利用年度计划包括农用地转用计划、耕地保有量计划和土地开发整理计划三类指标。1999 年，原国土资源部制定《土地利用年度计划管理办法》（以下简称《办法》），对土地利用年度计划的编制、报批、执行和监督做出详细规定。这个《办法》是在我国快速城镇化时期、耕地保护形势严峻的背景下出台的，肩负着保耕地、保发展的双重任务。《办法》提出了以土地供应引导需求的先进理念，试图改变过去以需求定供给的管理方式，但是又规定优先保证国家重点建设项目和基础设施项目用地，带有明显的时代印记。

此后，《办法》经过2006年、2016年两次修订，内容不断丰富和发展，对加强土地管理和调控，严格实施土地用途管制，切实保护耕地，合理控制建设用地总量发挥了重要作用：

第一，贯彻落实中央有关决策部署，将创新、协调、绿色、开放、共享的新发展理念体现到《办法》中。规定土地利用年度计划管理应当坚持绿色发展，实行耕地保护数量、质量、生态并重，确保建设占用耕地与补充耕地相平衡，提高补充耕地质量；坚持协调发展，统筹区域、城乡建设用地，促进国土空间开发格局优化。统筹存量和新增建设用地，促进存量用地盘活利用，严格控制农村集体建设用地规模。

第二，科学界定土地利用年度计划的内涵，将存量用地计划指标纳入建设用地指标体系。土地利用年度计划前期一直强调对新增建设用地量的控制，但"十二五"期间，全国增减挂钩、工矿废弃地复垦用地604万亩，占同期土地计划安排总量的11.6%。党的十七届三中全会报告中明确提出将增减挂钩指标纳入计划管理。因此，《办法》在2016年将建设用地增减挂钩指标和工矿废弃地复垦利用指标纳入计划管理，促进存量建设用地盘活利用。

第三，进一步扩大严格耕地保护责任，加强对新增建设用地的指标管控。《国务院关于加强土地调控有关问题的通知》明确提出，将新增建设用地控制指标（包括占用农用地和未利用地）纳入土地利用年度计划，以实际耕地保有量和新增建设用地面积，作为土地利用年度计划考核的依据。《办法》按照《国务院关于加强土地调控有关问题的通知》对土地利用年度计划的内容做了完善，修改后的计划指标包括年度内新增建设用地量、土地整治补充耕地量和耕地保有量。

第四，改革土地利用计划指标的测算方式，调整指标编制下达程序。以土地利用总体规划安排为基础，根据全社会固定资产投资、重点建设项目安排、建设用地预审和各地建设用地需求等情况，测算确定三年新增建设用地指标控制规模，实行三年滚动编制、分年度一次性下达。各地方按照年度间相对平衡，变化幅度控制在10%以内的原则，提出分年度新增建设用地计划安排建议报批确定。在计划下达前，各地方可以按照上一年度计划指标总量的50%预先安排使用，节余的计划指标可以在三年内结转使用。

第五，细化土地利用计划执行管理，实行差别化的计划管理方式。对因地震、洪水、台风、泥石流等重大自然灾害引发的抗灾救灾、灾后恢复重建用地等特殊情况，制定灾后重建规划，经省级以上人民政府批准，可以先行安排建设用地指标，半年内将执行情况备案；对水利设计工程建设区域以外的工程淹没区等水面用地，不占用计划指标。要求下达市县的土地利用计划指标要保障农村居民申请宅基地的合理用地需求。

第六，加强土地利用计划执行监管，完善考核评估要求。严格执行土地利用年度计划指标使用在线报备制度，对指标使用情况及时进行登记，按月上报。省级自然资源行政主管部门要加强对土地利用年度计划执行情况的跟踪检查，上报年度执行情况报告。上级自然资源主管部门应当对下级自然资源主管部门土地利用年度计划执行情况进行年度评估考核，考核内容包括新增建设用地计划和城乡建设用地增减挂钩指标、工矿废弃地复垦利用指标执行情况，考核结果作为下一年度计划编制和管理的重要依据。

三、土地利用年度计划管理改革的方向

（一）将集体经营性建设用地纳入计划管理

《土地管理法》（2019 修订）对土地利用年度计划修改的内容不多，第二十三条仅增加一句："土地利用年度计划应当对本法第六十三条规定的集体经营性建设用地作出合理安排"，但是这标志着土地利用年度计划的内涵发生了重大转变。在《土地管理法》（2019 修订）出台前，由于能进入建设用地市场的只有国有建设用地，实际上土地利用年度计划指标体系中对新增建设用地指标的管控是限制在国有建设用地范围内的。根据修订后《土地管理法》的规定，集体经营性建设用地入市后，要将集体经营性建设用地纳入土地利用年度计划管理。我们认为，目前的土地利用年度计划管理相关规定中，并没有明确规定只是针对国有建设用地，因此将新增的集体经营性建设用地纳入土地利用年度计划管理不存在政策上的障碍，后期自然资源管理部门将会出台具体的管理办法。

（二）实行土地利用计划"增存挂钩"

为促进节约集约用地，以土地利用方式转变推动绿色发展方式和生活方式，实现高质量发展，2018 年 6 月，自然资源部下发《关于健全建设用地"增存挂钩"机制的通知》，按照统筹增量和存量用地的要求，提出大力推进土地利用计划"增存挂钩"。要求各级自然资源主管部门分解下达新增建设用地计划，要把批而未供和闲置土地作为重要测算指标，逐年减少批而未供、闲置土地多和处置不力地区的新增建设用地计划安排。明确各地区处置批而未供和闲置土地具体任务和奖励要求，对两项任务均完成的省份，国家安排下一年度计划时，将在因素法测算结果基础上，再奖励 10% 新增建设用地计划指标；任一任务未完成的，核减 20% 新增建设用地计划指标。

2019 年 7 月，自然资源部发布《关于第一批废止和修改的部门规章的决定》，修改《节约集约利用土地规定》，将"增存挂钩"写入规章，规定县级以上自然资源主管部

门在分解下达新增建设用地计划时，应当与批而未供和限制土地处置数量相挂钩，对批而未供、闲置土地多和处置不力地区，减少其新增建设用地计划安排。

（三）拟订实施自然资源年度利用计划

根据《自然资源部职能配置、内设机构和人员编制规定》，自然资源部的职责包括组织拟订并实施土地、海洋等自然资源年度利用计划。目前，除了土地利用年度计划外，自然资源领域实行计划管理的还有围填海。2011 年，国家发展和改革委员会、原国家海洋局发布《围填海计划管理办法》，明确围填海计划是国民经济和社会发展计划的重要组成部分，实行统一编制、分级管理。围填海计划指标包括中央年度围填海计划指标和地方年度围填海计划指标，上述两类指标均包括建设用围填海计划指标和农业用围填海计划指标。围填海计划指标属于指令性计划，不得擅自突破。2018 年国务院印发的《关于加强滨海湿地保护严格管控围填海的通知》要求，严控新增围填海造地，取消围填海地方年度计划指标，除国家重大战略项目涉及围填海的按程序报批外，全面停止新增围填海项目审批。

根据以前的管理体制，土地利用年度计划和围填海计划都是由国家发展和改革委员会、自然资源主管部门联合编制，纳入国民经济和社会发展年度计划，提交全国人民代表大会审议确定后，下达执行。在自然资源管理体制改革后，如何统筹土地利用年度计划和围填海计划的关系，实行统一的自然资源年度利用计划，是目前正在研究解决的问题。

❓思考题

1. 什么是"生态保护红线"？
2. 请简述国土空间规划体系。
3. 请简述土地利用年度计划管理改革的未来方向。

第十章　耕地保护

内容摘要

　　耕地是农业的基础，自古农业便是一个国家的重要产业，我国作为拥有 14 亿人口的大国，农业不仅是产业的一种，更是国家稳定的重要保障。耕地保护是我国土地管理中的重要原则，本章介绍了我国耕地保护的制度，主要包括占用耕地补偿制度、耕地总量动态平衡制度、永久基本农田保护制度、农用地转用审批制度和耕地保护责任制度。

第一节　占用耕地补偿制度

　　我国《土地管理法》第三十条规定了占用耕地补偿制度，该条第一款规定："国家保护耕地，严格控制耕地转为非耕地。" 第二款规定："国家实行占用耕地补偿制度。非农业建设经批准占用耕地的，按照"占多少，垦多少"的原则，由占用耕地的单位负责开垦与所占用耕地的数量和质量相当的耕地；没有条件开垦或者开垦的耕地不符合要求的，应当按照省、自治区、直辖市的规定缴纳耕地开垦费，专款用于开垦新的耕地。"

　　《土地管理法实施条例》（2021 修订）对占用耕地补偿制度进一步做出规定，第八条第一款规定："国家实行占用耕地补偿制度。在国土空间规划确定的城市和村庄、集镇建设用地范围内经依法批准占用耕地，以及在国土空间规划确定的城市和村庄、集镇建设用地范围外的能源、交通、水利、矿山、军事设施等建设项目经依法批准占用耕地的，分别由县级人民政府、农村集体经济组织和建设单位负责开垦与所占用耕地的数量和质量相当的耕地；没有条件开垦或者开垦的耕地不符合要求的，应当按照省、自治区、直辖市的规定缴纳耕地开垦费，专款用于开垦新的耕地。"

　　我国占用耕地补偿制度针对的是非农业建设占用耕地，比如土地征收之后进行基础设施建设、开发楼盘等。如果是农业建设经批准占用耕地，比如建设农田水利设施，建设鸡舍、畜棚等经批准占用耕地，就不需要按照该条规定进行占用耕地补偿。

占用单位补偿性开垦耕地不能随意开垦，国家规定了占用耕地补偿的组织和实施制度，《土地管理法》第三十条第三款规定："省、自治区、直辖市人民政府应当制定开垦耕地计划，监督占用耕地的单位按照计划开垦耕地或者按照计划组织开垦耕地，并进行验收。"《土地管理法实施条例》第八条第二款规定："省、自治区、直辖市人民政府应当组织自然资源主管部门、农业农村主管部门对开垦的耕地进行验收，确保开垦的耕地落实到地块。划入永久基本农田的还应当纳入国家永久基本农田数据库严格管理。占用耕地补充情况应当按照国家有关规定向社会公布。"此外还可以异地开垦耕地，《土地管理法实施条例》第八条第三款规定："个别省、直辖市需要易地开垦耕地的，依照《土地管理法》第三十二条的规定执行。"

除了直接开垦耕地外，我国还规定了耕地开垦费制度，对于占用耕地但没有条件开垦或者开垦的耕地不符合要求的应当缴纳耕地开垦费，具体制度由省、自治区、直辖市进行规定。以湖南为例，湖南省于 2019 年印发《湖南省耕地开垦费征收使用管理办法》，其中规定需要缴纳耕地开垦费的，"应在办理批次或项目用地审核、审批手续时向自然资源行政主管部门缴纳耕地开垦费"；规定"耕地开垦费的征收主体是省人民政府自然资源行政主管部门"；规定"根据建设项目占用耕地质量等别（优等、高等、中等、低等），将全省划分为 4 个征收耕地开垦费区域等级。每个区域等级中，将耕地分为水田和旱地两个不同计征类别"；并规定了耕地开垦费必须"专项用于耕地占补平衡项目支出、耕地保护相关支出和征管业务支出等自然资源相关支出"。

第二节　耕地总量动态平衡制度

为了保障我国耕地总量不减少，我国制定了耕地总量动态平衡制度。《土地管理法》第三十二条规定："省、自治区、直辖市人民政府应当严格执行土地利用总体规划和土地利用年度计划，采取措施，确保本行政区域内耕地总量不减少、质量不降低。耕地总量减少的，由国务院责令在规定期限内组织开垦与所减少耕地的数量与质量相当的耕地；耕地质量降低的，由国务院责令在规定期限内组织整治。新开垦和整治的耕地由国务院自然资源主管部门会同农业农村主管部门验收。个别省、直辖市确因土地后备资源匮乏，新增建设用地后，新开垦耕地的数量不足以补偿所占用耕地的数量的，必须报经国务院批准减免本行政区域内开垦耕地的数量，易地开垦数量和质量相当的耕地。"

耕地总量动态平衡制度与占用耕地补偿制度相似，都是保障我国耕地总量不变的制度。但这两种制度也有明显的不同。

第一，占用耕地补偿制度是从操作层面规定的谁占谁补、占多少补多少的制度；耕地总量动态平衡制度则是从宏观角度进行总量控制，保障我国耕地数量只增不减。

第二，占用耕地补偿制度是以单个项目为单位，占用多少耕地就需要补偿多少耕地；耕地总量动态平衡制度是以省、自治区、直辖市为单位，占用多少耕地就需要补偿多少耕地。

第三，占用耕地补偿制度针对的是非农业建设占用耕地；耕地总量动态平衡制度中耕地减少的原因并不限于非农业建设，无论任何原因造成省级行政区域内耕地数量减少或耕地质量减低，都需要补充开垦数量和质量相当的耕地。

第四，占用耕地补偿制度针对的是"占用"耕地；耕地总量动态平衡制度不仅针对耕地数量减少，还针对耕地质量降低。此外，根据《土地管理法实施条例》，占用耕地补偿制度在适用时，省级政府需要易地开垦耕地的，要依照《土地管理法》第三十二条的规定执行。

第三节　永久基本农田保护制度

《基本农田保护条例》规定：基本农田，是指按照一定时期人口和社会经济发展对农产品的需求，依据土地利用总体规划确定的不得占用的耕地。在基本农田保护制度确立二十年后，党的十七届三中全会《中共中央关于推进农村改革发展若干重大问题的决定》明确提出要"划定永久基本农田，建立保护补偿机制，确保基本农田总量不减少、用途不改变、质量有提高"。这是党中央、国务院对基本农田保护工作提出的更新更高要求。《土地管理法》第三十三条第一款规定："国家实行永久基本农田保护制度……"我国关于永久基本农田保护制度的行政法规主要有《基本农田保护条例》（2011修订），部门规章主要有《自然资源部、农业农村部关于加强和改进永久基本农田保护工作的通知》（2019）、《自然资源部关于做好占用永久基本农田重大建设项目用地预审的通知》（2018）、《国土资源部关于全面实行永久基本农田特殊保护的通知》（2018）等。地方也对永久基本农田保护出台了法规和规章。此外，法律法规中关于基本农田保护和管理的规定都适用于基本农田。

对于哪些耕地应当划为基本农田，《土地管理法》第三十三条第一款规定：下列耕地应当根据土地利用总体规划划为永久基本农田，实行严格保护：（一）经国务院农业农村主管部门或者县级以上地方人民政府批准确定的粮、棉、油、糖等重要农产品生产基地内的耕地；（二）有良好的水利与水土保持设施的耕地，正在实施改造计划以及可以改造的中、低产田和已建成的高标准农田；（三）蔬菜生产基地；（四）农业科研、教学试验田；（五）国务院规定应当划为永久基本农田的其他耕地。

对于基本农田的数量，《土地管理法》第三十三条第二款规定：各省、自治区、直辖市划定的永久基本农田一般应当占本行政区域内耕地的百分之八十以上，具体比例由国务院根据各省、自治区、直辖市耕地实际情况规定。

对于永久基本农田的具体划定，《土地管理法》第三十四条第一款规定：永久基本农田划定以乡（镇）为单位进行，由县级人民政府自然资源主管部门会同同级农业农村主管部门组织实施。永久基本农田应当落实到地块，纳入国家永久基本农田数据库严格管理。原国土资源部（已撤销）特别发布了《关于切实落实永久基本农田上图入库落地到户各项任务的通知》，对永久基本农田管理做出了详细规定，是对永久基本农田进行科学化管理、精细化管理、规范化管理的重要措施。

我国严格控制占用基本农田，《土地管理法》第三十五条第一款规定：永久基本农田经依法划定后，任何单位和个人不得擅自占用或者改变其用途。国家能源、交通、水利、军事设施等重点建设项目选址确实难以避让永久基本农田，涉及农用地转用或者土地征收的，必须经国务院批准。

基本农田限于种植农作物，《土地管理法》第三十七条第三款规定：禁止占用永久基本农田发展林果业和挖塘养鱼。《自然资源部、农业农村部关于加强和改进永久基本农田保护工作的通知》规定：永久基本农田不得种植杨树、桉树、构树等林木，不得种植草坪、草皮等用于绿化装饰的植物，不得种植其他破坏耕作层的植物。

此外，我国还制定了永久基本农田的建设制度和永久基本农田储备区制度。不仅要划定永久基本农田，还要对其土壤进行保护和改良，进行农田水利等建设，定期进行监测等，保障和不断提高永久基本农田的质量。永久基本农田储备区即在非基本农田中，选取质量可以达到或接近基本农田质量的耕地划作储备区，在已有基本农田被合法占用之后进行补充，以保障基本农田的总量不减少。

第四节　农用地转用审批制度

耕地是重要的农用地。在我国，农用地转为建设用地需要进行专门审批，《土地管理法》第四十四条第一款规定：建设占用土地，涉及农用地转为建设用地的，应当办理农用地转用审批手续。农用地转用一般都伴随土地征收，土地征收也需要审批，但土地征收审批不能代替农用地转用审批，也就是如果征收的是农用地，那么既要进行土地征收审批又要进行农用地转用审批。不过在一定的条件下，土地征收审批和农用地转用审批可以合并进行，我国《土地管理法》第四十六条第三款规定：……经国务院批准农用地转用的，同时办理征地审批手续，不再另行办理征地审批；经省、自治区、直辖市人民政府在征地批准权限内批准农用地转用的，同时办理征地审批手续，不再另行办理征地审批……

根据《土地管理法》和《土地管理法实施条例》规定，审批权限主要分为三种类型：永久基本农田转用、土地利用总体规划为建设用地以农用地转用，以及土地利用总体规划为建设用地以外的农用地转用。《土地管理法》第四十四条第二款至第四款规定：永久基本农田转为建设用地的，由国务院批准。在土地利用总体规划确定的城市和村庄、集镇建设用地规模范围内，为实施该规划而将永久基本农田以外的农用地转为建设用地的，按土地利用年度计划分批次按照国务院规定由原批准土地利用总体规划的机关或者其授权的机关批准。在已批准的农用地转用范围内，具体建设项目用地可以由市、县人民政府批准。在土地利用总体规划确定的城市和村庄、集镇建设用地规模范围外，将永久基本农田以外的农用地转为建设用地的，由国务院或者国务院授权的省、自治区、直辖市人民政府批准。

农用地转用方案由市、县级政府组织自然资源等部门制定，一般是表格形式，内容一般包括建设用地项目名称，被占用土地位置、总面积、原权属单位，被占用土地利用现状，国土空间规划，土地利用年度计划，以及补充耕地情况。农用地转用方案经批准后，由县、市人民政府组织实施。

第五节　耕地保护责任制度

耕地保护责任制度包括耕地保护目标责任制度和耕地保护法律责任制度。耕地保护目标责任制度是通过对政府和政府相关责任人设置耕地保护目标和奖惩制度，来督促地方政府和及政府相关责任人将耕地保护目标落到实处。对此国务院专门发布了《省级政府耕地保护责任目标考核办法》，规定各省、自治区、直辖市人民政府对《全国土地利用总体规划纲要》确定的本行政区域内的耕地保有量、永久基本农田保护面积以及高标准农田建设任务负责，省长、自治区主席、直辖市市长为第一责任人。该办法规定了考核方式：省级政府耕地保护责任目标考核在耕地占补平衡、高标准农田建设等相关考核评价的基础上综合开展，实行年度自查、期中检查、期末考核相结合的方法。年度自查每年开展 1 次，由各省、自治区、直辖市自行组织开展；从 2016 年起，每五年为一个规划期，期中检查在每个规划期的第三年开展 1 次，由考核部门组织开展；期末考核在每个规划期结束后的次年开展 1 次，由国务院组织考核部门开展。该办法还规定了奖惩措施，对于有效落实耕地保护制度的政府及领导干部给予奖励，对于存在问题的地方政府限期整改，并且考核结果会作为领导干部综合考核评价的重要内容。

在耕地保护法律责任中，最严厉的法律责任为刑事责任。《刑法》第三百四十二条规定了非法占用农用地罪：违反土地管理法规，非法占用耕地、林地等农用地，改变被占用土地用途，数量较大，造成耕地、林地等农用地大量毁坏的，处五年以下有期徒刑或者拘役，并处或者单处罚金。第四百一十条还专门针对国家机关工作人员规定了非法批准征收、征用、占用土地罪和非法低价出让国有土地使用权罪：国家机关工作人员徇私舞弊，违反土地管理法规，滥用职权，非法批准征收、征用、占用土地，或者非法低价出让国有土地使用权，情节严重的，处三年以下有期徒刑或者拘役；致使国家或者集体利益遭受特别重大损失的，处三年以上七年以下有期徒刑。

除了刑事法律责任以外，《土地管理法》《土地管理法实施条例》《基本农田保护条例》等法律法规，对耕地保护违法行为均规定了相应的法律责任，具体制度详见相关章节。

此外，土地整治制度和土地税费制度中也有很多关于耕地保护的制度，在土地整治中通过土地开发、土地整理、土地复垦等方式增加耕地面积、提高耕地质量，土地税费制度则是通过经济手段对占用耕地、闲置耕地等行为进行限制，具体制度详见相关章节。

？思考题

1. 我国为什么要坚守耕地红线？
2. 请简述占用耕地补偿制度和耕地总量动态平衡制度的关系。
3. 请评价我国的耕地保护责任制度。

第十一章 土地用途管制制度

内容摘要

我国实行土地用途管制制度，将土地分为不同的种类，然后按照所分的类别进行使用，如果要对土地进行跨类别使用，需要进行严格的审批。本章首先介绍我国现行的土地用途的分类，其次介绍我国土地用途管制的主要方式，最后介绍土地用途管制与土地发展权，并在土地发展权的框架下讨论我国土地用途管制方式的变更方向。

第一节 土地用途的分类

我国实行土地用途管制制度，《土地管理法》第四条规定：国家实行土地用途管制制度，并将我国的土地分为农用地、建设用地和未利用地。根据 2021 年自然资源部公布的第三次全国国土调查主要数据成果，我国耕地面积 19.179 亿亩，园地 3 亿亩，林地 42.6 亿亩，草地 39.67 亿亩，湿地 3.5 亿亩，建设用地 6.13 亿亩。

我国于 2017 年发布了新的《土地利用现状分类》（GB/T 21010 – 2017），替代 2007 年发布的标准，在第三次全国土地调查中全面应用。新《土地利用现状分类》细化了二级地类划分，调整了部分地类名称；以前我国土地用途管制以保护耕地和管控建设用地为主，目前正在建立数量、质量、生态"三位一体"的国土空间用途管制新格局，《土地利用现状分类》（2017 修订）很好适应了这一转变；《土地利用现状分类》（2017 修订）还特别增加了对可归入"湿地类"的土地利用现状分类的类型。土地利用现状分类和编码、土地利用现状分类与《中华人民共和国土地管理法》"三大类"对照表，以及"湿地"归类表详见表 11 – 1、表 11 – 2 和表 11 – 3。①

---

① 表 11 – 1、表 11 – 2 和表 11 – 3 来源于原国家质量监督检验检疫总局、中国国家标准化管理委员会 2017 年发布实施的中华人民共和国国家标准《土地利用现状分类》（GB/T 21010 – 2017）。

表 11 - 1 土地利用现状分类和编码

一级类		二级类		含义
类别编码	类别名称	类别编码	类别名称	
01	耕地			指种植农作物的土地,包括熟地,新开发、复垦、整理地,休闲地(含轮歇地、休耕地);以种植农作物(含蔬菜)为主,间有零星果树、桑树或其他树木的土地;平均每年能保证收获一季的已垦滩地和海涂。耕地中包括南方宽度<1.0米,北方宽度<2.0米固定的沟、渠、路和地坎(埂);临时种植药材、草皮、花卉、苗木等的耕地,临时种植果树、茶树和林木且耕作层未破坏的耕地,以及其他临时改变用途的耕地
		0101	水田	指用于种植水稻、莲藕等水生农作物的耕地。包括实行水生、旱生农作物轮种的耕地
		0102	水浇地	指有水源保证和灌溉设施,在一般年景能正常灌溉,种植旱生农作物(含蔬菜)的耕地。包括种植蔬菜的非工厂化的大棚用地
		0103	旱地	指无灌溉设施,主要靠天然降水种植旱生农作物的耕地,包括没有灌溉设施,仅靠引洪淤灌的耕地
02	园地			指种植以采集果、叶、根、茎、枝、汁等为主的集约经营的多年生木本和草本作物,覆盖度大于50%或每亩株数大于合理株数70%的土地。包括用于育苗的土地
		0201	果园	指种植果树的园地
		0202	茶园	指种植茶树的园地
		0203	橡胶园	指种植橡胶树的园地
		0204	其他园地	指种植桑树、可可、咖啡、油棕、胡椒、药材等其他多年生作物的园地
03	林地			指生长乔木、竹类、灌木的土地,及沿海生长红树林的土地。包括迹地,不包括城镇、村庄范围内的绿化林木用地,铁路、公路、征地范围内的林木,以及河流、沟渠的护堤林
		0301	乔木林地	指乔木郁闭度≥0.2的林地,不包括森林沼泽
		0302	竹林地	指生长竹类植物,郁闭度≥0.2的林地
		0303	红树林地	指沿海生长红树植物的林地
		0304	森林沼泽	以乔木森林植物为优势群落的淡水沼泽
		0305	灌木林地	指灌木覆盖度≥40%的林地,不包括灌丛沼泽
		0306	灌丛沼泽	以灌丛植物为优势群落的淡水沼泽
		0307	其他林地	包括疏林地(指树木郁闭度≥0.1、<0.2的林地)、未成林地、迹地、苗圃等林地

一级类		二级类		含义
类别编码	类别名称	类别编码	类别名称	
04	草地			指生长草本植物为主的土地
		0401	天然牧草地	指以天然草本植物为主,用于放牧或割草的草地,包括实施禁牧措施的草地,不包括沼泽草地
		0402	人工牧草地	指人工种植牧草的草地
		0403	其他草地	指树林郁闭度<0.1,表层为土质,生长草本植物为主,不用于放牧的草地
05	商服用地			指主要用于商业、服务业的土地
		0501	零售商业用地	以零售功能为主的商铺、商场、超市、市场和加油、加气、充换电站等的用地
		0502	批发市场用地	以批发功能为主的市场用地
		0503	餐饮用地	饭店、餐厅、酒吧等用地
		0504	旅馆用地	宾馆、旅馆、招待所、服务型公寓、度假村等用地
		0505	商务金融用地	指商务服务用地,以及经营性的办公场所用地。包括写字楼、商业性办公场所、金融活动场所和企业厂区外独立的办公场所;信息网络服务、信息技术服务、电子商务服务、广告传媒等用地
		0506	娱乐用地	指剧院、音乐厅、电影院、歌舞厅、网吧、影视城、仿古城以及绿地率小于65%的大型游乐等设施用地
		0507	其他商服用地	指零售商业、批发市场、餐饮、旅馆、商务金融、娱乐用地以外的其他商业、服务业用地。包括洗车场、洗染店、照相馆、理发美容店、洗浴场所、赛马场、高尔夫球场、废旧物资回收站、机动车、电子产品和日用产品维修网点、物流营业网点,居住小区及小区级以下的配套服务设施等用地
06	工矿仓储用地			指主要用于工业生产、物资存放场所的土地
		0601	工业用地	指工业生产、产品加工制造、机械和设备修理及直接为工业生产等服务的附属设施用地
		0602	采矿用地	指采矿、采石、采砂(沙)场,砖瓦窑等地面生产用地,排土(石)及尾矿堆放地
		0603	盐田	指用于生产盐的土地,包括晒盐场所、盐池及附属设施用地
		0604	仓储用地	指用于物资储备、中转的场所用地,包括物流仓储设施、配送中心、转运中心等
07	住宅用地			指主要用于人们生活居住的房基地及其附属设施的土地
		0701	城镇住宅用地	指城镇用于生活居住的各类房屋用地及其附属设施用地,不含配套的商业服务设施等用地
		0702	农村宅基地	指农村用于生活居住的宅基地

一级类		二级类		含义
类别编码	类别名称	类别编码	类别名称	
08	公共管理与公共服务用地			指用于机关团体、新闻出版、科教文卫、公用设施等的土地
		0801	机关团体用地	指用于党政机关、社会团体、群众自治组织等的用地
		0802	新闻出版用地	指用于广播电台、电视台、电影厂、报社、杂志社、通讯社、出版社等的用地
		0803	教育用地	指用于各类教育用地，包括高等院校、中等专业学校、中学、小学、幼儿园及其附属设施用地，聋、哑、盲人学校及工读学校用地，以及为学校配建的独立地段的学生生活用地
		0804	科研用地	指独立的科研、勘察、研发、设计、检验检测、技术推广、环境评估与监测、科普等科研事业单位及其附属设施用地
		0805	医疗卫生用地	指医疗、保健、卫生、防疫、康复和急救设施等用地。包括综合医院、专科医院、社区卫生服务中心等用地；卫生防疫站、专科防治所、检验中心和动物检疫站等用地；对环境有特殊要求的传染病、精神病等专科医院用地；急救中心、血库等用地
		0806	社会福利用地	指为社会提供福利和慈善服务的设施及其附属设施用地。包括福利院、养老院、孤儿院等用地
		0807	文化设施用地	指图书、展览等公共文化活动设施用地。包括公共图书馆、博物馆、档案馆、科技馆、纪念馆、美术馆和展览馆等设施用地；综合文化活动中心、文化馆、青少年宫、儿童活动中心、老年活动中心等设施用地
		0808	体育用地	指体育场馆和体育训练基地等用地，包括室内外体育运动用地，如体育场馆、游泳场馆、各类球场及其附属的业余体校等用地。溜冰场、跳伞场、摩托车场、射击场，以及水上运动的陆域部分等用地，以及为体育运动专设的训练基地用地，不包括学校等机构专用的体育设施用地
		0809	公用设施用地	指用于城乡基础设施的用地。包括供水、排水、污水处理、供电、供热、供气、邮政、电信、消防、环卫、公用设施维修等用地
		0810	公园与绿地	指城镇、村庄范围内的公园、动物园、植物园、街心花园、广场和用于休憩、美化环境及防护的绿化用地
09	特殊用地			指用于军事设施、涉外、宗教、监教、殡葬、风景名胜等的土地
		0901	军事设施用地	指直接用于军事目的的设施用地
		0902	使领馆用地	指用于外国政府及国际组织驻华使领馆、办事处等的用地
		0903	监教场所用地	指用于监狱、看守所、劳改场、戒毒所等的建筑用地
		0904	宗教用地	指专门用于宗教活动的庙宇、寺院、道观、教堂等宗教自用地
		0905	殡葬用地	指陵园、墓地、殡葬场所用地
		0906	风景名胜设施用地	指风景名胜景点（包括名胜古迹、旅游景点、革命遗址、自然保护区、森林公园、地质公园、湿地公园等）的管理机构，以及旅游服务设施的建筑用地，景区内的其他用地按现状归入相应地类

一级类		二级类		含义
类别编码	类别名称	类别编码	类别名称	含义
10	交通运输用地			指用于运输通行的地面线路、场站等的土地。包括民用机场、汽车客货运场站、港口、码头、地面运输管道和各种道路以及轨道交通用地
		1001	铁路用地	指用于铁道线路及场站的用地。包括征地范围内的路堤、路堑、道沟、桥梁、林木等用地
		1002	轨道交通用地	指用于轻轨、现代有轨电车、单轨等轨道交通用地，以及场站的用地
		1003	公路用地	指用于国道、省道、县道和乡道的用地。包括征地范围内的路堤、路堑、道沟、桥梁、汽车停靠站、林木及直接为其服务的附属用地
		1004	城镇村道路用地	指城镇、村庄范围内公用道路及行道树的用地。包括快速路、主干路、次干路、支路、专用人行道和非机动车道，及其交叉口等公共停车场，汽车客货运站点及停车场等用地
		1005	交通服务场站用地	指城镇、村庄范围内交通服务设施用地，包括公交枢纽及其附属设施用地、公路长途客运站、公共交通场站、公共停车场（含设有充电桩的停车场）、停车楼、教练场等用地，不包括交通指挥中心、交通队用地
		1006	农村道路	在农村范围内，南方宽度≥1.0m、≤8m，北方宽度≥2.0m、≤8m，用于村间、田间交通运输，并在国家公路网络体系之外，以服务于农村农业生产为主要用途的道路（含机耕道）
		1007	机场用地	指用于民用机场、军民合用机场的用地
		1008	港口码头用地	指用于人工修建的客运、货运、捕捞及工程、工作船舶停靠的场所及其附属建筑物的用地，不包括常水位以下部分
		1009	管道运输用地	指用于运输煤炭、矿石、石油、天然气等管道及其相应附属设施的地上部分用地
11	水域及水利设施用地			指陆地水域，滩涂、沟渠、沼泽、水工建筑物等用地。不包括滞洪区和已垦滩涂中的耕地、园地、林地、城镇、村庄、道路等用地
		1101	河流水面	指天然形成或人工开挖河流常水位岸线之间的水面，不包括被堤坝拦截后形成的水库区段水面
		1102	湖泊水面	指天然形成的积水区常水位岸线所围成的水面
		1103	水库水面	指人工拦截汇积而成的总库容≥10万 m^3 的水库正常蓄水位岸线所围成的水面

一级类		二级类		含义
类别编码	类别名称	类别编码	类别名称	
11	水域及水利设施用地	1104	坑塘水面	指人工开挖或天然形成的蓄水量＜10万m³的坑塘常水位岸线所围成的水面
		1105	沿海滩涂	指沿海大潮高潮位与低潮位之间的潮侵地带。包括海岛的沿海滩涂。不包括已利用的滩涂，不包括已利用的滩地
		1106	内陆滩涂	指河流、湖泊常水位至洪水位间的滩地；时令湖、河洪水位以下的滩地；水库、坑塘的正常蓄水位与洪水位间的滩地，包括海岛的内陆滩地，水库、坑塘的正常蓄水位与洪水位间的滩涂，海岛内陆滩地；不包括已利用的滩地
		1107	沟渠	指人工修建，南方宽度≥1.0m、北方宽度≥2.0m，用于引、排、灌的渠道，包括渠槽、渠堤、护堤林及小型泵站
		1108	沼泽地	指经常积水或渍水，一般生长湿生植物的土地，包括草本沼泽、苔藓沼泽、内陆盐沼等，不包括森林沼泽、灌丛沼泽和沼泽草地
		1109	水工建筑用地	指人工修建的闸、坝、堤路林、水电厂房、扬水站等常水位岸线以上的建（构）筑物用地
		1110	冰川及永久积雪	指表层被冰雪常年覆盖的土地
12	其他土地			指上述地类以外的其他类型的土地
		1201	空闲地	指城镇、村庄、工矿范围内尚未使用的土地，包括尚未确定用途的土地
		1202	设施农用地	指直接用于经营性畜禽养殖生产设施及附属设施用地；直接用于作物栽培或水产养殖等农产品生产的设施及附属设施用地；直接用于设施农业项目辅助生产的设施用地；晾晒场、粮食果品烘干设施、粮食和农资临时存放场所、大型农机具临时存放场所等规模化粮食生产所必需的配套设施用地
		1203	田坎	指梯田及梯状坡地耕地中，主要用于拦蓄水和护坡，南方宽度≥1.0m、北方宽度≥2.0m的地坎
		1204	盐碱地	指表层盐碱聚集，生长天然耐盐植物的土地
		1205	沙地	指表层为沙覆盖、基本无植被的土地，不包括滩涂中的沙地
		1206	裸土地	指表层为土质，基本无植被覆盖的土地
		1207	裸岩石砾地	指表层为岩石或石砾，其覆盖面积≥70%的土地

表 11 – 2　《土地管理法》"三大类"对照表

三大类	土地利用现状分类	
	类型编码	类型名称
农用地	0101	水田
	0102	水浇地
	0103	旱地
	0201	果园
	0202	茶园
	0203	橡胶园
	0204	其他园地
	0301	乔木林地
	0302	竹林地
	0303	红树林地
	0304	森林沼泽
	0305	灌木林地
	0306	灌丛沼泽
	0307	其他林地
	0401	天然牧草地
	0402	沼泽草地
	0403	人工牧草地
	1006	农村道路
	1103	水库水面
	1104	坑塘水面
	1107	沟渠
	1202	设施农用地
	1203	田坎
建设用地	0501	零售商业用地
	0502	批发市场用地
	0503	餐饮用地
	0504	旅馆用地
	0505	商务金融用地
	0506	娱乐用地
	0507	其他商服用地
	0601	工业用地
	0602	采矿用地
	0603	盐田
	0604	仓储用地

三大类	土地利用现状分类		
	类型编码	类型名称	
建设用地	0701	城镇住宅用地	
	0702	农村宅基地	
	0801	机关团体用地	
	0802	新闻出版用地	
	0803	教育用地	
	0804	科研用地	
	0805	医疗卫生用地	
	0806	社会福利用地	
	0807	文化设施用地	
	0808	体育用地	
	0809	公用设施用地	
	0810	公园与绿地	
	0901	军事设施用地	
	0902	使领馆用地	
	0903	监教场所用地	
	0904	宗教用地	
	0905	殡葬用地	
	0906	风景名胜设施用地	
	1001	铁路用地	
	1002	轨道交通用地	
	1003	公路用地	
	1004	城镇村道路用地	
	1005	交通服务场站用地	
	1007	机场用地	
	1008	港口码头用地	
	1009	管道运输用地	
	1109	水工建筑用地	
	1201	空闲地	
未利用地	0404	其他草地	
	1101	河流水面	
	1102	湖泊水面	
	1105	沿海滩涂	
	1106	内陆滩涂	
	1108	沼泽地	
	1110	冰川及永久积雪	
	1204	盐碱地	
	1205	沙地	
	1206	裸土地	
	1207	裸岩石砾地	

表 11-3 "湿地" 归类表

湿地类	土地利用现状分类	
	类型编码	类型名称
湿地	0101	水田
	0303	红树林地
	0304	森林沼泽
	0306	灌丛沼泽
	0402	沼泽草地
	0603	盐田
	1101	河流水面
	1102	湖泊水面
	1103	水库水面
	1104	坑塘水面
	1105	沿海滩涂
	1106	内陆滩涂
	1107	沟渠
	1108	沼泽地

注：此表仅作为"湿地"归类使用，不以此划分部门管理范围。

第二节　土地用途管制的主要方式

我国土地用途管制的主要方式有土地利用规划、土地利用计划、土地利用具体项目审批，以及设置法律责任几种方式。土地利用规划是对土地的用途进行长期规划，《土地管理法》第四条第四款规定：使用土地的单位和个人必须严格按照土地利用总体规划确定的用途使用土地。土地利用计划是地方政府根据土地利用规划，制订近期土地利用的具体计划。土地利用总体规划实行由上到下逐级编制，下级土地利用总体规划必须符合上级土地利用总体规划，土地利用计划必须符合土地利用总体规划，是土地利用总体规划的具体实施方案。土地利用规划和土地利用计划从源头上严格控制了土地用途，是我国土地用途管制最基础的手段，具体制度见相关章节。

土地利用具体项目审批也是我国土地用途管制的主要方式。我国对土地利用具体项目以审批的方式进行管制，不仅改变土地的利用性质需要进行审批，例如农用地转为建设用地的需要进行农用地转用审批；而且我国在土地之上，尤其是建设用地之上做出任何实质性的改变，几乎都需要经过申请审批程序，在规划为城镇建设用地的土地之上进行建设需要审批、对现有的建筑物进行改建需要审批、在宅基地之上建房需要审批、采矿需要审批、退耕还林还草也需要审批，承包地中种植何种作物是我国在土地利用中不需要进行审批的少数事项之一。土地利用具体项目审批制度有效保障了土地利用计划的具体落实。

我国法律对违反土地用途管制制度的行为设置了法律责任。《土地管理法》设置了法律责任一章，里面有对违反土地用途管制行为的专门规定。第七十七条规定：未经批准或者采取欺骗手段骗取批准，非法占用土地的，由县级以上人民政府自然资源主管部门责令退还非法占用的土地，对违反土地利用总体规划擅自将农用地改为建设用地的，限期拆除在非法占用的土地上新建的建筑物和其他设施，恢复土地原状，对符合土地利用总体规划的，没收在非法占用的土地上新建的建筑物和其他设施，可以并处罚款；对非法占用土地单位的直接负责的主管人员和其他直接责任人员，依法给予处分；构成犯罪的，依法追究刑事责任。超过批准的数量占用土地，多占的土地以非法占用土地论处。第七十九条规定：无权批准征收、使用土地的单位或者个人非法批准占用土地的，超越批准权限非法批准占用土地的，不按照土地利用总体规划确定的用途批准用地的，或者违反法律规定的程序批准占用、征收土地的，其批准文件无效，对非法批准征收、使用土地的直接负责的主管人员和其他直接责任人员，依法给予处分；构成犯罪的，依法追究刑事责任。非法批准、使用的土地应当收回，有关当事人拒不归还的，以非法占用土地论处。非法批准征收、使用土地，对当事人造成损失的，依法应当承担赔偿责任。

第七章法律责任中的其他规定大部分也都与土地用途管制有关。例如第七十四条规定了在非法转让土地的情况下，对违反土地利用总体规划擅自将农用地改为建设用地的，限期拆除在非法转让的土地上新建的建筑物和其他设施，恢复土地原状等法律责任。第七十五条规定了占用耕地建窑、建坟或者擅自在耕地上建房等行为的法律责任；第七十八条规定了农村村民非法占用土地建住宅的法律责任；第八十一条规定了不按照批准的用途使用国有土地的法律责任；第八十二条规定了擅自将农民集体所有的土地通过出让、转让使用权或者出租等方式用于非农业建设等行为的法律责任；第八十三条规定了责令限期拆除在非法占用的土地上新建的建筑物和其他设施的具体制度和法律责任。

《土地管理法实施条例》对具体法律责任进一步做出详细规定。《刑法》也有条款对违反土地用途管制的法律责任进行规定，主要是第三百四十二条规定了非法占用农用地罪，第四百一十条规定了非法批准征收、征用、占用土地罪和非法低价出让国有土地使用权罪。

第三节　土地用途管制与土地发展权

一、土地发展权在英国的提出与发展

英国中世纪开始酝酿土地发展权的法律基础。11 世纪初诺曼征服之后，英国土地采取分封制，全国的土地都归国王所有，并层层分封给臣民；为明确各层级权力和权利的范围，英国将土地的所有权和其他权利分离开来，将所有权虚化，提出了地产权的概念，将土地的主要权利都囊括于地产权之中；并进一步对土地的各项权利进行分割，形成"权利束"，"权利束"中就包含了土地发展权的雏形，在土地交易中可以单独交易或单独留下。英国在近代土地规划法出现之前，就出现了对土地发展的限制，主要出现在财产法、限制性约据以及侵扰法领域。在财产法领域，地产权人在转让土地权利时，可以将土地进一步开发的权利留下不转让，这就形成了事实上土地发展权与其他权利的分离；在限制性约据领域，在进行地产权转让时，可以同时约定所转让地产不得进行开发，或约定不得进行哪种类型的开发，限制性约据开始时依据合同相对性只对合同当事人具有效力，后来逐渐发展为对次级受让人也具有一定的约束力；在侵扰法中，土地的发展不得损害他人的利益，如不能建设过于拥挤的房屋等。[①]

近代的土地发展权也是起源于英国。英国 1909 年通过《住房和城市规划法》，授权但不强制地方政府对城镇进行规划，并规定如果规划导致私有土地升值，该增值部分由地方政府和土地所有者平均分享，如果规划导致私有土地贬值，那么土地所有者有权要求地方政府补偿贬值的数额部分。1919 年的《住房和城市规划法》对规划的范围做出改动，规定人口超过 2 万的城镇必须对未开发的区域制定规划。1932 年的《城乡规划法》在政府分享因规划而形成的土地增值方面，由原来的 50% 提高到 75%；在规划的区域范围方面，将规划范围扩展到国土全境，但并不要求任何地区必须制定规划，而是允许制定规划。[②]

英国 1947 年的《城乡规划法》在世界范围内首次正式提出土地发展权。1947 年《城乡规划法》规定对所有土地实行土地规划，任何人对土地的开发应当符合规划并经过土地规划部门的许可；规定土地发展权收归国有，开发所获得的收益全部归国家所有。之后，英国不同政党上台对土地发展权制度频繁改动，但都坚持土地发展权国有，

---

① 张新平. 试论英国土地发展权的法律溯源及启示 [J]. 中国土地科学, 2014 (11)：81 - 88.
② 彭錞. 土地发展权与土地增值收益分配：中国问题与英国经验 [J]. 中外法学, 2016 (6)：1536 - 1553.

变动的主要是土地增值收益在国家和土地权利人之间的分配比例。[①]

二、土地发展权在美国的提出与发展

20 世纪上半叶美国存在经济迅猛发展、城市不断扩张，缺少规划和管制导致农地流失严重、生态环境遭到破坏和城市建设布局不合理等问题。从 20 世纪二三十年代开始，美国开始学习德国土地用途管制的经验，对土地用途进行强行管制，联邦政府 1936 年出台《水土保持和国内生产配给法》，各州也出台了相应的法律对土地利用进行管制。这个时期美国的土地用途管制政策是没有经济补偿的，因此遭到很多土地所有权人的抵制，认为其侵犯了土地所有权。[②]

对于美国的土地发展权制度，刘国臻教授曾做出详细的总结和梳理。20 世纪 60 年代末美国学习英国设立土地发展权，来实现对土地的用途控制并提高土地所有者的收益。美国的土地发展权制度分为土地发展权转移制度和土地发展权征购制度。1968 年美国纽约市的《界标保护法》第一次规定了土地发展权转让制度。土地发展权转让制度首先承认土地发展权私有，属于土地所有人，然后制定土地利用规划，划分土地发展权转让区和土地发展权受让区，土地发展权转让区就是根据规划不应当进一步发展的地区，如不应当新建设工厂、新开发商业区等，而是应当保持原来的用途，如继续作为农地、继续作为林地、继续作为自然环境保护区等；土地发展权受让区就是根据规划可以进一步发展的地区，往往是城市地区或城市周边地区。土地发展权转让区的土地所有者并没有失去土地发展权，只是不能在土地发展权转让区实现该土地发展权，他可以选择出让或保留该土地发展权。选择保留土地发展权的继续维持该土地的原用途，如继续从事耕种；但也可以选择将该土地发展权出让给别人以获得收益。在土地发展权受让区，开发商或者其他主体可以选择购买转让区所转让的土地发展权，实现对发展权受让区的额外开发，获得更高的收益。政府除了确定土地发展权转让区和土地发展权受让区之外，还确定土地发展权的价值，有的地方政府还成立了土地发展权转移银行。确定土地发展权的价值并不是确定土地发展权的交易价格，在美国，土地发展权转移的交易价格是由交易双方通过市场机制确定的，土地发展权的价值代表了将土地发展权转换为土地发展权受让区一定的建筑密度。美国各地建立的土地发展权转移银行主要由政府出资设立，购买转让区转让的土地发展权，并在适当的时机转卖给受让区，起到保障土地发展权市场持续稳定运转的作用。土地发展权征购制度即由政府出资收购土地发展权转让区土地所有者出让的土地发展权，并不再进行转让，土

---

① 高洁，廖长林．英、美、法土地发展权制度对我国土地管理制度改革的启示 [J]．经济社会体制比较，2011 (4)：206 – 213.

② 刘国臻．论美国的土地发展权制度及其对我国的启示 [J]．法学评论，2007 (3)：140 – 146.

地所有者获得一定的收益，并维持土地的原用途。土地发展权转让协议对合同相对人以及土地的其他受让人都具有效力，这一点与英国的土地限制性约据类似。[1]

三、土地发展权的性质

从土地发展权的来源来看，土地发展权源于土地所有权，但也并不完全是一种私权。西方土地发展权的独立与发展主要分为三个阶段：第一阶段，追溯历史，土地所有权一开始是来自占有，以及强权或者暴力对占有的保护，土地发展权开始全部归土地所有人所有。第二阶段，随着社会和经济的发展，人们之间的交往逐渐复杂，土地发展权也与土地所有权相分离并相对独立，私人之间可以通过合同对土地发展权进行消极性的限制，例如英国出现的针对土地发展权的限制性约据。第三阶段，西方国家政府由"守夜人"转变为主动干预经济，在这一过程中一些政府将部分土地发展权收归国有，例如英国在20世纪初期将土地发展权几乎全部收归国有。

在第三阶段，土地所有权来自法律。所有权是指"所有权人对自己的不动产或者动产，依法享有占有、使用、收益和处分的权利"[2]。土地所有权初始就包含了土地所有权人对土地以及地上建筑和所蕴含的矿藏等进行实质性改变的权利，也即包含了土地发展权在内。土地作为一种稀缺资源，对整个社会的发展有重大意义，具有一定的公共性，它本身就不会像钢笔、笔记本一样，完全属于私人。对土地的使用和做出发展的行为，往往会影响到他人利益，甚至关系到全社会的长远发展和社会整体利益，比如在耕地上建设重污染企业，这种行为就不仅仅关系到土地所有者的个人利益，而且关系到毗邻土地所有者、使用者的利益，关系到本地地下水使用者的利益，关系到子孙后代的长远发展，等等。由于土地所有者对土地的使用和开发行为有可能会损害（也可能有益于）社会、他人的利益，因此现代社会对土地所有者如何使用、开发利用土地的权利，必然应该有所限制，即剥夺土地所有者使用、开发利用土地的一部分权利，由政府代表全体人民来行使，以免土地所有者滥用土地发展权危害社会和他人。因此在现代社会，土地发展权应当兼具公法属性和私法属性。

四、土地发展权框架下土地用途管制方式的变更方向

目前我国主要通过公权力对土地用途进行管制，主要包括国土空间规划方式和土地利用审批方式；在土地发展权的框架下，对于一些为了国家整体利益不应当进一步

---

① 刘国臻. 论美国的土地发展权制度及其对我国的启示［J］. 法学评论，2007（3）：140－146.
② 《中华人民共和国民法典》第二百四十条。

开发的土地，如基本农田、生态保护区等，政府可以改变目前主要应用公权力对土地用途进行管制的方式，设立类似美国的土地发展权征购制度。对农用地以及生态保护区等不应当进一步发展的地区，初始赋予更多的土地发展权，然后对其土地发展权进行征购，这样既可以保证土地按照国家的规划发展，又可以使失去土地发展机会的农民获得一定的收益，实现发展公平。目前我国实行的生态补偿制度的实质就是对土地发展权进行征购，但现行生态补偿制度的适用范围较小，没有对基本农田等土地广泛适用，此外我国生态补偿制度也仅仅是补偿，补偿数额的依据不是土地发展权的价值。我国可以在现行生态补偿制度的基础之上建立土地发展权征购制度，扩大征购的范围并建立以土地发展权市场价格为参照的征购价格指导机制，提高为了国家整体利益不再进一步做出开发土地的所有者的收益也即集体及其成员的收益。

我国还应当建立土地发展权整体或部分转移、交易机制。我国正在探索建立的城乡建设用地增减挂钩以及指标流转制度，实质上就是土地发展权的整体转移或交易。虽然实践中做出城乡建设用地增减挂钩或指标流转决定的主体有时只是政府、集体或集体成员其中之一，但决定做出之后，转移或交易的就不仅是做出决定主体所拥有的那部分土地发展权，其他主体所拥有的其余土地发展权也一同进行了转移或交易。

? 思考题

1. 对土地进行用途管制有哪些重要意义？
2. 请总结我国目前土地用途管制方式的特点。
3. 你认为我国在土地用途管制中应当如何应用土地发展权？

第十二章　建设用地管理

内容摘要

建设用地管理对于实现建设用地集约节约利用，实现土地资源可持续发展方面意义重大。本章介绍了建设用地管理的概念及原则，建设项目用地预审管理的概念及程序，农用地转用审批管理，建设项目用地供应审批管理，农村集体建设用地审批管理，临时用地审批管理等内容。

第一节　建设用地管理概述

一、建设用地管理概念

建设用地管理制度是土地利用管理的重要内容，是指国家调整建设用地关系，合理组织建设用地利用而采取的行政、法律、经济和工程的综合性措施。其中法律措施主要指对建设用地进行管理和监管的制度体系，主要包括用地规划、用地审批、用地监测和用地监督等内容。建设用地管理制度的实施对于保护土地资源、实现土地可持续利用意义重大。

二、建设用地管理原则

（一）国家对建设用地实行统一管理的原则

对建设用地实行统一管理，是指国家在管理建设用地上实行统一的法律和政策，由统一的管理部门负责管理，采取统一措施，实行统一规划，遵循统一规则，建设统一平台，强化统一管理。

（二）强调规划对建设用地的控制作用的原则

建设用地的利用以严格用途管制和符合用地规划为前提，实行用途管制是世界大多数国家的通行做法，是确保土地利用经济效益、社会效益、生态效益相统一的根本途径，建设用地管理应以土地利用总体规划为依托，符合国土空间规划体系的要求。

（三）统筹安排，科学合理利用土地，切实保护耕地的原则

我国耕地人均数量少，总体质量水平低，后备资源也不富裕。建设用地管理必须认真贯彻"十分珍惜和合理利用每一寸土地，切实保护耕地"的基本国策，严格控制建设用地规模，采取措施增加耕地数量，提高耕地质量。

（四）实行建设用地的有偿使用原则

除一些公共设施、公益事业、基础设施和农村村民宅基地外，建设用地供应原则上都应实行有偿使用，我国建立了城乡统一的建设用地市场，充分发挥市场配置土地的基础性作用，农村集体建设用地的资产价值得以显现。

（五）社会效益、经济效益和生态效益相统一的原则

建设用地管理应坚持生态优先、绿色发展，践行习近平生态文明思想，尊重自然规律、经济规律、社会规律，强化建设用地总量和强度双控，严禁过度开发、粗放利用，推动建设用地的节约集约和高效利用，处理好土地利用和保护的关系，实现社会效益、经济效益和生态效益相统一。

第二节　建设项目用地预审管理

一、建设项目用地预审概述

（一）建设项目用地预审概念及原则

建设项目用地预审是指自然资源主管部门在建设项目审批、核准、备案阶段，依法对建设项目涉及的土地利用事项进行的审查。预审应当遵循下列原则：符合国土空间规划；保护耕地，特别是基本农田；合理和集约节约利用土地；符合国家供地政策。

(二) 建设项目用地预审的主要依据

(1)《土地管理法》第五十二条规定,"建设项目可行性研究论证时,自然资源主管部门可以根据土地利用总体规划、土地利用年度计划和建设用地标准,对建设用地有关事项进行审查,并提出意见。"

(2)《土地管理法实施条例》第二十四条规定,"建设项目确需占用国土空间规划确定的城市和村庄、集镇建设用地范围外的农用地,涉及占用永久基本农田的,由国务院批准;不涉及占用永久基本农田的,由国务院或者国务院授权的省、自治区、直辖市人民政府批准。具体按照下列规定办理:(一)建设项目批准、核准前或者备案前后,由自然资源主管部门对建设项目用地事项进行审查,提出建设项目用地预审与选址意见书……"

(3)《中共中央、国务院关于加强耕地保护和改进占补平衡的意见》第二条第五款规定,一般建设项目不得占用永久基本农田,重大建设项目选址确实难以避让永久基本农田的,在可行性研究阶段,必须对占用的必要性、合理性和补划方案的可行性进行严格论证,通过国土资源部用地预审;农用地转用和土地征收依法依规报国务院批准。

(4)《建设项目用地预审管理办法》有关规定。

(5)《自然资源部 生态环境部 国家林业和草原局关于加强生态保护红线管理的通知(试行)》第二条"规范占用生态保护红线用地用海用岛审批"中规定,"上述允许的有限人为活动之外,确需占用生态保护红线的国家重大项目,按照以下规定办理用地用海用岛审批……"该条第(二)款"办理要求"中规定,"上述项目(不含新增填海造地和新增用岛)按规定由自然资源部进行用地用海预审后,报国务院批准……"

二、建设项目用地预审主体

建设项目用地实行分级预审。需要人民政府或有批准权的人民政府发展和改革等部门审批的建设项目,由该人民政府的自然资源主管部门预审。需要核准和备案的建设项目,由与核准、备案机关同级的自然资源主管部门预审。

应当由自然资源部预审的建设项目,自然资源部委托项目所在地的省级自然资源主管部门受理,但建设项目占用规划确定的城市建设用地范围内土地的,委托市级自然资源主管部门受理。受理后,提出初审意见,转报自然资源部。涉密军事项目和国务院批准的特殊建设项目用地,建设用地单位可直接向自然资源部提出预审申请。应当由自然资源部负责预审的输电线塔基、钻探井位、通信基站等小面积零星分散建设项目用地,由省级自然资源主管部门预审,并报自然资源部备案。

三、建设项目用地预审程序

（一）申请

需要审批的建设项目在可行性研究阶段，由建设用地单位提出预审申请；需要核准的建设项目在项目申请报告核准前，由建设单位提出用地预审申请；需要备案的建设项目在办理备案手续后，由建设单位提出用地预审申请。

（二）受理

政务大厅受理项目单位用地预审申请，申请预审提交以下材料：

（1）建设项目用地预审申请表。

（2）建设项目用地预审申请报告，内容包括拟建项目的基本情况、拟选址占地情况、拟用地是否符合土地利用总体规划、拟用地面积是否符合土地使用标准、拟用地是否符合供地政策等。

（3）审批项目建议书的建设项目提供项目建议书批复文件，直接审批可行性研究报告或者需核准的建设项目提供建设项目列入相关规划或者产业政策的文件。

（4）初审的自然资源主管部门在转报用地预审申请时应当提供以下材料：①对申报材料做出的初步审查意见；②标注项目用地范围的土地利用总体规划图、土地利用现状图及其他相关图件；③属于《土地管理法》（2019 修正）第二十五条规定情形，建设项目用地需修改土地利用总体规划的，应当出具规划修改方案。

受自然资源部委托负责初审的自然资源主管部门应当自受理之日起二十日内完成初审工作，并转报自然资源部。不符合预审申请和初审转报条件的，自然资源主管部门应该当场或在五日内书面通知申请人和转报人，逾期不通知的，视为受理和接收。

《自然资源部办公厅关于规范建设项目用地预审办理有关事项的通知》规定，部政务大厅收到通过网上申报系统上报的建设项目用地预审申请材料后即转用途管制司，用途管制司根据不同情况分别做出如下处理：

（1）受理。申报材料符合要求，经部内会审司局审查无意见的，予以受理，出具《受理通知书》；审查有意见的，出具《补正告知书》。申请人三十日内提交补正材料经审查无意见，或者审查有意见且再次按期提交补正材料的，予以受理，出具《受理通知书》。

（2）不予受理。按照用地预审权限不应由自然资源部受理的，出具《不予受理决定书》，并告知申请人向有关自然资源主管部门申请。不需要办理用地预审的，告知申请人不受理。

（3）退回。项目建设依据不充分，或者申报材料存在明显文字、数据、逻辑等错误的，退回予以更正后重新报送。

（三）审查①

建设项目用地预审主要审查以下内容：

（1）建设项目用地是否符合国家供地政策和土地管理法律、法规规定的条件。

（2）建设项目选址是否符合现行土地利用总体规划、城乡规划等；属《土地管理法》第二十五条规定情形，建设项目用地需修改土地利用总体规划的，是否已编制土地利用总体规划修改方案，规划修改程序是否符合法律、法规规定。规划选址涉及独立选址项目，审查是否符合独立选址条件，是否编制规划选址论证报告，是否通过专家论证。

（3）建设项目选址是否符合生态保护红线的管控要求，涉及占用生态保护红线确实难以避让的，是否符合《中共中央办公厅、国务院办公厅印发关于在国土空间规划中统筹划定落实三条控制线的指导意见》和自然资源部关于过渡期内生态保护红线临时管控规则规定可以占用的项目范围；涉及占用自然保护地确实难以避让的，是否按照自然资源部、国家林业和草原局有关规定明确具体功能区，是否涉及必须严禁占用的核心保护区，是否涉及占用一般控制区，涉及占用一般控制区的是否已经林业部门出具同意意见。

（4）建设项目占用永久基本农田的，是否属于允许占用的重大建设项目范围，依据是否充分，占用是否必要，规模是否合理；是否按《自然资源部关于做好占用永久基本农田重大建设项目用地预审的通知》《自然资源部农业农村部关于加强和改进永久基本农田保护工作的通知》要求编制规划修改和永久基本农田补划方案。

（5）线性工程占用耕地100公顷以上、块状工程占用耕地70公顷以上，或者块状工程占用耕地面积达到用地总面积50%以上且超过35公顷的建设项目，是否已经组织实地踏勘论证并出具审查意见。

（6）建设单位是否已承诺将补充耕地、征地补偿、土地复垦等相关费用足额纳入项目工程概算，且占用永久基本农田的缴费标准按照当地耕地开垦费最高标准的两倍执行。有关自然资源部门督促建设单位和县市区政府，在正式用地报批前按规定做好征地补偿安置、耕地占补平衡以及土地复垦等有关工作。

（7）建设项目用地规模和功能分区是否符合建设用地使用标准控制等节约集约用地要求；对国家和地方尚未颁布建设用地使用标准和建设标准的建设项目，以及确需

---

① 建设项目用地预审服务指南（2023年6月版）［EB/OL］.［2024-3-13］. https：//www.mnr.gov.cn/bsznxxk/fwzn/202212/t20221214_2770653.html.

突破建设用地使用标准确定的规模和功能分区的建设项目，组织建设项目节地评价论证并出具评审论证意见。

（四）批复

自然资源主管部门应当自受理预审申请或者收到转报材料之日起二十日内，完成审查工作，并出具预审意见。二十日内不能出具预审意见的，经负责预审的自然资源主管部门负责人批准，可以延长十日。预审意见应当包括对预审审查内容的结论性意见和对建设用地单位的具体要求。

《自然资源部办公厅关于规范建设项目用地预审办理有关事项的通知》规定，用途管制司做好组织部内会审司局审查和提请部用地会审会审议的各项工作。对司局会审无意见且经会审会审议认定符合法定条件的项目，出具用地预审意见；对司局会审仍有意见或会审会审议未通过的项目，出具《不予行政许可决定书》。

（五）预审意见的效力

预审意见是有关部门审批项目可行性研究报告、核准项目申请报告的必备文件。未经预审或者预审未通过的，不得批复可行性研究报告、核准项目申请报告；不得批准农用地转用、土地征收，不得办理供地手续。预审审查的相关内容在建设用地报批时，未发生重大变化的，不再重复审查。

第三节　农用地转用审批管理[①]

国家严格限制农用地转为建设用地。凡是建设占用土地，涉及农用地转为建设用地的，都必须依法办理农用地转用审批手续。

一、预选符合规划的农用地

农用地转用必须符合国土空间规划、城市建设总体规划和土地利用年度计划中确定的农用地转用指标。城市和村庄、集镇建设占用土地，涉及农用地转用的，还应当符合城市规划和村庄、集镇规划。不符合规定的，不得批准农用地转为建设用地。用地单位在初步选定某农用地为建设用地后，应首先向自然资源部门、建设部门、规划

---

① 农用地转为建设用地详细流程［EB/OL］．［2024－3－13］．http：//www.mengyin.gov.cn/info/1601/83840.htm.

部门咨询该农用地是否符合上述各项规划。

二、编制建设项目可行性论证

确认该农用地可以用于建设，再根据建设部门的要求，进行和编制建设项目可行性论证，向建设部门提交用地申请，建设部门审查符合的，颁发建设项目的《选址意见书》，用地单位应按规定缴纳选址规费。

三、提出用地预审申请

用地单位持该《选址意见书》向同级自然资源部门提出用地预审申请，由该自然资源部门批复建设项目用地预审意见。

建设项目用地预审文件有效期为三年，自批准之日起计算。已经预审的项目，如需对土地用途、建设项目选址等进行重大调整的，应当重新申请预审。未经预审或者预审未通过的，不得批复可行性研究报告、核准项目申请报告；不得批准农用地转用、土地征收，不得办理供地手续。预审审查的相关内容在建设用地报批时，未发生重大变化的，不再重复审查。

四、办理手续、缴纳审批费用、提出项目用地的正式申请

用地单位凭建设项目用地预审文件向建设部门、环保部门等办理立项、规划、环保许可等手续，并缴纳各项审批费用。然后，用地单位持以上审批文件，向原预审的自然资源部门提出项目用地的正式申请。

五、各级政府审批

在国土空间规划确定的城市和村庄、集镇建设用地范围内，为实施该规划而将农用地转为建设用地的，由市、县人民政府组织自然资源等部门拟订农用地转用方案，分批次报有批准权的人民政府批准。农用地转用方案应当重点对建设项目安排、是否符合国土空间规划和土地利用年度计划以及补充耕地情况做出说明。

农用地转用方案经批准后，由市、县人民政府组织实施。

建设项目确需占用国土空间规划确定的城市和村庄、集镇建设用地范围外的农用地，涉及占用永久基本农田的，由国务院批准；不涉及占用永久基本农田的，由国务院或者国务院授权的省、自治区、直辖市人民政府批准。具体按照下列规定办理：

（1）建设项目批准、核准前或者备案前后，由自然资源主管部门对建设项目用地事项进行审查，提出建设项目用地预审意见。建设项目需要申请核发选址意见书的，应当合并办理建设项目用地预审与选址意见书，核发建设项目用地预审与选址意见书。

（2）建设单位持建设项目的批准、核准或者备案文件，向市、县人民政府提出建设用地申请。市、县人民政府组织自然资源等部门拟订农用地转用方案，报有批准权的人民政府批准；依法应当由国务院批准的，由省、自治区、直辖市人民政府审核后上报。农用地转用方案应当重点对是否符合国土空间规划和土地利用年度计划以及补充耕地情况做出说明，涉及占用永久基本农田的，还应当对占用永久基本农田的必要性、合理性和补划可行性做出说明。

（3）农用地转用方案经批准后，由市、县人民政府组织实施。

第四节　建设项目用地供应审批管理

一、建设项目用地供应审批的概念

建设项目用地供应审批是指县级以上有批准权的自然资源部门依据相关法律法规，对建设单位的用地申请进行审查，报本级人民政府进行批准其使用国有建设用地使用权的行政许可行为。

二、建设项目用地供应审批程序

（一）申请

建设单位提出用地申请，填写《建设用地申请表》，并附具下列材料：建设项目用地预审意见，建设项目批准、核准或者备案文件，建设项目初步设计批准或者审核文件。

建设单位提交的申请材料包括但不限于：《建设用地申请表》（申请划拨取得国有建设用地使用权时填写《国有建设用地划拨决定书申请表》）、申请人身份证件、建设项目划拨供地请示及市政府批准意见（申请划拨取得国有建设用地使用权时准备该材料）、自然资源主管部门建设用地批复意见或土地权属来源证明、建设项目用地预审与规划选址意见书、设计条件通知书、控制性详细规划图件、发改委立项批复、环评报告或备案证明、地质灾害危险性评估报告①、建设用地压覆矿产资源评估报告②、测绘报告、宗地图及示意图、是否污染地块调查意见、使用林地审批意见等。

(二) 受理

市、县自然资源主管部门对材料齐全、符合条件的建设用地申请，应当受理，并在收到申请之日起 30 日内拟订农用地转用方案、补充耕地方案、征收土地方案和供地方案，编制建设项目用地呈报说明书，经同级人民政府审核同意后，报上一级自然资源主管部门审查。

(三) 有关自然资源主管部门审核

有关自然资源主管部门收到上报的建设项目用地呈报说明书和有关方案后，对材料齐全、符合条件的，应当在 5 日内报经同级人民政府审核。同级人民政府审核同意后，逐级上报有批准权的人民政府，并将审查所需的材料及时送该级自然资源主管部门审查。

对依法应由国务院批准的建设项目用地呈报说明书和有关方案，省、自治区、直辖市人民政府必须提出明确的审查意见，并对报送材料的真实性、合法性负责。

省、自治区、直辖市人民政府批准农用地转用、国务院批准征收土地的，省、自治区、直辖市人民政府批准农用地转用方案后，应当将批准文件和下级自然资源主管部门上报的材料一并上报。

(四) 有批准权的自然资源主管部门审查

有批准权的自然资源主管部门应当自收到上报的农用地转用方案、补充耕地方案、征收土地方案和供地方案并按规定征求有关方面意见后 30 日内审查完毕。

建设用地审查应当实行自然资源主管部门内部会审制度。

---

① 在用地报批阶段，自然资源部对单独选址的审批类建设项目的地质灾害危险性评估情况进行形式性审查，地方自然资源主管部门应核实建设项目是否位于地质灾害易发区，位于地质灾害易发区的，应进一步核实建设单位是否按规定进行了地质灾害危险性评估；省级自然资源主管部门在提交建设项目用地审查报告时，应对是否进行地质灾害危险性评估进行说明。未按规定开展地质灾害危险性评估的，不得批准建设用地。见：《国土资源部关于改进和优化建设项目用地预审和用地审查的通知》[EB/OL]. (2016-11-30) [2024-05-18]. http://www.mnr. gov. cn/gk/tzgg/2016/t20161214_1991947. html.

② 在用地报批阶段，对单独选址的审批类建设项目涉及压覆重要矿产资源的，在建设单位说明已与矿业权人就压矿补偿问题进行协商、有关市县人民政府承诺做好压矿补偿协调工作的前提下，可办理用地审批手续；同时，省级自然资源主管部门应督促建设单位与矿业权人签订补偿协议，按规定办理压覆矿产资源审批和登记手续。对未签订补偿协议、未办理压覆矿产资源审批登记手续的，省级人民政府不得转发用地批复、市（县）人民政府不得供地。见：《国土资源部关于改进和优化建设项目用地预审和用地审查的通知》[EB/OL]. (2016-11-30) [2024-05-18]. http://www.mnr. gov. cn/gk/tzgg/2016/t20161214_1991947. html.

农用地转用方案和补充耕地方案审查要点：符合土地利用总体规划；确属必须占用农用地且符合土地利用年度计划确定的控制指标；占用耕地的，补充耕地方案符合土地整理开发专项规划且面积、质量符合规定要求；单独办理农用地转用的，必须符合单独选址条件。

征收土地方案审查要点：被征收土地界址、地类、面积清楚，权属无争议的；被征收土地的补偿标准符合法律、法规规定的；被征收土地上需要安置人员的安置途径切实可行。

供地方案审查要点：符合国家的土地供应政策；申请用地面积符合建设用地标准和集约用地的要求；只占用国有未利用地的，符合规划、界址清楚、面积准确。

（五）批复

农用地转用方案、补充耕地方案、征收土地方案和供地方案经有批准权的人民政府批准后，同级自然资源主管部门应当在收到批件后 5 日内将批复发出。

没有按照规定缴纳新增建设用地土地有偿使用费的，不予批复建设用地。其中，报国务院批准的城市建设用地，省、自治区、直辖市人民政府在设区的市人民政府按照有关规定缴纳新增建设用地土地有偿使用费后办理回复文件。

（六）发证

以有偿使用方式提供国有土地使用权的，由市、县自然资源主管部门与土地使用者签订土地有偿使用合同，并向建设单位颁发《建设用地批准书》。土地使用者缴纳土地有偿使用费后，依照规定办理土地登记。

以划拨方式提供国有土地使用权的，由市、县自然资源主管部门向建设单位颁发《国有土地划拨决定书》和《建设用地批准书》，依照规定办理土地登记。《国有土地划拨决定书》应当包括划拨土地面积、土地用途、土地使用条件等内容。建设项目施工期间，建设单位应当将《建设用地批准书》公示于施工现场。

第五节　农村集体建设用地审批管理

《土地管理法》（2019 修正）第五十九条规定，乡镇企业、乡（镇）村公共设施、公益事业、农村村民住宅等乡（镇）村建设，应当按照村庄和集镇规划，合理布局，综合开发，配套建设；建设用地，应当符合乡（镇）土地利用总体规划和土地利用年度计划，并依照本法第四十四条、第六十条、第六十一条、第六十二条的规定办理审批手续。

一、乡镇企业用地审批管理

（一）设定依据

《土地管理法》（2019 修正）第六十条第一款规定，农村集体经济组织使用乡（镇）土地利用总体规划确定的建设用地兴办企业或者与其他单位、个人以土地使用权入股、联营等形式共同举办企业的，应当持有关批准文件，向县级以上地方人民政府自然资源主管部门提出申请，按照省、自治区、直辖市规定的批准权限，由县级以上地方人民政府批准；其中，涉及占用农用地的，依照本法第四十四条的规定办理审批手续。

（二）适用条件

（1）乡镇企业用地申请人必须是农村集体经济组织兴办或与其他单位、个人以土地使用权入股、联营等形式共同举办的企业。

（2）建设项目符合国家产业政策、供地政策和用地标准。

（3）项目用地应符合国土空间规划和村庄实用性规划，符合建设用地控制指标要求和规划设计要求。有合法的建设用地权源，土地使用权、地上附着物所有权权属清晰无争议。

（三）审批程序

（1）农村集体经济组织或者建设单位持有关建设项目批准文件，向市、县人民政府自然资源主管部门提出建设用地申请。

（2）市、县人民政府自然资源主管部门对建设用地申请进行审查，提出审查意见。

（3）按照省、自治区、直辖市规定的批准权限，报县级以上地方人民政府批准，其中，涉及占用农用地的，应先按照《土地管理法》第四十四条的规定办理农用地转用审批手续。

（4）建设用地经依法批准后，申请用地单位按照规定缴纳有关费用，占用耕地的，并履行开垦新耕地的义务。

（5）工程项目竣工后，由市、县人民政府自然资源主管部门对用地和开垦耕地情况进行检查验收，合格后办理土地登记手续，核发《不动产权证书》，确认建设用地使用权。

（四）申报材料

申请人提交的申报材料包括但不限于：用地申请和乡（镇）审核意见；乡（镇）村企业建设用地申报表；申请人身份材料；发改部门立项批复；建设项目可行性研究报告（或项目建议书）；土地权属的证明材料（集体土地使用权证书复印件）；占用林地批准文件（占用林地的）；建设用地规划许可证、审批单、规划定点红线图；土地勘测资料；乡镇土地利用总体规划图和占用土地的1：1万分幅土地利用现状图；补充耕地协议；属入股、联营的，需提供双方签订的协议书以及申请用地单位与原土地权属单位达成的土地补偿协议及缴纳补偿费凭证等。

二、乡（镇）村公共设施、公益事业用地审批管理

（一）设定依据

《土地管理法》（2019修正）第六十一条规定，乡（镇）村公共设施、公益事业建设，需要使用土地的，经乡（镇）人民政府审核，向县级以上地方人民政府自然资源主管部门提出申请，按照省、自治区、直辖市规定的批准权限，由县级以上地方人民政府批准；其中，涉及占用农用地的，依照本法第四十四条的规定办理审批手续。

（二）适用条件

（1）建设项目必须符合国家产业政策和供地政策的相关规定；

（2）项目用地选址要符合乡（镇）土地利用总体规划和城乡规划要求；

（3）建设项目用地规模要符合建设用地控制指标要求和规划设计要求；

（4）涉及占用农用地的，应依照《土地管理法》第四十四条的规定办理农用地转用地审批手续。

（三）审批程序

（1）申请人持有关申报材料提出用地申请，经辖区乡镇人民政府审核同意后，报县级以上地方人民政府自然资源主管部门审查。

（2）县级以上地方人民政府自然资源主管部门审查同意后，按照省、自治区、直辖市规定的批准权限，由县级以上地方人民政府批准；其中，涉及占用农用地的，依照《土地管理法》（2019修正）第四十四条的规定办理审批手续。

（3）县级以上地方人民政府批准后，县级以上地方人民政府自然资源主管部门核

发用地批准通知书，用地单位凭用地批准通知书等相关资料，申请集体建设用地土地登记，办理《不动产权证书》。

（四）申报材料

申请人提交的申报材料包括但不限于：占用集体土地申请表；县（区）人民政府的请示；"一书两方案"（含建设用地呈报说明书、农用地转用方案、补充耕地方案）；申请人身份证明材料；土地勘测资料；建设项目批准文件；涉及缴纳新增建设用地土地有偿使用费的，提交缴费凭证；土地权属的证明材料（集体土地使用权证书复印件）；占用林地批准文件（占用林地的）；农用地转用批准文件；国土空间总体规划审查图；土地补偿协议；补充耕地确认信息单等。

第六节　临时用地审批管理

一、临时用地审批主体

临时用地管理在保障建设项目施工、地质勘查等方面发挥了积极作用，但在地方管理实践中存在违规审批、临时用地永久占用侵蚀耕地红线问题，其中，临时用地审批层级低是造成临时用地很多问题的重要因素。为此，《自然资源部关于规范临时用地管理的通知》（以下简称《通知》）中将临时使用耕地和永久基本农田的审批层级提升至市级或市级以上，规定县（市）自然资源主管部门负责临时用地审批，其中涉及占用耕地和永久基本农田的，由市级或者市级以上自然资源主管部门负责审批。不得下放临时用地审批权或者委托相关部门行使审批权。

《通知》还简化了审批程序，推进"多审合一"，《通知》明确"城镇开发边界内使用临时用地的，可以一并申请临时建设用地规划许可和临时用地审批，具备条件的还可以同时申请临时建设工程规划许可，一并出具相关批准文件"。

二、临时用地申请

申请临时用地应当提供临时用地申请书、临时使用土地合同、项目建设依据文件、土地复垦方案报告表、土地权属材料、勘测定界材料、土地利用现状照片及其他必要的材料。临时用地申请人根据土地权属，与县（市）自然资源主管部门或者农村集体经济组织、村民委员会签订临时使用土地合同，明确临时用地的地点、四至范围、面积和现状地类，以及临时使用土地的用途、使用期限、土地复垦标准、补偿费用和支付方式、违约责任等。

临时用地申请人应当编制临时用地土地复垦方案报告表，由有关自然资源主管部门负责审核。其中，所申请使用的临时用地位于项目建设用地报批时已批准土地复垦方案范围内的，不再重复编制土地复垦方案报告表。

三、临时用地监管

《通知》规定，加强临时用地批后监管力度，建立临时用地信息系统，实时掌握各地临时用地审批、使用和复垦情况。建立定期抽查和定期通报制度，对不按规定批准、使用，不按期复垦，以及形成违法用地后查处等情况向社会公开通报。[①]

?思考题

1. 建设用地管理的原则有哪几项？

2. 建设项目用地预审主体是如何规定的？

3. 在建设项目用地供应审批程序中，有批准权的自然资源主管部门对上报的农用地转用方案、补充耕地方案、征收土地方案和供地方案进行审查的要点分别是什么？

4. 临时用地审批主体和监管措施的新规定是什么？

---

① 《自然资源部关于规范临时用地管理的通知》：五、严格临时用地监管　部建立临时用地信息系统。自2022 年 3 月 1 日起，县（市）自然资源主管部门应当在临时用地批准后 20 个工作日内，将临时用地的批准文件、合同以及四至范围、土地利用现状照片影像资料信息等传至临时用地信息系统完成系统配号，并向社会公开临时用地批准信息。县（市）自然资源主管部门负责督促临时用地使用人按照土地复垦方案报告表开展土地复垦工作，在信息系统中及时更新土地复垦等信息。建立定期抽查和定期通报制度，部和省级自然资源主管部门负责定期抽查占用耕地和永久基本农田临时用地的使用和复垦情况，对不符合用地要求和未完成复垦任务的，予以公开通报。国家自然资源督察机构要加强临时用地政策执行情况的监督检查，督促地方政府和部门落实审批和监管责任，整改纠正临时用地违法违规突出问题。加强"一张图"管理，各级自然资源主管部门在年度国土变更调查、卫片执法检查中要结合临时用地信息系统中的批准文件、合同、影像资料、土地复垦方案报告表等，认真审核临时用地的批准、复垦情况。各级自然资源主管部门要严肃查处违法违规审批、使用临时用地，未按照批准内容进行临时建设，以及临时用地超出复垦期限未完成复垦等行为，处理结果向社会公开通报，并依规依纪依法移送问题线索，追究责任人的责任。

第十三章　土地征收征用

内容摘要

我国以法律形式明确规定了土地征收征用制度,《宪法》规定:"国家为了公共利益的需要,可以依照法律规定对土地实行征收或者征用并给予补偿。"《民法典》第一百一十七条规定:"为了公共利益的需要,依照法律规定的权限和程序征收、征用不动产或者动产的,应当给予公平、合理的补偿。"我国《宪法》和《民法典》均明确规定征地必须是为了公共利益的需要。本章从公共利益的范围、征地审批权限、土地征收程序、土地征收补偿安置以及征地补偿费用的使用等几个角度对土地征收征用制度做出了解释和论述。

第一节　土地征收征用概述

一、公共利益的范围

《土地管理法》第四十五条第一款规定:为了公共利益的需要,有下列情形之一,确需征收农民集体所有土地的,可以依法实施征收:

(一)军事和外交需要用地的;

(二)由政府组织实施的能源、交通、水利、通信、邮政等基础设施建设需要土地的;

(三)由政府组织实施的科技、教育、文化、卫生、体育、生态环境和资源保护、防灾减灾、文物保护、社区综合服务、社会福利、市政公用、优抚安置、英烈保护等公共事业需要用地的;

(四)由政府组织实施的扶贫搬迁、保障性安居工程建设需要用地的;

(五)在土地利用总体规划确定的城镇建设用地范围内,经省级以上人民政府批准由县级以上地方人民政府组织实施的成片开发建设需要用地的;

（六）法律规定为公共利益需要可以征收农民集体所有的土地的其他情形。

与此同时，征地还应当符合国民经济和社会发展规划、土地利用总体规划、城乡规划和专项规划。该条款为兜底性条款，明确了只有法律规定的其他公共利益需要征地的情形，即只有法律才能规定公共利益的情形。

二、征地审批权限

征收永久基本农田、永久基本农田以外的耕地超过三十五公顷的、其他土地超过七十公顷的应当由国务院批准。其他的征地事宜统一由省、自治区、直辖市人民政府批准。因此，征地由国务院和省级政府两级负责审批，地方不具有审批权限，原因在于征地属于行使国家强制性权力，且征地往往关系到公民切身利益，因此国务院和省级政府行使审批权避免了地方政府由于追求区域经济建设滥用征地权力。

三、土地征收程序

（一）拟征收土地现状调查

土地利用现状调查是指以一定行政区域或自然区域（或流域）为单位，查清区域内各种土地利用类型面积、分布和利用状况，并自下而上逐级汇总为省级、全国的土地总面积及土地利用分类面积而进行的调查。土地利用现状调查是土地资源调查中最为基础的调查。土地利用现状调查是征地准备工作的重要基础性工作，在时间次序上居于首位，土地现状调查核实被征地块的信息是开展下一步工作的前提。土地现状调查应当查明土地的位置、权属、地类、面积，以及农村村民住宅、其他地上附着物和青苗等权属、种类、数量等情况。

（二）社会稳定风险评估

社会稳定风险评估是指与人民群众利益密切相关的重大决策、重要政策、重大改革措施、重大工程建设项目、与社会公共秩序相关的重大活动等重大事项在制定、出台、组织实施或审批审核前，对可能影响社会稳定的因素开展系统的调查，科学地预测、分析和评估，制定风险应对策略和方案，有效预防和控制重大事项实施过程中可能产生的社会稳定风险，更好地确保重大事项顺利实施。社会稳定风险评估应当由被征地的农村集体经济组织及其成员、村民委员会和其他利害关系人参加，评估结果是申请征收土地的重要依据。

(三)土地征收公告

为保障被征地群众的合法知情权,征收范围、土地现状、征收目的、补偿标准、安置方式和社会保障等事关被征收土地群众的切身利益的事项必须在拟征收土地所在的乡(镇)和村、村民小组范围内进行公告。公告过程中应当听取被征地的农村集体经济组织及其成员,以及村民委员会和其他利害关系人的意见。利害关系人包括土地承包经营权人和农业设施所有人等与征地有关的人员。公告期限不应少于三十日。

(四)听证

多数被征地的农村集体经济组织成员认为征地补偿安置方案不符合法律法规规定的,县级以上地方人民政府应当组织召开听证会,并根据法律法规的规定和听证会情况修改方案。

(五)补偿登记

根据《土地管理法》的规定,拟征收土地的所有权人、使用权人应当在公告规定期限内,持不动产权属证明材料办理补偿登记。补偿登记是确定补偿范围和内容的基础性工作。县级以上地方人民政府应当组织有关部门测算并落实有关费用,保证足额到位,与拟征收土地的所有权人、使用权人就补偿、安置等签订协议。登记对象包括宅基地使用权、建设用地使用权、承包经营权和国有农用地征收权等土地的使用权。同时,被征收土地地上附着物也应当被清点登记。

(六)签订补偿协议

补偿登记后应当签订补偿协议。政府与被征地农民就补偿问题形成合意后即可签订补偿协议。征收土地应当依法及时足额支付土地补偿费、安置补助费以及农村村民住宅、其他地上附着物和青苗等的补偿费用,并安排被征地农民的社会保障费用。

第二节　土地征收补偿

一、土地征收补偿安置

征收土地应当给予公平、合理的补偿。我国《民法典》第二百四十三条规定,为了公共利益的需要，依照法律规定的权限和程序可以征收集体所有的土地和组织、个人的房屋以及其他不动产。征收集体所有的土地，应当依法及时足额支付土地补偿费、安置补助费以及农村村民住宅、其他地上附着物和青苗等的补偿费用，并安排被征地农民的社会保障费用，保障被征地农民的生活，维护被征地农民的合法权益。征收组织、个人的房屋以及其他不动产，应当依法给予征收补偿，维护被征收人的合法权益；征收个人住宅的，还应当保障被征收人的居住条件。

征收农用地的土地补偿费、安置补助费标准由省、自治区、直辖市通过制定公布区片综合地价确定。征收农用地以外的其他土地、地上附着物和青苗等的补偿标准，由省、自治区、直辖市制定。需要指出的是，补偿协议签订应当遵循"先补偿，后搬迁"的原则，应当在征地批准决定之前，但支付补偿款的时间则可由协议自由约定。个别确实难以达成协议的，应当在申请征收土地时如实说明，报批准机关决策。

（一）补偿原则

征地补偿应遵循的原则是被征地农民原有生活水平不降低，长远生计有保障。该原则体现了两层含义，其一是被征地农民不会因为征地而导致生活水平的降低；其二是征地时应当对被征地农民提供长久的生计保障机制，确保被征地农民的长远生产生活保障。

（二）补偿内容

征收土地应当依法及时足额支付土地补偿费、安置补助费以及农村村民住宅、其他地上附着物和青苗等的补偿费用，并安排被征地农民的社会保障费用。征收农用地的土地补偿费、安置补助费标准由省、自治区、直辖市通过制定公布区片综合地价确定。制定区片综合地价应当综合考虑土地原用途、土地资源条件、土地产值、土地区位、土地供求关系、人口以及经济社会发展水平等因素，并至少每三年调整或者重新公布一次，从而保障在一定区域内的地价趋于一致，并充分考虑土地确定的综合补偿标准和附着物、青苗补偿费等被征地地上附着物的实际情况。

农村村民住宅，应当按照先补偿后搬迁、居住条件有改善的原则，尊重农村村民意愿，采取重新安排宅基地建房、提供安置房或者货币补偿等方式给予公平、合理的补偿，并对因征收造成的搬迁、临时安置等费用予以补偿，保障农村村民居住的权利和合法的住房财产权益。社会保障方面，县级以上地方人民政府应当将被征地农民纳入相应的养老等社会保障体系。被征地农民的社会保障费用主要用于符合条件的被征地农民的养老保险等社会保险缴费补贴。

做出房屋征收决定的市、县级人民政府对被征收人给予的补偿包括被征收房屋价值的补偿，因征收房屋造成的搬迁、临时安置的补偿，因征收房屋造成的停产停业损失的补偿等。市、县级人民政府应当制定补偿和奖励办法，对被征收人给予补助和奖励。

二、征地补偿费用的使用

农村集体经济组织是我国农村集体经济制度的核心组织形式，征地补偿款属于集体资产，故而农村集体经济组织负有对征地款进行管理的权力，同时也负有向组织成员披露信息并接受组织成员监督的义务。如违反上述规定，乡镇人民政府则有权责令其改正。征地补偿款主要包括被征收土地所有人、使用权人所获得的土地补偿费、安置补助费、农村村民住宅、其他地上附着物和青苗等的补偿费以及社会保障费用。

根据《土地管理法》，征用土地补偿款必须向集体经济组织的成员公布，他们具有知情权和监督权。具体而言，征地款的使用情况必须向本集体经济组织的成员公开，并且将征地补偿款数额、收入与支出情况定期予以公布，组织成员有权了解和监督征地款的使用及收支情况。侵占、挪用征地补偿款和其他费用均属违法行为。

思考题

1. 如何认定公共利益的范围？
2. 土地征收的程序是什么？
3. 土地征收补偿安置的内容是什么？

第十四章　土地整治

内容摘要

　　土地整治在保护耕地、优化用地布局和改善生态环境等方面具有重要作用，是保发展、守红线、促转变、惠民生的重要平台和抓手。本章主要介绍土地整治的概念及沿革、土地开发、土地整理和土地复垦的相关内容。

第一节　土地整治概述

一、土地整治相关概念

　　2018 年 5 月 1 日起实施的《土地整治术语》（TD/T 1054－2018）确立了土地整治基本概念体系。根据该标准规定，土地整治是为满足人类生产、生活和生态的功能需要，对未利用、低效和闲置利用、损毁和退化土地进行综合治理的活动，是土地开发、土地整理、土地复垦、土地修复的统称。具体来讲，土地整治是在一定区域内，按照土地利用和规划目标，采取行政、经济、法律和工程技术手段，调整土地利用状况，提高土地利用率，改善生产生活条件和生态环境的过程。从内涵上看，城乡建设用地增减挂钩、城镇低效用地再开发、工矿废弃地复垦利用、低丘缓坡未利用地开发等专项活动，都属于土地整治。

二、土地整治的历史沿革

　　中国现代意义上的土地整治不断根据社会经济发展情况进行调整和完善。1997 年中央"十一号文件"，即《中共中央、国务院关于进一步加强土地管理切实保护耕地的通知》首次从政策层面要求"积极推进土地整理"。文件提出，"积极推进土地整理，搞好土地建设"，"大力总结和推广土地整理经验，按照土地利用总体规划的要求，通过对田、水、路、林、村进行综合整治，搞好土地建设，提高耕地质量，增加有效耕地面积，改善农业生产条件和环境。"

1998 年，土地整理被写入于 1999 年 1 月 1 日起实施的新《土地管理法》，其第四十一条第一款提出："国家鼓励土地整理。县、乡（镇）人民政府应当组织农村集体经济组织，按照土地利用总体规划，对田、水、路、林、村综合整治，提高耕地质量，增加有效耕地面积，改善农业生产条件和生态环境。"这是我国首次在法律文件上提出"土地整理"一词。该法明确和巩固了土地整理的法律地位，确立了资金渠道，土地整理成为各级国土资源管理部门的一项重要职能。

为进一步明确土地开发整理工作，原国土资源部于 2000 年 4 月 16 日颁布《国家投资土地开发整理项目实施管理暂行办法》，这部办法第一次明确了"土地开发整理"的名称，确定了土地开发整理项目的资金来源、项目全过程管理的细节和要求，土地开发整理事业开始逐步走向正轨。

原国土资源部于 2003 年发布的《全国土地开发整理规划（2001—2010）》指出，"土地开发整理"包含土地整理、土地复垦和土地开发三项内容。

2003 年 10 月，《土地开发整理若干意见》提出，建立健全土地开发整理规划体系。该文件明确，土地开发整理活动必须符合规划；土地开发整理项目的审查、规划设计、项目实施和检查验收，都必须依据土地利用总体规划和土地开发整理规划，同时提出了建立国家、省（自治区、直辖市）、市（地、州）、县（市）四级土地开发整理规划体系。该文件为后期土地整治规划编制工作指明了方向，明确和奠定了全国四级土地整治规划体系。

2008 年 10 月 12 日中国共产党第十七届中央委员会第三次全体会议发布的《中共中央关于推进农村改革发展若干重大问题的决定》中，提出了"土地整理复垦开发"的概念，对土地开发整理的三大块内容进行了重新排序，这明显突出了土地整理的重要，强调了以土地整理为重点，土地复垦为辅助，土地开发为补充的精神。2008 年 8 月，《关于进一步加强土地整理复垦开发工作的通知》提出，抓紧组织修编土地整理复垦开发规划，实施土地整治重大工程。

2010 年 10 月，原国土资源部《关于开展土地整治规划编制工作的通知》再次明确了土地整治规划的重大意义，提出了新时期土地整治规划编制的基本原则、目标任务、编制程序和成果要求。

2012 年 3 月，《全国土地整治规划（2011—2015 年）》经国务院批准正式颁布实施。提出加快农村土地整治复垦，着力加强耕地质量建设，以基本农田整治为重点，在严格保护生态环境的前提下，建设旱涝保收高标准基本农田，积极开展城镇工矿建设用地整治，建立健全长效机制，全面提高土地整治工作水平，以资源可持续利用促进经济社会可持续发展。其基本原则要遵循坚持促进"三农"发展、统筹城乡发展、维护农民合法权益、土地整治与生态保护相统一和因地制宜、量力而行。明确了"十二五"期间土地整治的五项主要任务：统筹推进土地整治、大力推进农用地整治、规范推进农村建设用地整治、有序开展城镇工矿建设用地整治以及加快土地复垦。

2013 年 10 月，国务院批准发布的《全国高标准农田建设总体规划》，是对土地整治规划的有效补充。

2015 年 5 月，为指导第三轮土地整治规划编制工作，原国土资源部印发了《国土资源部关于开展"十三五"土地整治规划编制工作的通知》，再次强调了土地整治规划编制工作的重要性，明确了落实规划编制的具体任务和编制程序、成果要求、保障措施等。

2017 年 2 月，《全国土地整治规划（2016—2020 年）》正式颁布实施。提出要紧密围绕全面建成小康社会的目标要求，遵循新的发展理念，实施藏粮于地和节约优先战略，大力推进农用地整理和高标准农田建设，夯实农业现代化基础；以促进城乡统筹发展为导向，大力推进城乡散乱、闲置、低效建设用地整理，推动美丽宜居乡村建设和新型城镇化发展；以精准扶贫、精准脱贫为要求，大力推进贫困地区土地综合整治，加大政策、项目、资金支持，助力脱贫攻坚；以保护生态环境为前提，大力推进废弃、退化、污染、损毁土地的治理、改良和修复，促进土地资源永续利用。规划还提出坚守耕地红线、促进城乡统筹、加强生态保护、维护群众权益、坚持政府主导、坚持因地制宜六项工作原则。确定了土地整治的目标任务。加快推进高标准农田建设、全面提升耕地数量质量保护、城乡建设用地整理取得积极成效、加大土地复垦和土地生态整治力度、支持脱贫攻坚和易地搬迁取得实效以及进一步加强土地整治制度和能力建设。

2018 年 3 月 1 日，原国土资源部、财政部《关于进一步做好中央支持土地整治重大工程有关工作的通知》，鼓励实施农村土地综合整治，统筹土地整治、中低产田改造和高标准农田建设，开展农村散乱、闲置、低效建设用地整理，推进废弃、损毁土地复垦，增强"土地整治＋"综合效应。2018 年 5 月 1 日起，《土地整治术语》行业标准正式实施。

2019 年 12 月 10 日，自然资源部下发《关于开展全域土地综合整治试点工作的通知》，明确以科学合理规划为前提，以乡镇为基本实施单元，整体推进农用地整理、建设用地整理和乡村生态保护修复。到 2020 年，全国试点不少于 300 个，各省（自治区、直辖市）试点原则上不超过 20 个。

2020 年 1 月 2 日，中央"一号文件"指出：开展全域土地综合整治试点，在符合国土空间规划前提下，通过村庄整治、土地整理等方式节余的农村集体建设用地优先用于发展乡村产业项目。2020 年 6 月 30 日，自然资源部国土空间生态修复司关于印发

《全域土地综合整治试点实施要点（试行）》的函对试点选址、整治区域划定、村庄规划编制、整治任务确定、双5%标准、指标认定、内容审查、监测监管、验收评估、负面清单等任务做出明确要求。

2021年4月国土空间生态修复司印发《全域土地综合整治试点实施方案编制大纲（试行）》，指导实施方案编制。将"规范开展全域土地综合整治"作为实施乡村建设行动的一项重点内容。

虽然我国目前尚未出台专门规范土地整治的法律，但在部分省份已出台了关于土地整治的专项法规，例如《湖北省土地整治管理办法》（2011年）、《山西省土地整治条例》（2014年）、《浙江省土地整治条例》（2015年），以及《山东省土地整治条例》（2016年）等。当前，土地整治已经成为优化土地利用结构，加强耕地和生态保护，提高节约集约用地水平，促进新型城镇化和美丽宜居乡村建设的重要手段和工作平台，是落实最严格的耕地保护制度和最严格的节约用地制度，走向生态文明新时代，建设美丽中国的重要举措。

第二节　土地开发

一、土地开发的概念

土地开发从广义上来讲，是指因人类生产建设和生活不断发展的需要，采用一定的现代科学技术的经济手段，扩大对土地的有效利用范围或提高对土地的利用深度所进行的活动，既包括对尚未利用的土地进行开垦和利用，以扩大土地利用范围；也包括对已利用的土地进行整治，以提高土地利用率和集约经营程度。从狭义上来讲，土地开发主要是指对未利用土地的开发利用，指对未利用土地，通过工程、生物或综合措施，使其达到可利用状态的活动，包括开发为农用地和开发为建设用地。[①] 本章中的土地开发是狭义上的土地开发。

二、相关法律规定

《土地管理法》第三十九条规定："国家鼓励单位和个人按照土地利用总体规划，在保护和改善生态环境、防止水土流失和土地荒漠化的前提下，开发未利用的土地；适宜开发为农用地的，应当优先开发成农用地。国家依法保护开发者的合法权益。"第

---

① 严金明. 土地法学［M］. 北京：中国人民大学出版社，2020：260.

四十条规定："开垦未利用的土地，必须经过科学论证和评估，在土地利用总体规划划定的可开垦的区域内，经依法批准后进行。禁止毁坏森林、草原开垦耕地，禁止围湖造田和侵占江河滩地。根据土地利用总体规划，对破坏生态环境开垦、围垦的土地，有计划有步骤地退耕还林、还牧、还湖。"第四十一条规定："开发未确定使用权的国有荒山、荒地、荒滩从事种植业、林业、畜牧业、渔业生产的，经县级以上人民政府依法批准，可以确定给开发单位或者个人长期使用。"《土地管理法实施条例》（2021修正）第九条规定："禁止任何单位和个人在国土空间规划确定的禁止开垦的范围内从事土地开发活动。按照国土空间规划，开发未确定土地使用权的国有荒山、荒地、荒滩从事种植业、林业、畜牧业、渔业生产的，应当向土地所在地的县级以上地方人民政府自然资源主管部门提出申请，按照省、自治区、直辖市规定的权限，由县级以上地方人民政府批准。"

根据以上法律规定，土地开发和开垦未利用土地需要注意以下三个方面。

首先，土地开发必须符合土地利用总体规划，在土地利用总体规划允许开发的区域内开发。

其次，土地开发要有利于保护和改善生态环境，防止水土流失和土地荒漠化。对未利用土地的开发，必须注意对生态环境的影响，如果开发后会造成对生态环境的破坏，导致水土流失和土地荒漠化的，就不应进行开发。这就要求对开垦未利用土地进行科学论证和评估，即对未利用土地的性能、可利用的经济社会价值、开垦对周围环境的影响等因素进行科学的论证和综合评估。

最后，如果开发的土地适宜开发为农用地的，应当优先开发成农用地。

第三节　土地整理

一、土地整理的概念

土地整理，是指在一定区域内，按照土地利用规划和相关规划所确定的目标和用途，采取行政、经济、法律、工程和生物等措施，对田、水、路、林、村进行综合整治，对土地利用状况进行调整改造，对土地资源进行重新分配，以提高土地质量和土地利用效率，增加有效耕地面积，改善生产、生活条件和生态环境的活动。

二、相关法律规定

《土地管理法》（2019修正）第四十二条规定："国家鼓励土地整理。县、乡（镇）

人民政府应当组织农村集体经济组织，按照土地利用总体规划，对田、水、路、林、村综合整治，提高耕地质量，增加有效耕地面积，改善农业生产条件和生态环境。地方各级人民政府应当采取措施，改造中、低产田，整治闲散地和废弃地。"

《土地管理法实施条例》第十条规定："县级人民政府应当按照国土空间规划关于统筹布局农业、生态、城镇等功能空间的要求，制定土地整理方案，促进耕地保护和土地节约集约利用。县、乡（镇）人民政府应当组织农村集体经济组织，实施土地整理方案，对闲散地和废弃地有计划地整治、改造。土地整理新增耕地，可以用作建设所占用耕地的补充。鼓励社会主体依法参与土地整理。"

三、土地整理分类

（一）农用地整理和建设用地整理

根据对象不同，可以将土地整理分为农用地整理和建设用地整理。

1. 农用地整理

农用地整理是指在一定区域内，依据土地利用总体规划及有关专项规划，采取行政、经济、法律和工程技术措施，对田、水、路、林、村等进行综合整治，以调整土地关系，改善土地利用结构和生产、生活条件，增加土地有效供给量，提高农用地质量，提高土地利用率和产出率的过程。

农用地整理包括农用地调整、农用地改造、地块规整、基础设施配套、零星农宅的迁并等，具体内容包括农用地面积、位置的变动，性质的置换，低效农用地的改造以及地块规整重划，水、电、路等小型基础设施配套和零星农宅的迁出或合并。

农用地整理可根据整理后的主导用途分为耕地整理、园地整理、林地整理、牧草地整理和养殖水面用地整理等。

（1）耕地整理。耕地整理是指对农田进行的整理。耕地整理的主要工程内容包括土地平整工程、农田水利工程、田间道路工程、其他工程（如农田防护林工程、生态环境保护工程等）。

（2）园地整理。园地整理主要指果园、桑园、橡胶园和其他经济园林用地的整理。

（3）林地整理。林地整理包括防护林、用材林、经济林、薪炭林、特种林地的整理。

（4）牧草地整理。牧草地整理包括放牧地整理和割草地整理。

（5）养殖水面用地整理。养殖水面用地整理主要指人工水产养殖用地整理。

2. 建设用地整理

建设用地整理是以提高土地集约利用为主要目的，采取一定措施和手段，对利用率不高的建设用地进行综合整理。建设用地整理的目的是优化土地利用结构和布局，使土地主导用途更加突出。整理后土地的主导用途不变，且主要地类面积增加，建设用地布局更加合理，同时集约度得到提高，总之，就是建设利用土地的利用效率得到大大提高。

建设用地整理包括村镇用地、城镇用地、独立工矿用地、基础设施用地以及其他建设用地的整理。

（1）村镇用地整理。村镇用地整理包括村镇的撤并、搬迁和就地改扩建。

（2）城镇用地整理。城镇用地整理主要指城镇建成区内存量土地的挖潜利用、旧城改造、用途调整和零星闲散地的利用。

（3）独立工矿用地整理。独立工矿用地整理主要指就地开采、现场作业的工矿企业和相配套的小型居住区用地的布局调整、用地范围的确定和发展用地选择，一般不包括大规模废弃地复垦。

（4）基础设施用地整理。基础设施用地整理包括公路、铁路、河道、电网、农村道路、排灌渠道的改线、裁弯取直、疏挖和厂站的配置、堤坝的调整，也包括少量废弃的路基、沟渠等的恢复利用。

（二）农村土地整理和城市土地整理

根据土地整理实施区域的不同，土地整理可以分为农村土地整理和城市土地整理。

1. 农村土地整理

农村土地整理目前是我国土地整理的主要形式之一，是指在农村区域内实行田、水、路、林、村等综合开发整治，提高土地质量，改善农业生产条件和生态环境的过程。以便实现土地利用科学化和农业现代化的目标。主要包括农用地（主要是耕地）的整合，居民点的归并集中，道路、灌排、防护林等农田基础设施系统的规整，土地的改良等。

2. 城市土地整理

城市土地整理是指在城镇规划区内，对城镇土地利用布局，按城镇发展的规律和新时期城市发展的要求进行调整和改造。主要对城市建成区和城乡接合部（或城市边缘区），通过该区域公共和基础设施建设，改善整理区的土地生态环境，使每宗地块都能得到高效合理地利用，并重新划定其边界、土地产权以原位或交换方式进行再分配，达到改善生产、生活条件，提高土地资产价值和维护生态环境的整体性、综合性的土地利用调整和整治过程。

第四节　土地复垦

一、土地复垦的概念

土地复垦，是指对生产建设活动和自然灾害损毁的土地，采取综合整治措施，使其达到可利用状态的活动。土地复垦的对象包括工矿企业在生产建设过程中挖损、塌陷、压占等造成破坏的土地，以及因自然灾害或人为因素造成损毁、荒芜、闲置的农田和其他成片土地等。

根据造成废弃的原因不同，可以将土地复垦分为五种类型：

第一类是各类工矿企业在生产建设过程中挖损、塌陷、压占等造成的破坏土地的复垦；

第二类是因道路改线、建筑物废弃、村庄搬迁以及垃圾压占等遗弃荒废土地的复垦；

第三类是农村砖瓦窑、水利建设取土等造成的废弃坑、塘、洼地的废弃土地的复垦；

第四类是各种工业污染引起的污染土地的复垦；

第五类是水灾、地质灾害及其他自然灾害引起的灾后土地复垦。

二、土地复垦相关政策法规沿革

1988 年，国务院颁布《土地复垦规定》，实行"谁破坏，谁复垦"的原则，我国的土地复垦工作开始走上法制化。

1998 年《土地管理法》第四十二条规定，"因挖损、塌陷、压占等造成土地破坏，用地单位和个人应当按照国家有关规定负责复垦；没有条件复垦或者复垦不符合要求的，应当缴纳土地复垦费，专项用于土地复垦。复垦的土地应当优先用于农业。"

《关于加强生产建设项目土地复垦管理工作的通知》提出，加强土地复垦前期管理，做好生产建设项目土地复垦方案的编制、评审和报送审查工作。

2009 年实施的《矿山地质环境保护规定》和《全国土地整治规划（2011—2015）》也对土地复垦规定了明确的目标和要求。

2011 年的《土地复垦条例》以及 2013 年的《土地复垦条例实施办法》构建了我国土地复垦的基本制度框架。

2015 年的《历史遗留工矿废弃地复垦利用试点管理办法》将历史遗留工矿废弃地

复垦与城市新增建设用地挂钩，以解决土地复垦资金不足和城市建设空间不足的问题。

2017 年的《国土资源部土地复垦"双随机一公开"监督检查实施细则》规定了对土地复垦进行监督检查的相关内容。

三、土地复垦的责任主体

（一）生产建设单位或者个人

生产建设活动损毁的土地，按照"谁损毁，谁复垦"的原则，由生产建设单位或者个人负责复垦。具体包括：

（1）露天采矿、烧制砖瓦、挖沙取土等地表挖掘所损毁的土地；

（2）地下采矿等造成地表塌陷的土地；

（3）堆放采矿剥离物、废石、矿渣、粉煤灰等固体废弃物压占的土地；

（4）能源、交通、水利等基础设施建设和其他生产建设活动临时占用所损毁的土地。

（二）县级以上人民政府

由于历史原因无法确定土地复垦义务人的生产建设活动损毁的土地（即历史遗留损毁土地），以及自然灾害损毁土地，由县级以上人民政府负责组织复垦。

四、土地复垦的制度保障和激励措施

（一）敦促土地复垦义务人自觉履行土地复垦义务的制度

土地复垦义务人是否自觉履行复垦义务，是做到"新账不欠"的关键。为了做到这一点，《土地复垦条例》规定了以下具体制度。

1. 建立土地复垦方案的编制与审查制度

土地复垦义务人应按照规定编制土地复垦方案，未编制或者编制不符合要求的，有关政府不得批准建设用地，有关国土资源主管部门不得批准采矿许可证。对于在《土地复垦条例》施行前虽然已经批完用地和采矿许可证，但其施行后继续损毁土地的，要补充编制土地复垦方案。

2. 加强对土地复垦实施环节的监督管理

土地复垦义务人应按照土地复垦方案开展土地复垦工作；生产建设周期长、需要分阶段实施复垦的，土地复垦义务人应当将土地复垦工作与生产建设活动统一规划、统筹实施。同时，土地复垦义务人还需要定期报告有关土地复垦情况，自然资源主管部门要加强监督。

3. 建立土地复垦资金保障机制

土地复垦义务人应将土地复垦费用列入生产成本或者建设项目总投资；土地复垦义务人不复垦或者复垦验收中经整改仍不合格的，要缴纳土地复垦费，由有关自然资源主管部门代为组织复垦。

4. 完善土地复垦验收的程序和要求

土地复垦义务人完成土地复垦任务后，应当按照规定向所在地县级以上地方人民政府自然资源主管部门申请验收，《土地复垦条例》明确了验收程序、验收内容和验收结果。为了防止复垦验收中弄虚作假，《土地复垦条例》还特别建立了多部门共同验收、专家参与、初步验收结果公开听取意见等制度，加大对验收环节的规范和监督力度。

5. 强化对土地复垦义务人不依法履行土地复垦义务的制约手段

土地复垦义务人不依法履行复垦义务的，有关政府和自然资源主管部门不得批准新的建设用地、采矿许可证，也不得批准采矿许可证的延续、变更和注销。

（二）调动土地复垦积极性的激励措施

为了调动全社会参与土地复垦的积极性，《土地复垦条例》规定了以下激励措施。

1. 明确对土地复垦义务人积极主动复垦的税收激励措施

土地复垦义务人在规定的期限内将生产建设活动损毁的耕地、林地、牧草地等农用地复垦恢复原状的，依照国家有关税收法律法规的规定，退还已经缴纳的耕地占用税。

2. 完善对社会投资者参与复垦的激励措施

社会投资复垦的历史遗留损毁土地或者自然灾害损毁土地，属于无使用权人的国有土地的，经县级以上人民政府依法批准，可以确定给投资单位或者个人长期从事种植业、林业、畜牧业或者渔业生产。

3. 对土地权利人自行复垦的激励措施

土地权利人自行将历史遗留损毁土地和自然灾害损毁土地复垦为耕地的，由县级以上地方人民政府给予补贴。

4. 明确对地方政府复垦的激励措施

县级以上地方人民政府将历史遗留损毁和自然灾害损毁的建设用地复垦为耕地的，按照国家有关规定可以作为本省、自治区、直辖市内进行非农建设占用耕地时的补充耕地指标。

五、土地复垦违法行为的法律责任

（一）监管部门及其工作人员违法的法律责任

针对监管部门及其工作人员在复垦工作中可能出现的各种徇私舞弊、滥用职权、玩忽职守的行为，包括违法许可，截留、挤占、挪用土地复垦费，在验收中弄虚作假，不依法履行监管职责或者不依法查处违法行为，谋取不正当利益等，规定了依法处分、追究刑事责任等相应的法律责任。

（二）土地复垦义务人违法的法律责任

针对土地复垦义务人在复垦活动中可能出现的各种违法行为，包括未按照规定补充编制土地复垦方案、安排土地复垦费用、进行表土剥离、报告有关情况、缴纳土地复垦费，将重金属污染物或者其他有毒有害物质用作回填或者充填材料，拒绝、阻碍监督检查或者弄虚作假等，规定了责令限期改正、责令停止违法行为、限期治理、罚款、吊销采矿许可证等相应的法律责任。

？思考题

1. 土地整治、土地开发、土地整理和土地复垦的概念分别是什么？
2. 《土地复垦条例》中对土地复垦责任主体的规定是怎样的？
3. 《土地复垦条例》中规定了哪些调动土地复垦积极性的激励措施？

第十五章　土地税费

内容摘要

　　本章从不同类型的土地税费出发，分别介绍了耕地占用税、城镇土地使用税以及土地增值税的基本概念、纳税主体、征收范围以及优惠政策。

第一节　耕地占用税

　　我国人均耕地少、耕地后备资源严重不足，且长期以来非农业建设占用耕地的事件频发，对我国粮食生产安全带来了较为严重的不良后果。为了合理利用土地资源，保护农用耕地，早在 1987 年国务院就颁布了《中华人民共和国耕地占用税暂行条例》，旨在约束、调节纳税人占用耕地的行为，限制占用耕地从事非农业建设，在促进土地资源合理利用等方面发挥了积极的作用。我国地域辽阔，地区之间耕地条件差异较大，人均耕地面积更是差距明显，因此我国耕地占用税的课税采取了地区差别税率，根据我国各地区耕地差异，从实际出发，根据不同地区的具体情况制定不同的税额。

一、耕地与耕地占用税的概念

　　耕地是指用于种植农作物的土地。耕地占用税是国家对占用耕地建房或者从事其他非农业建设的单位和个人，就其实际占用耕地面积征收的一种税。土地占用税属于对特定土地资源占用课税。为保护基本农田，基本农田税额标准高于一般耕地。占用林地、牧草地、农田水利用地、养殖水面以及渔业水域滩涂等其他农用地比照征收耕地占用税课征。铁路线路、飞机场跑道和停机坪用地、港口、航道占用耕地的，减收耕地占用税，经有关部门报国务院批准后还可免于征收或减征耕地占用税。

二、纳税主体

耕地占用税的纳税人是在中华人民共和国境内占用耕地建设建筑物、构筑物或者从事非农业建设的单位和个人，其中单位包括国有企业、集体企业、私营企业、股份制企业、外商投资企业、外国企业以及其他企事业单位、社会团体、国家机关、军事以及其他单位；个人包括个体工商户以及其他个人。

三、耕地占用税的征收范围及税额

占用耕地建设建筑物、构筑物或者从事非农业建设应当缴纳耕地占用税，此处所称耕地，是指用于种植农作物的土地。占用园地、林地、草地、农田水利用地、养殖水面、渔业水域滩涂以及其他农用地建设建筑物、构筑物或者从事非农业建设的，也应该缴纳耕地占用税。占用耕地建设农田水利设施的，不缴纳耕地占用税。占用园地、林地、草地、农田水利用地、养殖水面、渔业水域滩涂以及其他农用地建设直接为农业生产服务的生产设施的，也不缴纳耕地占用税。

耕地占用税以纳税人实际占用的耕地面积为计税依据，按照规定的适用税额一次性征收，应纳税额为纳税人实际占用的耕地面积（平方米）乘以适用税额。

《耕地占用税法》第四条规定耕地占用税的税额如下：（1）人均耕地不超过一亩的地区（以县、自治县、不设区的市、市辖区为单位，下同），每平方米为十元至五十元；（2）人均耕地超过一亩但不超过二亩的地区，每平方米为八元至四十元；（3）人均耕地超过二亩但不超过三亩的地区，每平方米为六元至三十元；（4）人均耕地超过三亩的地区，每平方米为五元至二十五元。

《耕地占用税法》第五条规定在人均耕地低于0.5亩的地区，省、自治区、直辖市可以根据当地经济发展情况，适当提高耕地占用税的适用税额，但提高的部分不得超过上述当地适用税额的百分之五十。占用基本农田的，应当按照上述当地适用税额，加按百分之一百五十征收。

四、耕地占用税的优惠政策

（一）免征耕地占用税的情形

（1）军事设施、学校、幼儿园、社会福利机构、医疗机构占用耕地，免征耕地占用税。

根据《财政部 税务总局 自然资源部 农业农村部 生态环境部关于发布〈中华人民共和国耕地占用税法实施办法〉的公告》（财政部公告 2019 年第 81 号）的规定，免税的军事设施，具体范围为《中华人民共和国军事设施保护法》规定的军事设施。[①]

免税的学校，具体范围包括县级以上人民政府教育行政部门批准成立的大学、中学、小学，学历性职业教育学校和特殊教育学校，以及经省级人民政府或其人力资源社会保障行政部门批准成立的技工院校。学校内经营性场所和教职工住房占用耕地的，按照当地适用税额缴纳耕地占用税。

免税的幼儿园，具体范围限于县级以上人民政府教育行政部门批准成立的幼儿园内专门用于幼儿保育、教育的场所。

免税的社会福利机构，具体范围限于依法登记的养老服务机构、残疾人服务机构、儿童福利机构、救助管理机构、未成年人救助保护机构内，专门为老年人、残疾人、未成年人、生活无着落的流浪乞讨人员提供养护、康复、托管等服务的场所。

免税的医疗机构，具体范围限于县级以上人民政府卫生健康行政部门批准设立的医疗机构内专门从事疾病诊断、治疗活动的场所及其配套设施。医疗机构内职工住房占用耕地的，按照当地适用税额缴纳耕地占用税。"

（2）农村居民经批准搬迁，新建自用住宅占用耕地不超过原宅基地面积的部分，免征耕地占用税。

（3）农村烈士遗属、因公牺牲军人遗属、残疾军人以及符合农村最低生活保障条件的农村居民，在规定用地标准以内新建自用住宅，免征耕地占用税。

（二）减征耕地占用税的情形

（1）铁路线路、公路线路、飞机场跑道、停机坪、港口、航道、水利工程占用耕地，减按每平方米二元的税额征收耕地占用税。

（2）农村居民在规定用地标准以内占用耕地新建自用住宅，按照当地适用税额减半征收耕地占用税。

按照规定免征或者减征耕地占用税后，纳税人改变原占地用途，不再属于免征或者减征耕地占用税情形的，应当按照当地适用税额补缴耕地占用税。

---

① 《中华人民共和国军事设施保护法》第二条：本法所称军事设施，是指国家直接用于军事目的的下列建筑、场地和设备：（一）指挥机关，地上和地下的指挥工程、作战工程；（二）军用机场、港口、码头；（三）营区、训练场、试验场；（四）军用洞库、仓库；（五）军用信息基础设施，军用侦察、导航、观测台站，军用测量、导航、助航标志；（六）军用公路、铁路专用线，军用输电线路，军用输油、输水、输气管道；（七）边防、海防管控设施；（八）国务院和中央军事委员会规定的其他军事设施。前款规定的军事设施，包括军队为执行任务必需设置的临时设施。

第二节 城镇土地使用税

一、城镇土地使用税的概念、征税范围及作用

城镇土地使用税是指国家为了合理利用城镇土地,调节土地级差收入,提高土地使用效益,加强土地管理,制定的用以调整城镇土地使用税征收与缴纳之间权利及义务关系的法律规范。城镇土地使用税是以城镇土地为征收对象的税种,对适用土地的单位和个人课征。

城镇土地使用税的征收范围包括城市、县城、建制镇和工矿区内的国家所有和集体所有的土地。城市土地包括市区和郊区的土地,县城土地是指县人民政府所在地的城镇的土地,建制镇土地是指镇人民政府所在的土地。

征收城镇土地使用税可提高土地的使用效益,促进节约使用土地,是一种加强对土地的控制和管理的经济手段,通过税收调整不同地区、不同地段之间的土地级差收入,从而可大体上均衡纳税人的收入。同时,城镇土地使用税可增加财政收入,促进我国税制改革。

二、纳税主体

在城市、县城、建制镇、工矿区范围内使用土地的单位和个人为城镇土地使用税的纳税主体。纳税主体包括:拥有土地使用权的单位和个人;拥有土地使用权的单位和个人不在土地所在地的,其土地的实际使用人和代管人为纳税人;土地使用权未确定或权属纠纷未解决的,其实际使用人为纳税人;土地使用权共有的,共有各方均为纳税主体,并分别纳税。

三、城镇土地使用税的免征与减征

城镇土地使用税的优惠政策主要有免征和减征两方面。

(一)免征城镇土地使用税的情况

(1)国家机关、人民团体、军队自用土地;

(2)由国家财政部门拨付事业经费的单位自用的土地;

（3）宗教寺庙、公园、名胜古迹自用的土地；

（4）市政街道、广场、绿化地带等公共用地；

（5）直接用于农、林、牧、渔业的生产用地；

（6）经批准开山填海整治的土地和改造的废弃土地；

（7）对非经营性医疗机构、疾病控制机构和妇幼保健机构等卫生机构自用的土地；

（8）企业办的学校、医院、托儿所、幼儿园或其他能与企业其他用地明确区分的；

（9）免税单位无偿使用纳税单位的土地；

（10）对行使国家行政管理职能的中国人民银行总行（含国家外汇管理局）所属分支机构自用的土地等。

另外，对符合国家产业政策的行业，如石油、电力、煤炭等能源用地、民用港口、铁路等交通用地和水利设施用地、三线调整企业、盐业、采石场、邮电等一些特殊用地划分了征免税界限和给予政策性减免税照顾。

（二）减征城镇土地使用税的情况

（1）个人所有的居住房屋及院落用地；

（2）房产管理部门在房租调整改革前经租的居民住房用地；

（3）免税单位职工家属的宿舍用地；

（4）民政部门举办的安装残疾人占一定比例的福利工厂用地；

（5）集体和个人办的各类学校、医院、托儿所、幼儿园用地；

（6）对基建项目在建期间使用的土地（原则上应当征收城镇土地使用税，但对有些基建项目，如国家产业政策扶持发展的大型基建项目纳税确有困难的，可以免征或减征土地使用税）；

（7）经主管部门予以减征的城镇内的集贸市场（农贸市场）用地；

（8）纳税确有困难的出售之前的商品房；

（9）经批准同意减征的各类危险品仓库、厂房所需的防火、防爆、防毒等安全防范用地；

（10）企业搬迁后原场地不适用的、企业范围内荒山等尚未利用的土地等。

第三节　土地增值税

一、土地增值税的概念

土地增值税是指对有偿转让国有土地使用权及地上建筑物和其他附着物产权，取得增值收入的单位和个人征收的一种税。

此处的"转让"是指以出售或其他方式进行的有偿转让，不包括以继承、赠与方式进行的无偿转让。课征土地增值税可增强国家对房地产开发和房地产交易市场的宏观调控，同时，土地增值税是一种可有效抑制炒卖土地获取暴利行为的经济手段。土地增值税还可增加国家财政收入，为经济建设积累资金。

二、纳税人

有偿转让我国国有土地使用权、地上建筑物及附着物产权，并取得收入的单位和个人均为土地增值税的纳税主体，其包括国有企业、集体企业、私营企业、外商投资企业和外国企业，同时机关、团体、部队、事业单位、个体工商户及其他单位和个人、外国机构、华侨、港澳台同胞及外国公民均可为土地增值税的纳税人。

三、征税范围

具体而言，土地增值税纳税范围包括：

（一）以出售方式转让国有土地使用权、地上建筑物及附着物；

（二）以继承、赠与方式转让房地产；

（三）房地产出租；

（四）房地产抵押；

（五）房地产交换；

（六）以房地产投资入股进行合资或联营；

（七）房地产的联建；

（八）房地产的重新评估等。

？思考题

1. 耕地占用税的优惠体现在哪些方面？

2. 城镇土地使用税的征税范围如何认定？

3. 土地增值税有什么法律价值？

第四篇

土地行政监督、
争议解决与法律责任

第十六章 土地执法监察与国家自然资源督察

内容摘要

本章首先从土地执法监察的发展历程展开，介绍了新中国成立以来执法监督体制从建立到改革和完善的过程，并对党的十八大以来相关监督监察政策进行了解读，介绍了土地执法的发展历程与要求，对新时代的土地执法监察提出了新的期待。同时也对国家自然资源督察发展历程分阶段进行了介绍，指出了自然资源督察的主要职责，与土地执法监察相关概念进行了区分，并对构建自然资源执法督察体系提出了未来设想。

第一节 土地执法监察

一、土地执法监察的发展历程

（一）执法监察初创阶段（1949—1986年）

新中国成立后，在中国共产党的领导下，我国开始了社会主义革命和社会主义建设，1949年至1957年是完成社会主义改造阶段，经历了土地改革运动、农业合作化运动，为实现人民公社化创造了条件。在农业合作化阶段，由于社会主义建设的迅速发展，非农业建设用地数量开始猛增，为了加强对土地的管理和使用的控制，1953年12月，政务院公布了《国家建设征用土地办法》。随后在人民公社化阶段，修改《国家建设征用土地办法》，首次提出对已经征用的土地的使用情况经常进行监督检查（与监察不是一个概念）。

1958年1月，全国人民代表大会常务委员会对《国家建设征用土地办法》做了重大修改，提出对土地使用情况进行经常性监督检查。

在人民公社化初期，由于全国大搞农田基本建设，各种非农业建设也进入了高潮，盲目占用土地和浪费耕地的情况很严重。1962 年 4 月 10 日，政务院在转发《内务部关于北京、天津两市国家建设征用土地使用情况的报告》批语中指出：当前在国家建设征用土地中存在着严重的浪费，不仅占地多，而且浪费了大量的好地，给农业生产和群众生活带来了很大的困难，要求各地应当立即对基本建设征用的土地使用情况进行一次认真检查，并严肃处理。

1981 年，中央召开农村工作会议第一次提出：我国人多地少，控制人口、保护耕地是我们的重大国策。要严格控制机关、企业、团体、部队、学校、社队占用耕地，对非法占用或不合理占用的必须加以纠正和处理。1982 年 2 月和 5 月，国务院先后发布《村镇建房用地管理条例》和《国家建设征用土地条例》。这两个条例在总结我国建国三十多年来土地管理工作经验的基础上，对农村建房用地和国家建设征用土地做了明确的规定。由于土地分散、多头管理，尽管中央三令五申要加强管理，坚决制止乱占滥用土地的现象，但问题依然存在，不少地方的土地管理已经失控，人地矛盾越来越突出。在一些城市郊区，出现了大批的无地农民，不仅给农民生活带来困难，也造成了社会的不安定。

1985 年，我国发生了严重的乱占滥用耕地现象，这引起了党中央、国务院的高度重视。因而，1986 年 3 月，党中央、国务院及时下发《关于加强土地管理制止乱占滥用耕地的通知》，提出"建立和完善土地管理法规"，并颁布了《土地管理法》，成立国家土地管理局，自此国土资源执法监察工作才有了法律法规基础。同时，成立了国家土地管理局，设监察司，专门负责土地执法监察工作，制定出台了土地违法立案标准、处罚办法等。

（二）执法监察体制改革阶段（1987—1998 年）

为适应社会经济形势发生的急剧变化，确保国家的粮食安全，党中央、国务院做出加强国土资源管理的治本之策时提出了改革执法监察体制的任务和要求。

1994 年，原国家土地管理局为适应机构改革，出于加强土地监察工作的需要，专门召开了土地监察体制改革会议，确定了土地监察体制改革的基本思路：一是监察机构实行垂直管理；二是提高监察机构规格；三是设立监察队伍（即执法监察队）作为辅助力量，并选择黑龙江省牡丹江市等四个城市进行试点。但是在执法实践中发现，土地违法主体除了公民、法人之外，地方政府也是违法主体之一。因此，必须建立一个能够解决地方政府违法问题的监督检查机制。然而针对地方政府的执法监察权 1986 年的《土地管理法》并没有相关规定。

1996 年，当时耕地保护形势严峻，全国组织开展了耕地保护工作的调查研究，并于 1997 年形成了《中共中央、国务院关于进一步加强土地管理切实保护耕地的通知》。在此过程中，中央统战部和原国家土地管理局组织民主党派领导人开展了土地管理视察和调研活动，也提出了需要建立一个有效解决地方政府土地违法机制的设想（最严格的耕地保护措施，设耕地保护司、执法监察局，国土资源部三定要求加强耕地保护和执法监督）。

1998 年修订的《土地管理法》，提出建立现代地政监督体系，并在报送国务院的《土地管理法》修订案草案中对国家土地总监进行了明确，并赋予了部本级对土地违法行为的查处权。但是由于大家对国家土地总监的认识不一致，且缺乏实践经验，最终并未将国家土地总监写入《土地管理法》。

（三）执法监察规范化管理阶段（1999—2017 年）

可以说，我国的国土资源执法监管工作始终保持高压态势。原国土资源部部长姜大明提出国土资源执法监察要发现在初始，解决在萌芽。土地管理责任追究制度逐步建立健全，政绩考核与国土资源管理挂钩，地方政府党委更加注重依法依规用地，积极推进构建执法监管共同责任机制。

这一阶段，土地执法监察工作规范化管理不断完善。从土地执法监察到国土资源执法监察，可以说是一个飞跃。2003 年，原国土资源部先后印发了《关于印发〈进一步治理整顿土地市场秩序工作方案〉的通知》《〈关于进一步治理整顿土地市场秩序中自查自纠若干问题的处理意见〉的通知》，从 2003 年 2 月至 7 月，集中半年时间，在全国开展以强化土地法制观念、落实制度建设、促进管理到位和查处严重扰乱土地市场秩序的行为为重点的自查自纠活动，从依法行政教育入手，进一步治理整顿土地市场秩序。治理整顿的范围包括 1998 年《土地管理法》实施以来，土地管理和土地交易、使用情况；凡未经处理和尚未终止的非法占地、非法入市行为，不以上述时间为限，均纳入治理整顿范围。治理整顿的内容包括：一是各类园区用地，主要是违反土地利用总体规划和城市规划设立各种名目的园区（城、村）及园区用地中存在的非法占地、越权批地、违法供地等问题；二是非法圈占集体土地，主要是单位和个人擅自与乡、村、组签订"征地"、占地协议而圈占土地问题；三是违法违规交易，主要是违反《招标拍卖挂牌出让国有土地使用权规定》供地和擅自利用划拨土地、集体土地进行经营性房地产开发问题；四是管理松弛，主要是有法不依、执法不严，甚至执法犯法，为不法分子大开方便之门；财务管理上违反财经纪律特别是违反国家"收支两条线"的规定以及中介机构未按规定与行政机关脱钩的问题。

通过治理整顿土地市场秩序，取得一定成效。不少省按照部提出的"查管理制度、查管理环节、查执法效果"的要求，认真开展自查。湖南、甘肃等省明确要求，本地区制定出台的政策性文件，凡是不符合法律、法规、规章精神的，一律报请有权机关废止或修订。黑龙江、四川、陕西等省采取"几查几看"方式，从规划、批地、供地、发证、财务、执法等各管理环节入手进行自查清理。黑龙江省开展"四查四看"，一查政府和部门出台的文件，看是否与国家现行法规制度相违背；二查"三权"行使情况，看在行使审批权、执法权、管理权上是否有超越职权、滥用职权的问题；三查自身依法行政情况，看日常的审批行为、执法行为、管理行为是否符合法规和政策规定；四查制度落实情况，看对土地市场的管理是否存在失控、失察等问题。山东省厅着重抓好厅机关处室和业务管理系统内部的自查工作，已检查出管理中存在的不规范问题近20个，清理出各级出台的不符合法律、法规精神的土地管理文件上百个。河北省厅已查出内部管理问题 164 个。湖南省岳阳市对 1999 年以来的土地台账、报表进行了全面清理，已梳理出部门自身管理上存在的六大问题，政府及部门在招商引资和土地资产处置上存在的五大问题。一些地方强化机遇意识，将这次治理整顿作为促进国土资源管理部门职能和管理到位的重要机遇，力争解决长期以来自身难以解决的问题。四川等省集中清理供地主体，纠正设区城市中心城区的区政府、各类园区、"指挥部""小区办""城建办"以及乡镇政府等违法违规批地、供地的行为，确保政府高度垄断土地一级市场和对土地的集中统一供应。哈尔滨市力争通过治理整顿，规范部门自身行为，完善管理制度，着力解决"项目牵着规划走"的管理不协调问题和"园区用地审批权游离于土地管理部门之外"的管理体制问题。

2007 年，原国土资源部开展"土地执法百日行动"，通过集中清理 2005 年 1 月 1 日以来"以租代征"、违反土地利用总体规划扩大工业用地规模、未批先用等土地违法违规行为，坚决查处违法违规案件，有效遏制土地违法违规现象有所上升的态势，进一步落实最严格的土地管理制度，坚守 18 亿亩耕地"红线"，保证国家土地法律法规的贯彻执行，确保中央土地调控政策的有效实施。"土地执法百日行动"的主要任务：一是对"以租代征"行为的整治。重点查处违反土地利用总体规划和土地利用年度计划，规避农用地转用和土地征收审批，通过出租（承租）、承包等方式非法使用农民集体所有土地进行工商企业项目建设的"以租代征"行为。到该年底，国土资源管理部门要对"以租代征"的违法违规问题，逐一清查到位，并依照有关法律法规的规定严肃处理。对未依法办理农用地转用和土地征收审批，国家机关工作人员批准"以租代征"占地建设的，要追究其非法批地的法律责任；对单位和个人擅自通过"以租代征"占地建设的，要追究其非法占地的法律责任。二是对违反土地利用总体规划扩大工业用地规模行为的整治。重点查处现有已审核公告的开发区擅自突破国土资源部核定的四至范围，违反土地利用总体规划圈占土地的行为；查处以"工业集中区"等名义，违反土地利用总体规划圈占土地进行工业用地开发的行为。到该年底，全面清理开发区或以"工业集中区"等名义违反土地利用总体规划圈占土地的问题，对发现的问题分类进行处理，进一步规范开发区用地行为，巩固开发区清理整顿成果。在新一轮土地利用总体规划批准之前，各地一律不得在规划范围外以开发区、"工业集中区""产业集聚区"等各种名义非法调整规划。三是对"未批先用"行为的清理和整治。重点清查城市批次建设用地未依法办理建设用地审批手续，先行征地、供地、施工建设的违法违规行为。到该年底，全面查清各地城市批次建设用地"未批先用"的建设项目，在查清事实的基础上，予以处理。对单独选址建设项目未依法办理建设用地审批手续，擅自先行动工建设的行为，到该年底，要查清事实，分析原因，明确责任，区分不同情况，分类提出处理意见。同时，要研究进一步改革和完善建设用地报批程序的办法。

2010 年，原国土资源部印发《关于开展 2009 年度土地卫片执法检查工作的通知》，决定全面开展 2009 年度土地卫片执法检查，检查范围覆盖全国所有的县、市、区、旗行政管辖区域。所谓卫片，即利用卫星遥感监测等技术手段制作的叠加监测信息及有关要素后形成的专题影像图片，通过卫星图片，让违法行为无所遁形。

（四）执法监察工作进入新时代（2018 年至今）

自然资源部组建后，明确执法局是自然资源部组织、指导自然资源和国土空间规划、测绘违法案件查处工作的职能部门。主要职责包括三个方面：一是拟定自然资源违法案件查处的法规草案、规章和规范性文件并指导实施。二是查处重大国土空间规划和自然资源违法案件，指导协调全国违法案件调查处理工作，协调解决跨区域违法案件查处。三是指导地方自然资源执法机构和队伍建设，组织自然资源执法系统人员的业务培训。之所以这样设置执法局的职责，主要有以下考虑：

第一，进一步体现融合创新的原则。连续、稳定、转换、创新是这次机构改革的总原则，也是编制三定规定（定机构、定职能、定编制）的指导方针。自然资源管理机构改革是一场系统性、整体性、重构性的改革，要在改职责上出硬招，不是简单的 $1+1+1$ 关系，是如何重构的问题。不只要改头换面，还要脱胎换骨。执法局的职能设置如何脱胎换骨，如何做到融合创新，研究草拟规定的时候，大家都感到压力很大。经过几轮反复，确定在保持原国土资源执法监察局的职责基础上，把架子搭起来，以问题为导向，由表及里设计三项规定。一是按照部里"两统一"的职责，整合自然资源（包括土地、矿产、海洋）和国土空间规划、测绘三项管理职责，与部大三定（定机构、定职能、定编制）保持一致性。二是根据执法内容的趋同性，在内设机构上把线索处理与分析研判放在一个处，把土地和国土空间规划的执法放在一个处，把矿产和海洋执法放在一个处（需要说明的是，根据全国人大常委会授权，中国海警局统一履行海上维权执法职责，协调指导地方海上执法工作，部本级不再承担海洋执法相关职能），这样更加有利于承接部党组交办的工作任务和地方执法部门的工作对接。三是进一步加强对地方自然资源执法机构和队伍建设的指导职能，这项职能放在综合指导处，拟通过队伍建设的业务培训，加强全国执法队伍力量的整合、调度，形成战斗力，为行使自然资源"两统一"职责提供坚实的执法保障。

第二，突出案件查处的核心职能。这次改革聚焦"查"字，把组织查处、指导协调、协调解决跨区域自然资源和国土空间规划、测绘重大违法案件的调查处理工作作为执法的核心职能。这是一个大的工作重心转换，部党组赋予执法局的职责使命更加明确，工作定位更加清晰。一是组织查处职能，要求执法队伍举利剑，长獠牙，成为虎狼之师，对重大典型案件果断开展查处，严厉打击违法违规行为。二是指导协调查处职能，能为地方执法队伍做好制度、业务的支撑与保障，开展调查研究，加强工作指导，帮助地方提高查处案件的能力和水平。当然，也包括督促地方查处的职责。三是协调解决跨区域查处职能，要求我们要强化统筹协调能力，对涉及不同县（市、区）或不同领域的案件，牵头协调相关部门、地方政府、执法部门开展查处工作。四是发挥震慑作用，督促地方整改查处违法行为，"早发现，早制止，严打击"，努力把问题解决在萌芽状态。

第三，充分体现执法查处的全过程闭合。三定规定从线索处理、案件查处、队伍建设到分析研判等都进行了明确和必要的分工，落实责任到处室，体现了执法工作的全链条管理，针对性、指导性很强。这种闭合，把过去想做没有做，或者做了没有明确的工作进一步体现在三定中，是对过去工作经验的总结。例如，对线索处理进行指导和开展全国自然资源领域违法形势分析研判，这项工作原来也有做，但是局里人少，任务重，精力不够，很多工作都委托给法律中心做，现在按照以人民为中心、权责对等原则，放在局中心工作布局中谋划，既减轻了存在的法律风险，又夯实了基础工作。

二、党的十八大以来对执法监察工作的新要求

（一）党中央、国务院的决策部署对自然资源执法工作特别是土地执法工作的新要求

党的十八大以来，以习近平同志为核心的党中央把生态文明建设摆在全局工作的突出位置，全面加强生态文明建设，生态文明建设从认识到实践都发生了历史性、转折性、全局性的变化。十八届四中全会审议通过《关于全面推进依法治国若干重大问题的决定》，要求严格按照法律和行政法规授权履行职责，严格执法监督，提高行政效能，确保各项行政权力在法治轨道上规范有序高效运行。十九大报告提出，建设法治政府，推进依法行政，严格规范文明执法。2020年11月，中央全面依法治国会议召开，首次提出了习近平法治思想，这是新时代全面依法治国的根本遵循和行动指南。

坚持严格规范公正文明执法，是形成高效法治实施体系的重要内容，也是全面推进依法治国、加快建设社会主义法治国家的基本要求。自然资源主管部门承担着土地资源、矿产资源、海洋资源等自然资源的规划、管理、保护与合理利用的重要职责，是社会经济发展的重要基础保障部门。"尽职尽责保护自然资源，节约集约利用自然资

源，尽心尽力维护群众权益"是当前和今后一段时期自然资源工作的职责定位，这一职责定位的落实离不开严格规范公正文明的自然资源执法做保障。只有坚持严格规范公正文明执法，才能做到有法可依、有法必依、执法必严、违法必究，才能确保各项自然资源法律法规得到全面实施，推进自然资源法治建设进程；只有坚持严格规范公正文明执法，才能规范执法行为，防止出现执法不严，执法不公，该处罚不处罚，不该处罚乱处罚，同事不同罚，执法不规范、不文明，甚至办关系案、人情案、金钱案等问题，确保自然资源执法的公平公正，促进社会公平正义和维护社会和谐稳定；只有坚持严格规范公正文明执法，才能保证执法形式、执法内容、执法程序、法律适用等的统一和执法效果的提升，不断提升自然资源执法监察的公信力，维护自然资源法律的权威和尊严。

2021年8月，中共中央、国务院印发《法治政府建设实施纲要（2021—2025年)》，对行政执法提出新的更高的要求。明确要求"健全行政执法工作体系，全面推进严格规范公正文明执法"。

一是深化行政执法体制改革。完善权责清晰、运转顺畅、保障有力、廉洁高效的行政执法体制机制，大力提高执法执行力和公信力。继续深化综合行政执法体制改革，坚持省（自治区）原则上不设行政执法队伍，设区市与市辖区原则上只设一个行政执法层级，县（市、区、旗）一般实行"局队合一"体制，乡镇（街道）逐步实现"一支队伍管执法"的改革原则和要求。加强综合执法、联合执法、协作执法的组织指挥和统筹协调。在行政许可权、行政处罚权改革中，健全审批、监管、处罚衔接机制，防止相互脱节。稳步将基层管理迫切需要且能有效承接的行政执法事项下放给基层，坚持依法下放、试点先行，坚持权随事转、编随事转、钱随事转，确保放得下、接得住、管得好、有监督。建立健全乡镇（街道）与上一级相关部门行政执法案件移送及协调协作机制。大力推进跨领域跨部门联合执法，实现违法线索互联、执法标准互通、处理结果互认。完善行政执法与刑事司法衔接机制，加强"两法衔接"信息平台建设，推进信息共享机制化、案件移送标准和程序规范化。加快制定不同层级行政执法装备配备标准。

二是加大重点领域执法力度。加大食品药品、公共卫生、自然资源、生态环境、安全生产、劳动保障、城市管理、交通运输、金融服务、教育培训等关系群众切身利益的重点领域执法力度。分领域梳理群众反映强烈的突出问题，开展集中专项整治。对潜在风险大、可能造成严重不良后果的，加强日常监管和执法巡查，从源头上预防和化解违法风险。建立完善严重违法惩罚性赔偿和巨额罚款制度、终身禁入机制，让严重违法者付出应有代价。畅通违法行为投诉举报渠道，对举报严重违法违规行为和重大风险隐患的有功人员依法予以奖励和严格保护。

三是完善行政执法程序。全面严格落实行政执法公示、执法全过程记录、重大执法决定法制审核制度。统一行政执法人员资格管理，除中央垂直管理部门外由省级政府统筹本地区行政执法人员资格考试、证件制发、在岗轮训等工作，国务院有关业务主管部门加强对本系统执法人员的专业培训，完善相关规范标准。统一行政执法案卷、文书基本标准，提高执法案卷、文书规范化水平。完善行政执法文书送达制度。全面落实行政裁量权基准制度，细化量化本地区各行政执法行为的裁量范围、种类、幅度等并对外公布。全面梳理、规范和精简执法事项，凡没有法律法规规章依据的一律取消。规范涉企行政检查，着力解决涉企现场检查事项多、频次高、随意检查等问题。按照行政执法类型，制定完善行政执法程序规范。全面严格落实告知制度，依法保障行政相对人陈述、申辩、提出听证申请等权利。除有法定依据外，严禁地方政府采取要求特定区域或者行业、领域的市场主体普遍停产停业的措施。行政机关内部会议纪要不得作为行政执法依据。

四是创新行政执法方式。广泛运用说服教育、劝导示范、警示告诫、指导约谈等方式，努力做到宽严相济、法理相融，让执法既有力度又有温度。全面推行轻微违法行为依法免予处罚清单。建立行政执法案例指导制度，国务院有关部门和省级政府要定期发布指导案例。全面落实"谁执法，谁普法"的普法责任制，加强以案释法。

（二）新出台的相关法律法规及中央文件对执法工作提出了新要求

2020 年以来，修订后的《土地管理法》《城乡规划法》《城市房地产管理法》《森林法》《土地管理法实施条例》等实施，对土地、国土空间规划等执法查处工作提出了新的要求。2020 年 12 月 26 日，十三届全国人大常委会第二十四次会议表决通过《长江保护法》，严防私挖乱采、私搭乱建等违法行为占用资源、破坏生态环境。2021 年 7 月 15 日，新修订的《行政处罚法》实施，为推进严格规范公正文明执法、保障行政执法既有力度又有温度，做了一系列针对性规定。2020 年，国务院办公厅先后印发《关于坚决制止耕地"非农化"行为的通知》《国务院办公厅关于防止耕地"非粮化"稳定粮食生产的意见》，明确提出严禁耕地"非农化""非粮化"行为，保护国家粮食安全。这些都对自然资源执法工作提出了新的更高要求，需要进一步加强执法制度研究，持续提供制度供给，完善行政执法程序规范。

（三）土地执法的具体内容和要求

1. 行使监督检查权的主体

《土地管理法》第六十七条第一款、第二款规定：县级以上人民政府自然资源主管部门对违反土地管理法律、法规的行为进行监督检查。县级以上人民政府农业农村主管部门对违反农村宅基地管理法律、法规的行为进行监督检查的，适用本法关于自然资源主管部门监督检查的规定。赋予了自然资源主管部门、农业农村主管部门的监督监察权。

县级以上人民政府自然资源主管部门对违反土地管理法律法规的行为进行监督检查，是法律赋予的职权。县级以上人民政府自然资源主管部门依法行使职权受法律保护，不受其他行政部门、社会组织和个人的干涉。根据《土地管理法》第六十七条规定，县级以上人民政府自然资源主管部门实施本条规定的职权，必须遵循下列原则：

一是监督检查的主体要合法。根据该条规定，县级以上人民政府自然资源主管部门是土地管理监督检查的主体，包括自然资源部和省（自治区、直辖市）、设区的市、自治州、不设区的市、县级人民政府自然资源主管部门。非县级以上人民政府自然资源主管部门，如乡（镇）人民政府及基层土地管理所，都不是土地管理监督检查主体，不得行使本法赋予县级以上人民政府自然资源主管部门的监督检查权。乡（镇）人民政府及基层土地管理所，发现违反土地管理法律、法规的行为时，应当及时向县级以上人民政府自然资源主管部门报告，由县级以上人民政府自然资源主管部门依法核实并查处。

二是监督检查的对象要合法。根据该条规定，监督检查的对象必须是县级以上人民政府自然资源主管部门在履行监督管理职责过程中发现的，或者被检举、控告有违反土地管理法律、法规行为的公民、法人和其他组织，各级政府及其有关部门、公务人员和自然资源主管部门自身的违法行为也包括在内。

三是监督检查的内容要合法。根据该条规定，监督检查的内容必须是土地管理法律法规规定，要求当事人遵守或者执行的规定，而当事人采取作为或者不作为方式违反这些规范的行为。如关于土地管理登记管理规范，土地调查规范，土地评定等级规范，土地利用总体规划和年度计划编制、审批、执行规范，土地用途管制规范，农用地转用和征收审批规范，征收补偿安置规范，耕地保护规范，土地使用权出让、转让规范等。

四是监督检查的程序要合法。如土地管理监督检查人员履行监督检查职责时，应当出示统一制发的土地管理监督检查证件，并且不得少于两人。不依法出示土地管理监督检查证件的，被检查单位和个人有权拒绝接受检查。

五是监督检查采取的措施要合法。即只能采取土地管理法律、法规允许采取的措施，不得采取土地管理法律、法规未允许采取的措施。采取的措施超出土地管理法律、法规的范围，给当事人造成损失的，要依法赔偿；构成犯罪的，要依法追究刑事责任。

2. 执法监察人员应当具备的条件

《土地管理法》第六十七条第三款规定：土地管理监督检查人员应当熟悉土地管理法律、法规，忠于职守、秉公执法。这里所说的土地管理监督检查人员，是县级以上人民政府自然资源主管部门依法任命的从事土地管理法律、法规执法监督检查任务的行政执法人员，代表国家对违反土地管理法律、法规的行为进行监督检查，责任重大。根据规定，土地监督检查人员应当具备以下两个条件：

一是熟悉土地管理法律、法规，这是对土地监督检查人员应当具备的专业法律知识的要求。土地管理法律法规，不仅包括土地管理法、国务院制定的土地管理法实施条例和地方人大及其常委会制定的土地管理法实施办法，还包括与土地管理有关的法律，如民法典、森林法、草原法、城市房地产管理法、行政处罚法、行政许可法、监察法、刑法等法律，以及有立法权的地方人大及其常委会制定的地方性法规中有关土地管理方面的地方性法规。土地监督检查人员不仅要熟知其中的规定，还要了解各规定之间的关系，并能掌握和运用这些规定正确处理监督检查中碰到的法律问题。土地管理监督检查工作专业性强，它有自己的特点和规律，有自成体系的业务工作。土地监督检查的对象也十分广泛，既有国家行政机关，又有单位和个人，作为一名合格的土地监督检查人员，只有熟悉土地管理法律法规，全面提高业务素质，才能在土地管理监督检查工作中依法办事，及时敏锐地发现土地违法行为，正确地对违法行为予以定性，提出符合法律法规要求的处理意见，从而胜任土地监督检查工作的需要。

二是忠于职守、秉公执法，这是对土地监督检查人员职业道德和执法能力的要求。忠于职守，就是要忠于自己的职业岗位，遵守自己的职业本分。土地监督检查人员作为土地执法人员，要十分珍惜国家和人民赋予的职责，忠于自己的职业，热爱自己的本职工作，在土地管理监督检查工作中，要有高度的责任感、使命感和敬业精神。秉公执法，就是要秉持公正之心，严格执行法律。秉公执法的前提是要自己知法、懂法、守法、不违法；另外，就是要在履行监督检查职责过程中，大公无私，坚持原则，不为利所诱，不为情所动，更不为强权和暴力所慑，做到有法可依、有法必依、执法必严、违法必究，在法律面前人人平等。

3. 土地执法检查措施

为了加大对违反土地管理法律、法规行为的查处力度，提高查处工作效率，保证查处工作质量，有效打击违反土地管理法律、法规的行为，需要赋予县级以上人民政府自然资源主管部门必要的监督检查手段。为此，《土地管理法》第六十八条规定，县级以上人民政府自然资源主管部门在履行监督检查职责时，有权采取下列措施：

一是要求被检查的单位或者个人提供有关土地权利的文件和资料，进行查阅或者予以复制。这是保证县级以上人民政府自然资源主管部门依法履行监督检查职责，查清违法事实，获取书证的重要手段。县级以上人民政府自然资源主管部门依法调查、查阅、复制文件和资料时，被检查的单位或者个人必须如实提供，不得拒绝、转移、销毁有关文件和资料，不得提供虚假的文件和资料。这里所说的被检查的单位或者个人是指与县级以上人民政府自然资源主管部门监督检查的事项有关的单位或者个人，包括土地所有权人和使用权人，土地用途转用审批机关及具体经办人，土地征收审批机关及具体经办人，以及其他与监督检查事项有关的单位或者个人。这里所说的有关土地权利的文件和资料，是指与被检查单位或者个人有关的土地权利的文件和资料，包括土地所有权或者使用权证明，土地用途转用批准文件，土地征收批准文件，以及其他与土地权利有关的文件和资料。县级以上人民政府自然资源主管部门依法履行监督检查职责时，不得随意扩大检查范围和调取、查阅、复制文件和资料的范围。县级以上人民政府自然资源主管部门调取有关土地权利的文件和资料时，应当以原始凭证为据，调取原始凭证有困难的，可以复制，但复制件应当注明"经确认与原件无误"的字样，并由出具该文件、资料的单位或者个人签名或者盖章。

二是要求被检查的单位或者个人就有关土地权利的问题做出说明。这是保证县级以上人民政府自然资源主管部门依法履行监督检查职责，查清违法事实，获取证人证言的重要手段。县级以上人民政府自然资源主管部门行使该询问权时，被检查单位或者个人必须如实说明情况，不得拒绝或者做与事实不符的虚假陈述。这里所说的被检查单位或者个人与前项措施中的规定相同。县级以上人民政府自然资源主管部门履行监督检查职责时，不得随意扩大被询问对象的范围。县级以上人民政府自然资源主管部门行使询问权时，应当按照法定程序进行。询问时，土地监督检查人员一般不得少于二人；询问证人应当个别进行，并告知被询问对象做虚假陈述应承担的法律后果。询问应当制作笔录，并经被询问人核对无误。询问人与被询问人都应当在询问笔录上签名或者盖章。被询问人拒绝签名、盖章的，应当在询问笔录上注明。

三是进入被检查单位或者个人非法占用的土地现场进行勘测。这是保证县级以上人民政府自然资源主管部门依法履行监督检查职责，直接获取非法占用土地的勘测资料的重要手段。县级以上人民政府自然资源主管部门行使勘测权时，被检查的单位或者个人应当配合并提供便利条件，不得拒绝或者阻挠。县级以上人民政府自然资源主管部门行使勘测权时，应当按照法定程序进行。必要时，可以指派或者聘请有勘测专门知识的技术人员，在县级以上人民政府自然资源主管部门主持下进行勘测。勘测结果应当制作勘测报告，由参加勘测的人员在勘测报告上签名或者盖章。

四是责令非法占用土地的单位或者个人停止违反土地管理法律法规的行为。这是保证县级以上人民政府自然资源主管部门有效实施监督检查权的重要手段，也是及时阻止违法行为，保证土地所有权人、使用权人及承包经营权人合法权益的有力措施。这里所说的非法占用土地，主要是指违反土地管理法律法规的规定，未经合法批准占用土地的行为。非法占用土地严重破坏国家土地管理秩序，侵犯土地所有权人、使用权人及承包经营权人的合法权益，必须严厉查处。在查处过程中，为了尽可能减少被非法占用土地的单位或者个人的损失，由县级以上人民政府自然资源主管部门责令非法占用土地的单位或者个人停止违反土地管理法律法规的行为，是非常必要的。县级以上人民政府自然资源主管部门在做出责令停止违反土地管理法律法规行为的决定时，要确实掌握被责令的单位或者个人非法占用土地的事实。

（四）执法监察中的处分

《土地管理法》第七十一条规定：县级以上人民政府自然资源主管部门在监督检查工作中发现国家工作人员的违法行为，依法应当给予处分的，应当依法予以处理；自己无权处理的，应当依法移送监察机关或者有关机关处理。

依据我国《刑法》的规定，国家工作人员，是指国家机关中从事公务的人员。国有公司、企业、事业单位、人民团体中从事公务的人员和国家机关、国有公司、企业、事业单位委派到非国有公司、企业、事业、社会团体从事公务的人员，以及其他依照法律从事公务的人员，以国家工作人员论。法律规定的国家工作人员的范围，任何单位和个人都不得随意扩大或者随意缩小。

1. 依法应当给予处分的违法行为

县级以上人民政府自然资源主管部门在监督检查工作中发现国家工作人员的违法行为，依法应当给予处分的情况有两种：

一是直接违反土地管理法律、法规的行为。根据《土地管理法》第七十四条、第七十五条、第七十八条、第八十条、第八十一条、第八十五条的规定，有下列违法行为之一尚不构成犯罪的，对其直接负责的主管人员和其他直接责任人员，应当给予处分：

（1）买卖或者以其他形式非法转让土地的；

（2）未经批准或者采取欺骗手段骗取批准，非法占用土地的；

（3）超过批准的数量占用土地的；

（4）无权批准征收、使用土地的单位或者个人非法批准占用土地的；

（5）超越批准权限非法批准占用土地的；

（6）不按照土地利用总体规划确定的用途批准用地的；

（7）违反法律规定的程序批准占用、征收土地的；

（8）侵占、挪用被征收土地单位的征地补偿费用和其他有关费用的；

（9）自然资源主管部门及其工作人员玩忽职守、滥用职权、徇私舞弊的。

二是以土地问题为起因引发的违反其他法律、法规的行为。如利用职权在审批土地或者办理土地权属登记等工作中索贿、受贿，尚不构成犯罪的等。这些违法行为虽未直接违反土地管理法律、法规，但是违反了公务员法等法律、法规的规定。

2. 处分和处分决定机关

（1）处分

县级以上人民政府自然资源主管部门在监督检查工作中发现国家工作人员有上述

违法行为之一的，应当依法给予处分。根据《公务员法》规定，处分分为警告、记过、记大过、降级、撤职、开除。具体应当给予哪一种处分，由有权做出处分决定的机关根据违法性质、情节及认错表现决定。对同一违纪违法行为，监察机关已经做出政务处分决定的，公务员所在机关不再给予处分。

（2）处分决定机关

在监察体制改革之前，一般是任免机关依法给予行政处分，如果没有处理权限的，移送行政监察机关处理。监察体制改革和监察法制定以后，如果无权处理的时候，应该怎么做？目前，针对国家工作人员有违法行为的，处理依据主要有三方面的规定：

一是《公务员法》第六十一条，公务员因违纪违法应当承担纪律责任的，依照本法给予处分或者由监察机关依法给予政务处分。

二是《行政机关公务员处分条例》第三十四条，这是公务员法的一个具体规定，对行政机关公务员给予处分，由任免机关或监察机关（以下统称为"处分决定机关"）按照管理权限决定，即由任免机关、单位或监察机关处理。

三是《公职人员政务处分暂行规定》，这是2018年1月国家监委制定的。第十九条规定，公职人员有违法行为的，任免机关、单位可以履行主体责任，按照中华人民共和国公务员法等规定，给公职人员以处分。这就明确了有权做出处分决定的，除了监察机关，还有履行主体责任的"任免机关、单位"，体现了监察体制改革的一个重要精神，即充分发挥任免机关、单位在监督管理国家工作人员中的主体责任作用，监察机关原则上只负责查处重大或者复杂的违法案件，因此自然资源主管部门在监督检查工作中发现国家工作人员有违法行为的，应当在自己无权处理时区分具体情况移送监察机关和有关机关处理。

第二节　国家自然资源督察

一、国家自然资源督察的发展历程

（一）土地督察制度的建立和发展（2006—2017年）

2006年，国务院办公厅印发《关于建立国家土地督察制度有关问题的通知》（以下简称《通知》），正式建立了国家土地督察制度。根据《通知》规定，国务院授权原国土资源部代表国务院对各省、自治区、直辖市，以及计划单列市人民政府土地利用和管理情况进行监督检查。设立国家土地总督察、兼职副总督察、专职副总督察，负责组织实施国家土地督察制度。在原国土资源部设立国家土地总督察办公室，向北京、沈阳、上海、南京、济南、广州、武汉、成都、西安派驻 9 个国家土地督察局，代表国家土地总督察履行监督检查职责。

2006 年 9 月 6 日，国务院任命了国家土地总督察、兼职国家土地副总督察和专职国家土地副总督察。同年，原国土资源部任命国家土地总督察办公室和 9 个国家土地督察局筹备组负责人，"一办九局"的组建工作全面启动。随着督察机构人员基本到位，制度建设逐步走向全面、系统、规范，信息化建设取得进展，业务培训常态化。经过"全国土地执法百日行动"这个督察机构组建后的第一次"大考"，督察机构迅速打开了工作局面，并得到党和国家领导人高度评价。历经多年打磨，土地督察机构按照"边组建、边工作，以组建带工作、以工作促组建"的总体要求，逐步建立起有中国特色的中央对地方土地利用与管理行为的监督制度和运行机制。围绕"一条主线，三个重点"的督察任务（以监督省级和计划单列市政府土地管理和利用情况为主线，以监督耕地保护责任制落实、土地调控政策执行、推进土地政策完善为重点），建立了以发现机制、审核机制、纠正机制为主的工作机制，形成了以例行督察、日常督察和专项督察三大核心业务和以在线土地督察、调查研究和形势观测分析三大基础支撑为主体框架的业务体系。工作中围绕中心、服务大局，在保护耕地红线、督导节约集约、维护群众权益等方面取得突出成效。

（二）土地督察制度的转型重构（2018 年至今）

2018 年机构改革，中央明确要求以国家治理体系和治理能力现代化为导向，坚持一类事项原则上由一个部门统筹、一件事情原则上由一个部门负责，着眼于解决自然资源开发利用、保护和管理中存在的突出问题，赋予自然资源部统一行使全民所有自然资源资产所有者职责、统一行使所有国土空间用途管制和生态保护修复职责。国家同时对自然资源领域土地、矿产、规划等监督制度进行优化整合，着力解决"多而不强""多而不调"等现实问题，国家自然资源督察随之诞生。自然资源部履行自然资源督察职责，督察范围从土地资源扩大到海洋、森林、草原、矿产等自然资源。

2019 年 8 月 26 日，第十三届全国人民代表大会常务委员会第十二次会议高票通过《土地管理法（修正案）》。在充分总结国家土地督察制度实施成效的基础上，新《土地管理法》在总则中增加一条，专门对土地督察制度做出规定，土地督察制度正式成为土地管理的法律制度。此次修改用立法形式确认了督察制度建立十三年来的实施成效，体现了中央用最严格的制度最严密的法治加强自然资源管理的决心，解决了长期困扰督察的法律依据不足问题。以此为起点，开启了土地督察工作的新篇章，今后土地督察制度将沿着法治化轨道稳步前进。

二、自然资源督察的主要职责

根据中央授权，对地方政府落实党中央、国务院关于自然资源和国土空间规划的重大方针政策、决策部署及法律法规执行情况进行督察。具体包括：

一是耕地保护情况。对耕地保护情况的督察，主要重点督察省、自治区、直辖市人民政府履行耕地保护第一责任人情况，本行政区耕地保有量和永久基本农田保护情况，建设项目履行占补平衡补充耕地情况，永久基本农田划定和保护情况。

二是土地节约集约利用情况。2014 年，在充分总结多年来土地节约集约利用实践探索和成功经验的基础上，原国土资源部发布《节约集约利用土地规定》，这是我国首部以节约集约利用土地为主要内容的立法。2020 年，自然资源部探索将节约集约用地与土地利用计划指标的分配相结合，将坚持节约集约用地作为计划指标分配的基本原则，对未纳入重点保障的项目用地，以当年处置存量土地规模作为核定计划指标的依据，对 2017 年底前批准的批而未供土地，按处置完成量的 50% 核算计划指标；对 2018 年以来批准的批而未供土地，按处置完成量的 30% 核算；对纳入本年度处置任务的闲置土地，按处置完成量的 50% 核算。继续实施"增存挂钩"。对完成 2019 年批而未供和闲置土地处置任务的省份，在核算计划指标的基础上再奖励 10%；对任一项任务未完成的核减 20%。将土地节约集约利用情况作为土地督察的核心内容，就是要督导地方人民政府认真贯彻落实党中央、国务院及自然资源部关于土地节约集约利用的一系列规定，把最严格的耕地保护制度落到实处。

三是国土空间规划的编制和实施情况。建立国土空间规划体系并监督实施，是党中央赋予自然资源部的重要职责。长期以来，我国涉及土地利用的有主体功能区规划、土地利用规划、城乡规划等，这些规划之间的内容交叉重叠冲突，审批流程复杂、周期过长，地方规划朝令夕改等问题突出。2015 年 4 月，《中共中央国务院关于加快推进生态文明建设的意见》提出"国土是生态文明建设的空间载体。要坚定不移地实施主体功能区战略，健全空间规划体系，科学合理布局和整治生产空间、生活空间、生态空间"。同年 9 月，中共中央、国务院印发《生态文明体制改革总体方案》，强调"整合目前各部门分头编制的各类空间性规划，编制统一的空间规划，实现规划全覆盖""支持市县推进'多规合一'，统一编制市县空间规划，逐步形成一个市县一个规划、一张蓝图"。"十三五"规划提出"建立国家空间规划体系，以主体功能区规划为基础统筹各类空间性规划，推进'多规合一'"。2018 年 2 月《中共中央关于深化党和国家机构改革的决定》明确提出：强化国土空间规划对各专项规划的指导约束作用，推进"多规合一"，实现土地利用规划、城乡规划等有机融合。2019 年 5 月印发的《中共中央、国务院关于建立国土空间规划体系并监督实施的若干意见》，是目前为止关于国土空间规划具有最高效力的文件，是推进国土空间规划编制和实施的重要政策性文件。国土空间规划的编制和实施，是党中央、国务院赋予各级人民政府及自然资源主管部门的重要职责，是落实生态文明建设的重要抓手。把国土空间规划的编制和实施作为国家土地督察的重要内容，有利于督促地方人民政府切实把国土空间规划编制好、实施好。

四是国家有关土地管理重大决策落实情况。党中央、国务院高度重视土地管理工作，针对土地管理工作中存在的问题，近年来相继出台了一系列重大决策，包括《中共中央、国务院关于进一步加强土地管理切实保护耕地的通知》《国务院关于深化改革严格土地管理的决定》《国务院关于加强土地调控有关问题的通知》《国务院关于促进节约集约用地的通知》《中共中央关于推进农村改革发展若干重大问题的通知》《中共中央关于全面深化改革若干重大问题的决定》《中共中央、国务院关于加强耕地保护和改进占补平衡的意见》。这些重大决策是土地管理法律制度的重大补充，也是各级人民政府及其自然资源主管部门做好土地管理工作的重要遵循。将国家有关土地管理重大决策落实情况作为国家土地督察的内容，有利于督促地方各级人民政府及其自然资源主管部门认真贯彻落实党中央、国务院有关土地管理的决策部署。

五是土地管理法律、行政法规的执行情况。主要包括《土地管理法》《城市房地产管理法》《土地管理法实施条例》《基本农田保护条例》《土地复垦条例》《不动产登记暂行条例》等。

六是其他土地利用和土地管理情况。除上述五点外，还可以根据土地利用和土地管理中存在的突出问题，开展专项督察工作。如2007年的"以租代征"、2009年的"双保行动"、2015年不动产登记专项督察、2017年农村土地制度改革试点督察等。

三、土地执法监察与自然资源督察的关系

《国务院办公厅关于建立国家土地督察制度有关问题的通知》明确规定了国家土地督察和国土资源执法监察的关系。《国土资源部关于建立健全土地执法监管长效机制的通知》《关于进一步加强和规范对违反国土资源管理法律法规行为报告工作的意见》等文件都明确了两者之间的关系。

(一)《自然资源部职能配置、内设机构和人员编制规定》明确了各自的职责

根据《自然资源部职能配置、内设机构和人员编制规定》，自然资源部执法局的主要职责是拟定自然资源违法案件查处的法规草案、规章和规范性文件并指导实施；查处重大国土空间规划和自然资源违法案件，指导协调全国违法案件调查处理工作，协调解决跨区域违法案件查处；指导地方自然资源执法机构和队伍建设，组织自然资源

执法系统人员的业务培训。

自然资源督察根据中央授权，对地方政府落实党中央、国务院关于自然资源和国土空间规划的重大方针政策、决策部署及法律法规执行情况进行督察。具体包括：

（1）督察地方政府落实党中央、国务院关于自然资源重大方针政策、决策部署及法律法规执行等情况；

（2）督察地方政府落实最严格的耕地保护制度和最严格的节约用地制度等土地开发利用与管理情况；

（3）督察地方政府落实自然资源开发利用中的生态保护修复、矿产资源保护及开发利用监管等职责情况；

（4）督察地方政府实施国土空间规划情况，重点是落实生态保护红线、永久基本农田、城镇开发边界等重要控制线情况；

（5）对涉及自然资源开发利用、生态保护重大问题开展督察；

（6）按照有关规定对地方政府负责人开展约谈，移交移送问题线索；

（7）督察地方政府组织实施整改情况，按照有关规定提出责令限期整改建议；

（8）承办国家自然资源总督察交办的其他任务。

（二）建立了协调配合机制

部执法局与总督办之间建立的协调配合机制有：

一是资料共享。执法局会同总督办共同研究利用卫片开展土地执法和土地督察工作部署，并相互提供有关卫片和检查资料。在这方面，执法局与土地督察机构展开了"关于加强例行督察地区新增建设用地核查与土地卫片执法监督检查工作衔接的调研报告"调查。执法局提供土地违法案件年度统计资料等。

二是相关问题的相互通报、抄送制度。执法局承办的领导批办事项，部直接查办和交省级国土资源部门办理的案件情况，及时通报总督察办；对重点案件所在地区开展调查及形成的处理意见，通报总督察办，并可建议总督察办协调有关督察局开展督察工作。执法局在案件查处工作中发现地方人民政府主导、纵容、默许的土地违法行为，以及瞒案不报、压案不查，或者落实执法局提出的处理意见不力的，及时通报总督办，并可建议国家土地督察机构督促整改，实施整改地区的整改情况由总督办及时通报执法局。各督察局研究部署的重点地区督察工作和专项督察工作情况，由总督办汇总后及时通报执法局。国家土地督察机构对在审核、巡查工作中发现的重大土地违法行为，及时报总督察办公室，由总督察办公室及时通报部执法监察局，由部执法监察局按已有工作机制转办、交办、督办或直接查办，并向有关督察局通报结果。各督察局向省级人民政府发出的督察意见书和建议、情况通报等文件资料，由总督察办抄送执法局。

三是联合工作。各督察局根据需要参加或者配合执法局开展的重点城市年度卫片执法检查，协助开展季度重点监测地区执法检查，负责对卫片执法中发现的土地违法违规严重地区整改情况的督察。

(三) 关于自然资源执法监察与督察关系的相关规定

(1)《国务院关于加强土地调控有关问题的通知》明确了国家土地督察机构要认真履行国务院赋予的职责，加强对地方人民政府土地管理行为的监督检查。对监督检查中发现的违法违规问题，要及时提出纠正或整改意见。对纠正整改不力的，依照有关规定责令限期纠正整改。纠正整改期间，暂停该地区农用地转用和土地征收。

(2)《国务院办公厅关于建立国家土地督察制度有关问题的通知》明确了与国土资源部执法监察局的关系。国家土地总督察和派驻各地的国家土地督察专员及其办公室主要是对省级以及计划单列市人民政府土地利用和管理情况进行全面监督，核实核查合法性和真实性，报告督察情况，不直接查处案件；国土资源执法监察局主要是依法组织查处重大违法案件，并组织对矿产资源、海洋资源法律法规情况的监督监察。

(3)《关于建立健全土地执法监管长效机制的通知》："（三）建立土地执法监察机构与国家土地督察机构协作配合机制。国家土地督察机构对在审核、巡查工作中发现的重大土地违法行为，及时报总督察办公室，由总督察办公室及时通报部执法监察局，由部执法监察局按已有工作机制转办、交办、督办或直接查办。部执法监察局应将立案查处土地违法案件情况及时通报国家土地督察机构。部执法监察局在查办土地违法案件过程中，发现某一地区土地违法问题比较突出，或者存在政府主导、纵容、默许的严重土地违法违规行为，及时通报总督察办公室，安排由派驻地方的国家土地督察局负责督促整改。"

(4) 原国土资源部办公厅关于印发《关于进一步加强和规范对违反国土资源管理法律法规行为报告工作的意见》的通知："上级国土资源行政主管部门对下级国土资源行政主管部门专项报告的违法行为，可以采取挂牌督办、直接查处或者会同有关部门查处等方式进行查处。派驻地方的国家土地督察局对省级国土资源行政主管部门专项报告的土地违法行为，可以依照有关规定采取督察措施。"

(5)《国土资源部办公厅关于进一步加强对违反国土资源管理法律法规行为发现制止报告和查处工作的通知》明确：强化对违反国土资源管理法律法规行为的报告机制。对重大、突发等违法行为实行"专项报告"制度。对重大、突发及其他可能造成严重后果的违法行为，地方国土资源行政主管部门要在发现后 24 小时内报本级政府和上级国土资源行政主管部门，上级国土资源行政主管部门接到报告后要依法及时处置；在制止和查处过程中受到阻力或干扰时，应当及时报本级政府，函告监察机关，同时报上级国土资源行政主管部门和监察机关，涉及违反土地管理法律法规的，同时报派驻地方的国家土地督察局。上级国土资源行政主管部门接到报告后，应会同有关方面采取措施督促制止和查处，仍无效的，要报国土资源部。其中涉及违反土地管理法律法规的，由派驻地方的国家土地督察局督促地方政府整改；对本辖区内发生的国家、省级重点工程违法用地行为，在依法组织查处时应当报省级人民政府，同时报国土资源部和派驻地方的国家土地督察局。

（6）原国土资源部办公厅关于印发《国土资源领域违法违规案件公开通报和挂牌督办办法》的通知："根据案件查处情况，国土资源部可以督促省级国土资源主管部门，国家土地总督察可以督促省级人民政府分别按照下列要求办理国土资源领域违法违规案件：（一）责令停止国土资源领域违法违规行为；（二）责令限期查处国土资源领域违法违规行为；（三）责令履行国土资源管理法定义务；（四）将违法违规主体违法情况记入国土资源诚信记录；（五）对国土资源领域违法违规案件实施行政处罚；（六）对有关责任人员建议追究党纪政纪责任；（七）对涉嫌构成犯罪的，建议移送司法机关依法追究刑事责任。必要时，国土资源部可以派员进行现场督办。"

（7）《国务院关于严格规范城乡建设用地增减挂钩试点切实做好农村土地整治工作的通知》："充分发挥国家土地督察和土地执法监察的作用，完善问题发现和查处机制，强化监督检查，及时纠正发现的问题。"

（8）《国土资源部、农业部关于完善设施农用地管理有关问题的通知》："（三）设施农用地使用纳入土地巡查和卫片执法检查范围。县级国土资源部门和乡（镇）国土所在土地巡查中要对设施农用地开展巡查，对不符合规定要求使用土地的，做到早发现、早制止、早报告、早查处；市县开展卫片执法检查自查中，对设施农用地的利用进行合规性核实，不符合规定的，计入违法用地予以纠正和查处。各派驻地方的国家土地督察局在有关督察工作中加强对设施农用地的监督检查，对发现的违法用地督促地方政府及时纠正整改。"

（9）《国土资源部、农业部关于划定基本农田实行永久保护的通知》："（十二）强化日常监管和督察，发挥共同监督作用。国家土地督察机构要切实担负起基本农田保护的督查职责。乡（镇）人民政府负责本行政区域内的基本农田保护管理工作，基层国土所要切实担负起基本农田保护的第一线责任。各级国土资源管理部门要加大对基层国土所的建设力度，强化动态巡查，切实发挥其日常监管作用。要充分发挥全社会共同监督作用，建立基本农田保护网络公开查询系统和畅通的信访、12336举报电话等群众监管渠道，方便公众查询和监管。要充分运用遥感监测等先进技术手段，加强对基本农田保护重点区域的监控。"

（10）《国土资源部、交通运输部、铁道部关于进一步加强和改进公路、铁路项目建设用地服务和监管的通知》："各派驻地方的国家土地督察局要进一步完善监管机制，加强建设用地审批事项审核督察，利用在线土地督察系统加强日常审核，组织开展实地核查。要通过与省级人民政府的定期通报机制，向省级人民政府及时通报重点建设项目违法用地情况；属于报国务院审批的单独选址项目用地，及时提出审核意见报国家土地总督察办公室，由国家土地总督察办公室在用地会审时提出意见，并向国务院有关部门通报；属于省级人民政府批准的重点建设项目用地，及时发出纠正整改意见。对违法用地情节和后果严重的，要报请国家土地总督察发出限期整改通知书，严肃查处，限期整改。"

四、构建自然资源执法督察体系的设想

进入新时代，党中央、国务院对自然资源执法、自然资源督察有了更高更新的要求，自然资源执法与自然资源督察绝不是简单的内容累加，是要适应新情况、落实新要求、胜任新职责，着力解决自然资源执法和督察存在的困难和问题，立足新时代、立足实践、立足改革和创新，进行转型重构、脱胎换骨。

一是顺应生态文明建设的要求，全面提高政治站位。要聚焦自然资源部"两统一"职责，履行好新时代赋予的新使命。必须站在生态文明建设高度履行自然资源执法和督察职责。原来土地督察高举的是耕地保护的大旗，新时期自然资源执法和督察必须高扬生态文明的旗帜，必须全面贯彻习近平生态文明思想，自觉做到"六个必须坚持"，担负起生态文明建设的重大政治责任。必须聚焦"两统一"根本职责，紧紧围绕统一行使全民所有自然资源资产所有者职责，紧紧围绕统一行使所有国土空间用途管制和生态保护修复职责，坚持问题导向，坚持底线思维，履行好法定职责。必须抓住三个关键词，就是自然资源、国土空间、保护修复，我们要抓住自然资源保护和合理开发利用这条主线开展执法和督察工作，促进资源节约和经济高质量发展；我们要抓住国土空间规划和用途管制这个核心，守牢生态保护红线、永久基本农田和城市开发边界；我们要抓住生态保护修复这个重点，推动实现整体保护、系统修复、综合治理。必须落实四项要求，按照"政治强、业务精、敢碰硬、守底线"的要求，以高度的责任感和使命感做好工作；要适应职能拓展的要求，提高发现问题、报告问题和帮助解决问题的能力；要动真碰硬，督促地方政府履行好主体责任；要做到"打铁还需自身硬"，坚守原则底线和廉政底线。必须贯彻"中央精神、国家立场、权责对等、严起来"的工作理念，构建新的自然资源监督体系、责任体系和支撑保障体系，推进自然资源管理治理体系和治理能力现代化。

二是顺应全面推进依法治国总要求，进一步完善自然资源执法和督察的法治化。其一，以《土地管理法》修改为契机，结合督察实践，开展自然资源督察工作条例的立法研究和起草工作。其二，适应对地方政府自然资源保护开发利用情况和实施国土空间规划情况开展督察的要求，研究制定自然资源督察准则等。通过立法明确督察定

位、对象、程序、内容、成果应用以及质量管控等要求，绘制出督察机构运作的全部规则清单。在督察制度条款的制定上，须考虑与其他制度的连续性和一致性，在目标上保持相对统一性，在工具选择和力度上保持适当的连续性。国家相关职能部门要担负起制度制定的协调工作，对国家所关注的耕地保护、国土空间规划、自然资源违法违规等重大问题进行研究，提高针对性。加强对政策实施情况进行评估和监督，为后续制度制定提供科学指导意见。

三是顺应"山水林田湖草沙生命共同体"的要求，不断强化自然资源执法和督察的系统思维。"山水林田湖草沙生命共同体"的整体系统观，是习近平生态文明思想的重要内容，也是自然资源"两统一"的理论基础。开展自然资源执法和督察工作，就必须摒弃以往就土地谈土地的线性思维，建立起"生命共同体"系统思维：其一，要深刻领会习近平生态文明思想，真正理解"人与自然和谐共生""山水林田湖草生命共同体""绿水青山就是金山银山"等论断的科学内涵，把"尊重自然、顺应自然、保护自然""节约优先、保护优先、自然恢复为主"等执法和督察工作的大原则立起来；其二，要拓展视野，从土地、矿产、森林、草原、自然保护地、海洋、地理信息等各类自然资源整体着眼，厘清各类资源的管制规则和空间保护利用的先后次序，建立起矛盾冲突的调处原则；其三，抓住核心任务，把粮食安全、耕地红线、生态红线等涉及基本国策的红线、底线摆在突出位置，在系统思维中突出主线，不能"胡子眉毛一把抓"；其四，熟练掌握、充分应用多维度综合分析的工作方法，增强综合分析和统筹兼顾能力，避免简单化、片面化。

四是顺应国家治理体系和治理能力现代化的要求，切实转变工作理念。传统的监督主要是找出管理制度、政府行为的不足；而治理理念下的监督不仅是对暴露出来的问题进行陈述，还要带来解决问题的方法和建议，从控制对立的关系变为积极支持的伙伴关系，帮助行政管理相对人、政府管理部门承担应有的公共服务责任。作为政府治理体系的重要组成部分，要运用现代治理观念，不断完善体制机制和管理制度，做到在时代前进中挑起重担、赢得主动，在事业发展中做出贡献、提升地位。其一，自然资源执法和督察对外不能拉拉扯扯、不分你我，也不能自视清高、自娱自乐，要实现良好的沟通，做到信息互通、成果共享，压实地方党委政府的主体责任，注重激发地方政府特别是省级政府自然资源监管的内生动力。其二，坚持刀刃向内，发挥执法督察机构对自然资源政策的监督和反馈作用。自然资源督察机构就需要强化自身的专业素养和分析研究能力，发挥工作优势，及时找到自然资源管理制度中的深层次问题，提出制定和完善政策的建议。

五是顺应"全面从严"的政治环境，创新优化执法和督察方法路径。充分依靠借助我们党和国家的政治优势，立足党的十八大以来形成的"全面从严"的政治环境，创新优化督察路径和业务体系，着力突出政治属性，进一步抓住主线、找准重点，紧扣习近平总书记重要指示要求、党中央重大决策部署和国家法律法规，紧紧围绕自然资源监管的主体责任，谋划开展督察工作。认真学习梳理总结党中央、国务院重要批示精神、习近平总书记关于自然资源管理的重要论述、自然资源相关法律法规，形成自然资源管理责任清单，融入国家监督体系发挥作用。建立与巡视、监察、审计、环保等监督机构的信息沟通和业务协作机制，主动参与到自然资源资产离任审计、耕地保护责任目标考核、生态环境损害责任追究、粮食安全省长责任制考核等相关工作中。

❓思考题

1. 土地执法监察经历了几个阶段？
2. 执法监督与督察之间的区别是什么？
3. 新时代如何进一步完善自然资源执法督察体系？

第十七章　土地纠纷解决

内容摘要

　　土地纠纷具有一般社会纠纷的特征，但由于土地资产往往牵涉众多利益相关方、权利主体不明朗等问题，加上土地制度改革过程中所发生的政策变迁以及多层历史因素，其纠纷解决更为复杂，刑事、民事、行政等法律纠纷都可能有所涉及。本章主要阐述土地纠纷的概念、类型以及土地纠纷的解决机制，主要介绍了和解、调解、行政复议、仲裁和诉讼的纠纷解决方式，并结合实践案例进行说明。

第一节　土地纠纷概述

一、土地纠纷的概念

　　土地纠纷是指因土地占有、使用、收益、处分及土地行政管理而产生的争议。

二、土地纠纷的类型

　　土地民事纠纷是平等民事主体之间因土地权属或者土地相邻关系或土地侵权行为引起的争议。土地民事纠纷分为土地权属纠纷，土地相邻权纠纷和土地侵权纠纷。

　　土地权属纠纷是平等主体之间因土地所有权或土地使用权的权利归属不明而产生的争议。

　　土地相邻权关系纠纷是土地相邻主体之间因用水、排水、通行、通风、采光等相邻权利而产生的纠纷。

　　土地侵权纠纷是指因过错侵害他人土地权利而产生的纠纷。

　　土地行政纠纷是土地行政机关在土地管理过程中因对行政相对人做出具体行政行为而引起的争议。

第二节　土地纠纷解决机制

土地纠纷解决机制在法律、法规、规章中都有规定。土地纠纷解决机制主要包括和解、调解、行政复议、仲裁、诉讼。在土地纠纷的解决过程中，可能同时适用上述多种纠纷解决方法。

一、和解

和解是当事人通过自主协商达成一致意见，从而解决土地纠纷。和解应当遵循自愿和合法原则。自愿原则强调和解必须是当事人自愿和意思表示真实；合法原则强调当事人和解的内容不能违反法律规定，否则即便当事人是基于自愿且意思表示真实的情形下达成的和解协议，和解协议也是无效的。

和解是当事人自行解决土地纠纷，往往是当事人首选的纠纷解决途径，且在所有土地民事争议中都适用，但是由于行政权属于国家公权，行政机关不得自行处分，因此土地行政纠纷通常不适用和解，如确认土地行政机关行为违法就不适用和解，但当事人可以对行政赔偿部分进行和解。

当事人就争议事项达成和解协议后，对双方当事人都有约束力，一方违反和解协议约定的，则另一方可以提起仲裁或诉讼，请求仲裁机构裁决或法院判决违约方履行和解协议，如果违约方仍不履行，则可以向法院申请强制执行。

二、调解

调解是在第三方主持下，当事人通过平等协商达成一致意见，从而解决土地纠纷。调解也应当坚持自愿、合法的原则。民事调解之所以不失其正当性，就在于民事调解以遵循和贯彻调解自治理念为前提。[①] 但是调解自治与和解自治相比，调解是在承认自治作为调解基本价值的前提下，在自治与法律家长主义的强制之间建立平衡关系，既不是纯粹的自治，也不是无节制的强制。[②]

土地纠纷的调解主体可以是村民委员会、乡镇人民政府、人民调解委员会、行政机关、人民法院、仲裁机构。调解通常不是必经前置程序，但也有例外。如《农村土

---

① 杨翔，奉鑫庭. 民事调解中的法律家长主义若干问题研究 [J]. 湖南科技大学学报：社会科学版，2020，23（02）：87 – 95.

② 王福华. 现代调解制度若干问题研究 [J]. 当代法学，2009，23（06）：130 – 139.

地承包经营纠纷调解仲裁法》第十一条规定，仲裁庭对农村土地承包经营纠纷应当进行调解。《土地权属争议调查处理办法》第二十三条规定，国土资源行政主管部门对受理的争议案件，应当在查清事实、分清权属关系的基础上先行调解，促使当事人以协商方式达成协议。

《农村土地承包经营纠纷调解仲裁法》第三条①规定，发生农村土地承包经营纠纷的，当事人可以自行和解，也可以请求村民委员会、乡（镇）人民政府等调解。第四条②规定，当事人和解、调解不成或者不愿和解、调解的，可以向农村土地承包仲裁委员会申请仲裁，也可以直接向人民法院起诉。第五条③规定，农村土地承包经营纠纷调解和仲裁，应当公开、公平、公正，便民高效，根据事实，符合法律，尊重社会公德。

经村民委员会、乡镇人民政府、人民调解委员会或者行政机关主持调解，达成调解协议的，对双方当事人都有约束力，一方违反调解协议约定不履行的，则另一方可以提起仲裁或诉讼，请求仲裁机构裁决或法院判决违约方履行调解协议，如果违约方仍不履行，则可以向法院申请强制执行。经仲裁机构或者人民法院主持调解，达成调解协议的，双方不能再向法院起诉或申请上诉。一方违反调解协议约定不履行的，则另一方可以向法院申请强制执行。

三、行政复议

行政复议是指在土地行政纠纷中，行政相对人认为行政机关的具体行政行为侵犯其合法权益，从而向行政复议机关申请对该具体行政行为的合法性和合理性进行审查的制度。④

土地行政复议的受理范围包括以下几种具体行政行为：行政处罚、土地行政确权、土地审批处理、土地行政赔偿或补偿裁决、土地赔偿决定。

以下几种土地纠纷不能申请行政复议：

（1）抽象行政行为，如对土地相关法律、法规、规章或具有普遍约束力的决定命令不服的不能申请行政复议；

（2）内部行政行为，如土地管理部门对其员工做出的行政处分，当事人不服不能申请行政复议；

---

① 《农村土地承包经营纠纷调解仲裁法》第三条："发生农村土地承包经营纠纷的，当事人可以自行和解，也可以请求村民委员会、乡（镇）人民政府等调解。"

② 《农村土地承包经营纠纷调解仲裁法》第四条："当事人和解、调解不成或者不愿和解、调解的，可以向农村土地承包仲裁委员会申请仲裁，也可以直接向人民法院起诉。"

③ 《农村土地承包经营纠纷调解仲裁法》第五条："农村土地承包经营纠纷调解和仲裁，应当公开、公平、公正，便民高效，根据事实，符合法律，尊重社会公德。"

④ 姜明安. 行政法与行政诉讼法［M］. 北京：北京大学出版社，高等教育出版社，2007：415.

（3）土地民事纠纷的调解、仲裁，如国土部门对土地民事纠纷居间调解，或者进行仲裁，当事人对处理结果不服不能申请行政复议；

（4）行政复议，当事人对行政复议不服，不能再次申请行政复议；

（5）国家、外交等国家行为。

通常情形，行政复议并非必经前置程序，但是，《行政复议法》第二十三条规定，对行政机关作出的侵犯其已经依法取得的自然资源的所有权或者使用权的决定不服的，应当先申请行政复议，对行政复议决定不服的，可以依法向人民法院提起行政诉讼。因此，这种情形下，行政复议为必经前置程序，当事人必须先申请行政复议，对行政复议结果不服，才可以提起行政诉讼。①

四、仲裁

仲裁是基于当事人自愿达成协议将纠纷提交至仲裁机构进行审理，并由仲裁机构做出裁决的制度。

土地民事纠纷基本上都可以约定仲裁。土地仲裁程序包括申请、受理、审理、裁决。土地纠纷仲裁主体与劳动仲裁机构和普通商事仲裁机构不同，土地纠纷要到特定部门进行仲裁。如农村土地承包纠纷到农村土地承包仲裁委员会进行仲裁、土地权属纠纷到国土管理部门进行仲裁。《农村土地承包经营纠纷调解仲裁法》对农村土地承包经营纠纷的仲裁制度进行了专门的规定，发生农村土地承包经营纠纷的，当事人和解、调解不成或者不愿和解、调解的，可以向农村土地承包仲裁委员会申请仲裁，也可以直接向人民法院起诉。

仲裁与诉讼相比，特殊在仲裁具有自治性和保密性。只有当事人约定仲裁，仲裁机构才享有管辖权，且当事人可以选择仲裁机构、仲裁规则、仲裁员，同时由于仲裁裁决不公开，案件相关信息可以起到保密的效果。商事仲裁实行一裁终局的制度，当事人对仲裁结果不服，不能申请再次仲裁也不能向法院提起诉讼，一方不履行仲裁裁决的，另一方可以向法院申请强制执行。但《农村土地承包经营纠纷调解仲裁法》第四十八条②规定，当事人不服仲裁裁决的，可以自收到裁决书之日起三十日内向人民法院起诉。逾期不起诉的，裁决书即发生法律效力。因此农村土地承包仲裁并不适用一裁终局制度。

---

① 中华人民共和国最高人民法院公报（2004年卷）[M]．北京：人民法院出版社，2003.
② 《农村土地承包经营纠纷调解仲裁法》第四十八条："当事人不服仲裁裁决的，可以自收到裁决书之日起三十日内向人民法院起诉。逾期不起诉的，裁决书即发生法律效力。"

五、诉讼

诉讼包括民事诉讼、行政诉讼和刑事诉讼。土地纠纷如果通过和解、调解、仲裁等方式无法得到解决，最终可以通过诉讼来解决。

（一）民事诉讼

当事人可以就土地所有权、使用权、相邻权、土地侵权等有关的争议提起民事诉讼。[①] 当事人提起土地民事纠纷需要到有管辖权的法院。土地属于不动产，适用不动产专属管辖，因此土地纠纷通常由土地所在地基层人民法院管辖，特殊情况由土地所在地中级人民法院管辖。但《民事诉讼法》也规定，因合同纠纷提起的诉讼，由被告住所地或者合同履行地人民法院管辖；因侵权行为提起诉讼的，由侵权行为地或者被告住所地人民法院管辖。

（二）行政诉讼

土地行政诉讼的受案范围主要包括以下几种具体行政行为：土地行政处罚；土地管理部门拒绝颁发许可证或者不予答复；国土管理部门就土地所有权或使用权归属所做出的决定；国土管理部门就侵犯土地所有权或使用权所做出的赔偿损失裁决；国土管理部门所做出的行政侵权赔偿或补偿决定；国土部门违法要求履行义务等。人民法院处理土地行政诉讼案件应就具体行政行为是否合法和合理进行审查，[②] 主要包括以下几个方面：是否超越权限；认定事实是否正确；适用法律是否正确；是否符合法定程序；是否合理。

当事人可以对行政机关的具体行政行为提起行政诉讼，由做出具体行政行为的行政机关所在地人民法院管辖，若复议机关是共同被告的，也可以由复议机关所在地人民法院管辖。具体而言，经复议的案件，复议机关决定维持原行政行为的，做出原行政行为的行政机关和复议机关是共同被告；复议机关改变原行政行为的，复议机关是被告。

---

① 渭南市华州区人民法院.（2011）西民初字第 2690 号民事判决书［EB/OL］.（2022 - 06 - 28）. http：// wenshu. court. gov. cn.

② 四川省眉山市中级人民法院.（2019）川 14 行初 86 号行政判决书［EB/OL］.（2022 - 07 - 08）. http：// wenshu. court. gov. cn.

（三）刑事诉讼

违反《土地管理法》及相关法律规定，可能触犯刑法，进而产生刑事诉讼。[①]《土地管理法》第七十五条[②]规定，违反本法规定，占用耕地建窑、建坟或者擅自在耕地上建房、挖砂、采石、采矿、取土等，破坏种植条件的，或者因开发土地造成土地荒漠化、盐渍化的，由县级以上人民政府自然资源主管部门、农业农村主管部门等按照职责责令限期改正或者治理，可以并处罚款；构成犯罪的，依法追究刑事责任。

思考题

1. 请举例说明土地上容易发生哪些纠纷？
2. 发生土地纠纷如何应对？

[①] 北京市延庆区人民法院．（2018）京 0119 刑初 90 号刑事判决书［EB/OL］．（2022 – 07 – 15）．http：// wenshu. court. gov. cn.

[②] 《土地管理法》第七十五条：违反本法规定，占用耕地建窑、建坟或者擅自在耕地上建房、挖砂、采石、采矿、取土等，破坏种植条件的，或者因开发土地造成土地荒漠化、盐渍化的，由县级以上人民政府自然资源主管部门、农业农村主管部门等按照职责责令限期改正或者治理，可以并处罚款；构成犯罪的，依法追究刑事责任。

第十八章　土地法律责任

内容摘要

　　本章重点探究了非法转让土地、破坏耕地、不履行复垦义务、非法占用土地、非法批准征收征用土地与挪用征地补偿费、擅自将集体土地用于非农业建设和集体经营性建设用地违法入市等 6 种非法行为所产生的法律责任，分别对其对应的违法情形以及处罚措施进行了解析，同时对责任人追责的方式进行了说明。

第一节　非法转让土地的法律责任

一、非法转让土地的不同情形

　　买卖或者以其他形式非法转让土地的违法行为可以分为三种情形：

　　第一，买卖、非法转让国有土地、农民集体所有土地所有权的行为。国有土地和农村集体所有土地的所有权遵循的是全民所有制和集体所有制。国有土地和农村集体所有土地的使用权可以依法转让，但任何单位和个人不得侵占、买卖或者以其他形式转让土地。

　　第二，非法转让国有土地使用权的行为。转让土地使用权是指土地使用者将土地使用权再转让的行为，包括出售、交换和赠与等。非法转让土地使用权的，即构成非法转让行为。

　　第三，非法转让农民集体所有土地使用权的行为。根据《土地管理法》的规定，集体经营性建设用地出让、出租等，应当经本集体经济组织成员的村民会议三分之二以上成员或者三分之二以上村民代表的同意。如未经上述程序转让土地使用权的，即构成非法转让村民集体所有土地使用权的行为。

二、违法行为的处罚措施

买卖或者以其他形式非法转让土地的，由县级以上人民政府自然资源主管部门没收违法所得。对违反土地利用总体规划擅自将农用地改为建设用地的，限期拆除在非法转让的土地上新建的建筑物和其他设施，恢复土地原状，对符合土地利用总体规划的，没收在非法转让的土地上新建的建筑物和其他设施，也可以并处罚款，对直接负责的主管人员和其他直接责任人员，依法给予处分，构成犯罪的，依法追究刑事责任。

第二节　破坏耕地的法律责任

《土地管理法》第七十五条规定："违反本法规定，占用耕地建窑、建坟或者擅自在耕地上建房、挖砂、采石、采矿、取土等，破坏种植条件的，或者因开发土地造成土地荒漠化、盐渍化的，由县级以上人民政府自然资源主管部门、农业农村主管部门等按照职责责令限期改正或者治理，可以并处罚款，构成犯罪的，依法追究刑事责任。"

一、破坏耕地种植条件的行为

破坏耕地种植条件的行为包括违法占用耕地的行为，例如占用耕地建窑、建坟或者在耕地上建房等行为；也包括破坏耕地的行为，如擅自在耕地上挖砂、采石、采矿、取土等，导致耕地失去种植农作物的功能。

二、因开发土地导致土地荒漠化、盐渍化的行为

国家鼓励单位和个人按照土地利用总体规划，在保护和改善生态环境、防止水土流失和土地荒漠化的前提下，开发未利用的土地；适宜开发为农用地的，应当优先开发成农用地。开垦未利用的土地，必须经过科学论证和评估，在土地利用总体规划划定的可开垦区域内，经依法批准后进行。

禁止毁坏森林、草原开垦耕地，禁止围湖造田和侵占江河滩地。换言之，不符合土地利用总体规划、未在规划划定的可开垦区域内开垦的、未经科学论证和评估的、未在保护和改善生态环境及防止水土流失和土地荒漠化的前提下开发的，未经依法批准进行的毁坏森林、草原开垦的、围湖造田和侵占江河滩地的开发行为均属违法行为。

三、执法主体与法律责任

破坏耕地种植条件或者造成土地荒漠化、盐渍化的行政法律责任包括由县级以上人民政府自然资源主管部门、农业农村主管部门等按照职责责令限期改正或者治理。执法部门做出责令限期改正或者治理决定的同时，依据具体情节，可以做出并处罚款的决定。

第三节　其他类型法律责任

一、不履行复垦义务的法律责任

土地复垦义务是指用地单位或者个人对生产建设活动造成土地破坏的，应当按照"谁损毁，谁复垦"的原则，对破坏的土地采取整治措施，或者缴纳土地复垦费由有关部门代为组织复垦，使土地达到可供利用的状态。

《土地管理法》规定，拒不履行土地复垦义务的，由县级以上人民政府自然资源主管部门责令限期改正；逾期不改正的，责令缴纳复垦费，专项用于土地复垦，可以处以罚款。因挖损、塌陷、压占等造成土地破坏，用地单位和个人应当按照国家有关规定负责复垦；没有条件复垦或者复垦不符合要求的，应当缴纳土地复垦费，专项用于土地复垦。复垦的土地应当优先用于农业。

二、非法占用土地的法律责任

占用土地须经主管部门审核批准后实施。未经批准或者采取欺骗手段骗取批准的行为属非法占用土地的行为，应由县级以上人民政府自然资源主管部门责令退还非法占用的土地，对违反土地利用总体规划擅自将农用地改为建设用地的，限期拆除在非法占用的土地上新建的建筑物和其他设施，恢复土地原状，对符合土地利用总体规划的，没收在非法占用的土地上新建的建筑物和其他设施，可以并处罚款。对非法占用土地单位的直接负责的主管人员和其他直接责任人员，依法给予处分，构成犯罪的，依法追究刑事责任。其中，如占用农用土地，并改建为建设用地的，须进行严格的农用地转用审批手续，对于永久基本农田转为建设用地的，由国务院批准。对于在土地利用总体规划确定的城市和村庄、集镇建设用地规模外，将永久基本田以外的农用地转为建设用地的，由国务院或者国务院授权的省、自治区、直辖市人民政府负责审批。

在已经批准的农用地转用范围内，具体建设项目用地由市县人民政府负责审批。超过批准的数量占用土地，多占的土地以非法占用土地论处。

占用土地建住宅的，应当符合乡镇土地利用总体规划、村庄规划，不得占用永久基本农田，并遵循尽量在原有的宅基地和村内空闲地进行建设的原则。建设住宅需要经乡镇政府批准，未经批准或者采取欺骗手段骗取批准并非法占用土地建设住宅的，县级以上人民政府农业农村主管部门可责令其退还非法占用的土地，并要求限期拆除在非法占用的土地上新建的房屋。农村村民一户可拥有一处宅基地，村民出卖、出租、赠与住宅后，再申请宅基地的，不予批准。

三、非法批准征收征用土地与挪用征地补偿费的法律责任

（一）非法批准征收、征用土地的法律责任

加强土地管理是我国《土地管理法》的立法目的之一，各级人民政府应当按照法定程序，对土地进行全面规划和严格管理，并遏制非法占用土地的行为。因土地性质不同，相应占用土地审批机关亦有不同。例如，永久基本农田转为建设用地应当获得国务院批准；在土地利用总体规划确定的城市和村庄、集镇建设用地规模范围内，为实施该规划而将永久基本农田以外的农用地转为建设用地的，按土地利用年度计划分批次按照国务院规定由原批准土地利用总体规划的机关或者其授权的机关批准；在已批准的农用地转用范围内，具体建设项目用地可由市、县人民政府批准；在土地利用总体规划确定的城市和村庄、集镇建设用地规模范围外，将永久基本农田以外的农用地转为建设用地的，应由国务院或者国务院授权的省、自治区、直辖市人民政府批准。

对于非法批准征收征用土地的直接负责的主管人员和其他直接人员，应当依法给予处分，构成犯罪的还要追究刑事责任。具体而言，无权批准征收、使用土地的单位或者个人非法批准占用土地、超越权限批准土地、不按照土地利用总体规划确定用途批准用地或者违反法律规定的程序批准占用、征收土地的，其批准文件无效，并追究直接负责的主管人员和其他直接责任人员的责任。非法批准征收、使用土地对当事人造成损失的，还应由非法批准的行政机关依法承担赔偿责任。此处行政机关承担的是行政赔偿责任。对非法批准、使用的土地应当收回，有关当事人拒绝归还的，以非法占用土地论处。依法收回国有土地使用权当事人拒不交出土地的，临时使用土地期满拒不归还的，或者不按照批准的用途使用国有土地的，由县级以上人民政府自然资源主管部门责令交还土地，并处以罚款。

（二）非法侵占、挪用征地补偿费的法律责任

侵占、挪用被征收土地单位的征地补偿费用和其他有关费用，构成犯罪的，依法

追究刑事责任。根据我国《刑法》的相关规定，侵占、挪用被征收土地单位或个人的征地补偿费用可能构成贪污罪、挪用公款罪、侵占罪或挪用公司、企业或者其他单位资金罪。对尚不足以构成犯罪的，依法给予处分。

四、擅自将集体土地用于非农业建设和集体经营性建设用地违法入市的法律责任

擅自将农民集体所有的土地通过出让、转让使用权或者出租等方式用于非农业建设是指没有法律依据或者未经法律规定的程序，通过出让、转让或者出租等方式将集体土地用于非农业建设。

对擅自将农村集体所有的土地通过出让、转让使用权或者出租等方式用于非农业建设的，由县级以上人民政府自然资源主管部门责令限期改正，没收违法所得，并处罚款。《土地管理法》对农村集体土地用于非农业建设有着详细的程序性和实体性审批的规定。例如，根据《土地管理法》第六十至六十二条之规定，农村集体经济组织使用乡镇土地利用总体规划确定的建设用地兴办企业或者其他单位、个人以土地使用权入股、联营等形式共同举办企业的，由县级以上人民政府批准后取得建设用地使用权；乡镇村公共设施、公益事业建设需要使用土地的，按照省、自治区、直辖市规定的批准权限，由县级以上地方人民政府批准取得建设用地使用权；农村村民建设住宅使用本集体所有的土地，依据相关法律规定办理审批手续后取得建设用地使用权。

农村集体经营性建设用地符合法定条件的可以入市。根据《土地管理法》第六十三条之规定，只有土地利用总体规划、城乡规划确定为工业、商业等经营性用途的土地才可以入市，农用地、宅基地、公益性用地等非经营性建设用地不能入市。

集体经营性建设用地只有经过依法登记才可入市。集体经营性建设用地使用权属于物权，未经登记不产生物权变动。集体经营性建设用地入市的主体是土地所有权人。对于村民集体所有的农村集体所有的土地由村民集体经济组织或者村民委员会经营、管理；已经分别属于村内两个以上农村集体经济组织的农民集体所有的土地，由村内各该农村集体经济组织或者村民小组经营、管理；已经属于乡镇农民集体所有的土地由乡镇农村集体经济组织经营、管理。集体经营性建设用地入市的应当经过本集体经济组织成员的村民会议三分之二以上成员或者三分之二以上村民代表的同意，同时还应当签订书面合同，载明土地界址、面积、动工期限、使用期限、土地用途、规划条件和双方其他权利义务。

五、责令限期拆除的执行

责令限期拆除在非法占用的土地上新建的建筑和其他设施的，建设单位或者个人

必须立即停止施工，自行拆除。对继续施工的单位和个人，做出处罚决定的机关有权制止。建设单位或者个人对责令限期拆除的行政处罚决定不服的，可以在接到责令限期拆除决定之日起十五日内，向人民法院起诉，期满不起诉又不自行拆除的，由做出处罚决定的机关依法申请人民法院强制执行，费用由违法者承担。此处需说明的是，《土地管理法》并未授权行政机关强制执行的权利，如违法者拒不执行限期拆除的行政处罚决定，行政机关可申请人民法院予以强制执行。

六、自然资源主管部门、农业农村主管部门工作人员违法的法律责任

自然资源主管部门、农业农村主管部门负有对土地或者农村宅基地进行管理和监督的职责。土地管理监督检查人员应当熟悉土地管理法律法规，忠于职守、秉公执法。自然资源主管部门、农业农村主管部门的工作人员玩忽职守、滥用职权、徇私舞弊，构成犯罪的，应当依法追究刑事责任，对尚不构成犯罪的行为，依法给予处分。

❓思考题

1. 什么样的违法行为会被视为破坏耕地的行为？
2. 非法占用土地应当承担什么样的法律责任？